Vollständiges Lese-und Gebetbuch für katholische Christen

Johann Michael Sailer 1751-1832

Johann Michael Sailers
sämmtliche Werke,

unter Anleitung des Verfassers

herausgegeben

von

Joseph Widmer,

Domkapitular des Bisthums Basel und Chorherrn zu Beromünster.

Schriften für Erbauung.

Vollständiges

Lese- und Gebetbuch für katholische Christen.

II. Band.

Vierte rechtmäßige Ausgabe.

Vierundzwanzigster Theil.

Sulzbach,

in der J. E. v. Seidel'schen Buchhandlung,

1840.

Vollständiges Lese- und Gebetbuch für katholische Christen

von

Johann Michael Sailer.

Zweiter Band,

1ste Abtheilung:

Besondere Andachtsübungen für die Festtage des Herrn,

2te Abtheilung:

besondere Andachtsübungen für die Fest- und Gedächtnißtage der Heiligen.

Mit einem Titelkupfer.

Vierte, rechtmäßige Ausgabe.

Sulzbach,
in der J. E. v. Seidel'schen Buchhandlung,
1840.

Erste Abtheilung.

Besondere Andachtsübungen

für die

Festtage des Herrn.

Von der Adventzeit.

Dieser Name, Advent, bedeutet im Sinne der Kirche die Ankunft unsers Herrn Jesu Christi, und wurde ehemals dem Feste der Geburt unsers Heilandes beigeleget: seit mehrern Jahrhunderten aber werden unter diesem Namen die vier Wochen verstanden, welche dieser großen Feierlichkeit vorangehen, und die Gläubigen dazu vorbereiten. Advent heißt also jetzt die Vorbereitungszeit auf das nahe Weihnachtsfest. Wem Jesus Christus lieb ist, dem kann diese Einrichtung nicht unangenehm seyn: weil ihm Alles theuer ist, was die Erkenntniß und Liebe seines Herrn einigermaßen befördern hülft.

Die Absicht der Kirche ist keine andere, als in uns die Gesinnungen der Patriarchen und Propheten, und aller erleuchteten Kinder Gottes zu erwecken, die mit unaussprechlicher Sehnsucht auf die gesegnete Ankunft des großen Messias geharret haben. Deßwegen stellt uns die Kirche in dem Bilde von vier Wochen die *viertausend Jahre* vor, welche man mit Recht die Jahre der Erwartung des Welterlösers nennen kann.

Zwar ist diese allgemeine Erwartung der Ankunft des Menschenerretters schon in Erfüllung gegangen: *Jesus Christus ist schon im Fleisch erschienen*; aber die Absicht seiner Ankunft (nämlich die Heiligkeit aller Menschen auf Erden, und ihre Erziehung zur vollkommenen Seligkeit im Himmel) ist noch lange nicht durchgehends erreicht. Sehnsucht — Sehnsucht nach dieser unsrer herrlichen Bestimmung muß zuerst in uns erweckt werden. Und um diese Sehnsucht allgemein zu erwecken, erneuert die Kirche in ihren Gläubigen durch die jährlichen Festtage das Andenken alles dessen, was in der Menschwerdung, Geburt, Kreuzigung, Auferstehung, Auffahrt und Geistsendung unsers Herrn Jesu Christi das Merkwürdigste und Lehrreichste ist. Sie stellt diese großen Begebenheiten unserm *Glauben* so vor, als wenn sie sich jetzt erst wirklich ereigneten, um durch diesen Anblick unsre Fortschritte in dem *Glauben* und in der *Liebe* zu befördern.

Wir sollen also in dieser Adventzeit die unaussprechlich gute Gabe, die uns der himmlische Vater an seinem geliebten Sohne gegeben, schätzen lernen. Wir sollen uns durch die Gesinnungen der vollkommensten Liebe und des kindlichfreudigsten Zutrauens, die nur der lebhafteste Glaube hervorbringen kann, zur Theilnehmung an dieser Gabe bereiten.

Wenn uns die Kirche heutiges Tages nicht mehr zum [illegible]gen Fasten anhält: o, so laßt uns durch innere Besserung des Herzens alles das reichlich ersetzen, was an der äußern Bußstrenge abgeht. Laßt uns desto mehr Fleiß anwenden, daß wir unsre Leidenschaften heldenmüthig besiegen; unser Vertrauen auf Gott im eifrigen und anhaltenden Gebete üben; dem Weltgeist, diesem alten Feinde Jesu Christi, muthig widerstehen — und auf diese Weise immer reiner und demüthiger, von allem Irdischen und von uns selbst immer losgerissener, immer hungriger und durstiger nach Wahrheit und Gerechtigkeit — immer heiliger und gottgefälliger werden.

Wenn diese Gesinnungen in unserm Herzen tiefere Wurzeln fassen, so werden wir die Absicht der Kirche an uns vollkommen erfüllet haben.

Gebet zur Adventzeit.

Vater! schon oft wollte ich mit Dir reden, wie ein Geschöpf mit seinem Schöpfer: und ich blieb allemal so kalt, wie dieser Stein, auf dem ich kniee. Es war mir oft, als wenn ich kein Herz im Leibe hätte; als ob Du nicht Gott, und ich nicht das Werk deiner Hände wäre. In diesem Kaltsinn bringe ich Monate, Jahre, Jahrzehende hin. Einmal, ehe ich sterbe, muß es mir doch warm um's Herz werden, einmal, ehe ich sterbe, muß ich doch meine Schwachheiten vor Dir bekennen; Dich als meinen Herrn anbeten, mich Deiner freuen; einmal, ehe dieß Herz da aufhört zu schlagen, muß ich doch deine Vatergüte dankbar preisen; freudig die unzählbaren Wohlthaten vor Dir erzählen, die ich von deiner Hand empfangen; einmal, ehe es von mir heißt: nun, der ist auch im Grabe — muß ich doch noch mit Freudenthränen Dich Vater nennen; Dich um Erbarmung anflehen, und alle meine Sorgen in dein Herz ausschütten. Wie elend würde es mit mir aussehen, wenn ich aus dieser Welt fort müßte, und mein Gewis-

[illegible] letzten Augenblicke zu mir sagte: „Nun hast du [illegible] Jahre gelebt, und dich nie deines Gottes so herzlich erfreuet, wie sich ein Kind seines Vaters freuen kann; nie deinen Gott so ehrfurchtsvoll angebetet, wie ein Geschöpf seinen Schöpfer anbeten kann; nie empfunden, daß dir dein Gott theurer als Ehre, Gold, Wollust und alles Vergängliche sey; nie auf deinen Gott vertrauet, wie der Schwächste auf den Mächtigsten, der Aermste auf den Reichsten, der Erbarmenswürdigste auf den Barmherzigsten vertrauen kann!“ Wie elend wäre ich daran, wenn ich am Ende meines Lebens das traurige Bekenntniß ablegen müßte: „Nun hast du deine Pilgerschaft vollendet, und nie nach deinem Vaterlande geseufzet; nun trittst du aus der Gesellschaft der Lebendigen, und hast nie deine Brüder, deine Mitmenschen mit reiner Bruderliebe umarmet; nun hast du ausgelebt, und nie ganz für die Ewigkeit gelebt; nun gehst du in's Grab, und hast nie so lebendig an den Todesüberwinder Jesus Christus geglaubt, wie Lazarus, als er aus dem Grabe hervorgieng, und seinen Aufwecker mit Augen sah; nun brechen deine Augen, und sie haben nie so gläubig und voll Vertrauens zum Thronerben Gottes, zum Gereinigten und Verherrlichten aufgeblickt, als wenn du, wie Stephanus, den Himmel offen, und den Menschensohn zur Rechten des Vaters sähest; nun erstarren deine Glieder, und du hast nie lebhaft genug daran gedacht, daß du wieder auferstehen, und Gutes oder Böses empfangen werdest, je nachdem du in deinem Leibe Gutes oder Böses vollbracht hast; nun bist du am Ziele deines Lebens, und siehst hinter dir wenige gute Thaten, die dir Freude machen; keine, die eines Jüngers Jesu Christi ganz würdig sind; viele, die dich beflecken, und nicht wenige, die dich mit Scham bedecken; nun tritt der Tod zu dir herein, und du hast noch nicht zu leben angefangen; nun sollst du gekrönet werden, und hast noch nie recht muthig gekämpfet; sollst Freude ernten, und hast nichts als Thränen gesäet; solltest Gott anschauen, und hast dich nicht gereiniget; sollst zur Ruhe, Herrlichkeit, Seligkeit deines Herrn eingelassen werden, und hast nie christlichtreu gearheitet an dem, was dein Tagewerk [illegible] freudig erduldet, was zu [illegible] war; [illegible] nie gedienet, wie ein Christ dienen, geho[illegible] um herrschen zu können!

Wie erbärmlich wäre ich daran, wenn ich diese[illegible] wider mich selbst am Ende meines [illegible] ablegen [illegible] Und wenn ich heute stürbe, könnte ich [illegible] anders [illegible] mir sagen? Und wenn ich so kalt, so [illegible] dahin l[illegible] wie bisher, werde ich am Ende des [illegible] e[illegible] ders sagen können? Die Advent-, Weihnacht-, [illegible] Oster- und Pfingstzeiten kommen und gehen wieder [illegible] und kommen wieder: und für mich ist's [illegible] als wenn sie nie da gewesen wären.

Nun ist wieder die Zeit da, die Advent heißt; [illegible] fängt wieder ein Kirchenjahr an; nun sollten [illegible] wieder an die Ankunft des Messias — an das [illegible] werden des göttlichen Sohnes — an die Liebe [illegible] Vaters, der seinen Sohn zu uns, und für uns h[illegible] sandt — erinnern lassen. Werde ich nach dem [illegible] auch dießmal wieder so ungebessert, so träge zum [illegible] so *ohne christliche Gesinnung* dahinleben, wie [illegible] vorigen Jahre? Werden diese vier Wochen auch [illegible] für mich umsonst seyn? Werde ich abermals so [illegible] gültig gegen die Liebe Jesu, gegen mein Heil blei[illegible] ich es bisher war? Werde ich auch in der nächst[illegible] nacht, in der unvergeßlichen Mitternachtstunde [illegible] sagen müssen, was ich bisher sagen konnte: [illegible] vier Wochen hattest du Zeit und Gelegenheit [illegible] diese Stunde vorzubereiten: und dein Herz ist [illegible] *hart*, wie die Krippe, in die das Kind Jesus [illegible] ward; noch so *kalt*, so *frostig*, wie die [illegible] noch so *gleichgültig*, wie etwa ein [illegible] das in dem nämlichen Stalle lag, wo Jesus [illegible] ward?

Vater! so kalt, so hart, so gleichgültig [illegible] auf diese Stunde: Du kennest mich besser, [illegible] empfinden kann. So war ich bis auf diesen Augenblick [illegible] beschämt muß ich es gestehen, weil ich es nicht län[illegible] kann. So war ich; aber, so will ich nimmermehr bleiben — von diesem Augenblick an nimmermehr!

Seyn will ich, was ich seyn kann, und seyn soll. Abraham! Moses! David! Esaias! Daniel! wie werdet ihr euch gesehnet haben, den Tag zu sehen, an dem der Erwartete in die Welt hereinträte! Und ihr habt den Tag nicht erlebet. Schon vor tausend achthundert Jahren ist er aufgegangen — dieser Freudentag. Er ist schon gekommen, nach dem ihr geseufzet; Er hat schon vollbracht, was Er vollbringen konnte: Er hat schon gelehrt, gethan, gesegnet, gelitten, was Er lehren, thun, segnen, leiden konnte; Er ist schon gestorben und auferweckt worden vom Tode; Er ist schon wieder heimgegangen zum Vater, und wird wiederkommen, wie Er heimgegangen; Er sitzt an dem Throne seines Vaters, und wird einst auferwecken alle Todten, und richten Alles, was gerichtet werden kann, und selig machen, was selig werden kann, und der Hölle übergeben, was unverbesserlich ist, und ihr gehört. — Dieß ist Jesus: und seiner soll ich mich nicht freuen? Dieß ist Jesus, und unaussprechlich mehr: und Ihm soll ich mich nicht anvertrauen? Dieß ist Jesus: und von Ihm soll ich mich nicht belehren, leiten, regieren, bessern, reinigen, selig machen lassen? Dieß ist Jesus — so mächtig und liebevoll, wie Gottessohn — so barmherzig und mitleidig, — so weise und freundlich, — so mächtig und freundlich, wie kein Menschensohn: und an Ihn soll ich mich nicht halten? seine Lehre soll mir nicht werther seyn, als was alle Menschen und alle Leidenschaften sagen können? sein Beispiel soll mir nicht köstlicher seyn, als was alle Gute und Böse thun können, und gethan haben? seine Kraft, seine Gnade, sein Sterben und Leben soll mir nicht theurer seyn, als Alles, was nicht Er ist? Was soll ich noch sagen? Herr! Du siehst, daß es mir Ernst ist: ich will, ich will mit ganzer Seele ein anderer Mensch, ich will ein neues Geschöpf, ich will nach deinem Willen, gut und rein werden; laß mein Streben nimmer fruchtlos, mein Vertrauen nimmer müde, meinen Glauben nimmer schwach, meine Liebe nimmer kalt, mein Herz nimmer gleichgültig werden! Amen.

Am ersten S[illegible] des [illegible].

1.

Aus dem Propheten [illegible]chias.

„Euch, die ihr meinen Namen [illegible] wird die [illegible]
Gerechtigkeit aufgehen. — Ihr [illegible] [illegible]
pfen wie die losgebundenen [illegible]. — [illegible] Ich [illegible]
Elias, den Propheten, ehe der gro[illegible] [illegible] Ta[illegible]
Herrn kommt. Der wird das Herz der [illegible] zu d[illegible]
dern zurückbringen, und das Herz der Kinder zu den [illegible]

Diese Sonne der Gerechtigkeit ist jetzt schon aufge[illegible]
Jesus, der dreißig Jahre unbekannt und [illegible] unter
Bürgern von Nazareth wandelte, hat durch Lehre und T[illegible]
durch Beispiel und Wunderkraft, durch Liebe und [illegible]
wiesen, daß Er die Sonne der Gerechtigkeit ist. [illegible]
Völker auf dem Erdboden saßen damals im Schatten [illegible]
und in Finsternissen der Unwissenheit. Die meisten
kannten den Werth ihrer Seele, ihren Schöpfer, ihr l[illegible]
und ihr Elend nicht. Viele glaubten bei all ihrer [illegible]
heit und Verdorbenheit: sie wären weise und gut. [illegible] Da
ein Licht auf — es wurde Tag — die Sonne leuchtete [illegible]
erleuchtete den ganzen Erdboden. Jesus von Nazareth [illegible]
ser Tag, dieses Licht, diese Sonne. Er erzählte den Menschen, was Er in dem Schoosse seines himmlischen Vaters [illegible]
sehen. Johannes (der Täufer) kam vor Jesu. Jesus war [illegible]
Licht; Johannes der Bote des Lichtes. Jesus war die S[illegible]
Johannes der Vorläufer der Sonne. Jesus zeigte uns [illegible]
Weg zur wahren Tugend und Seligkeit, und gab uns [illegible]
auf diesem Wege zu gehen; Johannes bahnte dem kom[illegible]
Jesu den Weg, und rief: Bereitet den Weg des [illegible]
Jesus lehrte uns den himmlischen Vater kennen; [illegible]
lehrte uns Jesum — seinen Sohn kennen, und deut[illegible]
dem Finger auf Ihn. Jesus hat uns losgebunden von den [illegible]
seln der Sünde und den Stricken des Satans, daß wir [illegible]
unsrer Freiheit freuen wie losgebundene Kinder; Johannes [illegible]
in seinen Zuhörern ein Verlangen nach dieser Freiheit d[illegible]
sein Bußpredigen erwecket. Jesus war der Allmächtige, der
Herr, das Heil, der Erwartete, das Leben, die Wahrheit; Johannes gieng im Geiste des Elias vor Ihm her, und machte
Zubereitungen auf den großen Tag des Herrn. Jesus stiftete
das neue Reich der Heiligen, der Auserwählten, der Unbefleckten, der Seligen; und Johannes verkündigte die nahe Ankunft des Reiches: Thut Buße; denn das Reich ist
nahe. Was Malachias vorhergesagt, was Johannes angedeutet — das ist also bereits in Erfüllung gegangen, und
wird vor dem Weltende noch herrlicher in Erfüllung gehen.

Die Erleuchtung der Blinden, und die Losbindung der Gefangenen ist [illegible] worden, [illegible] wird täglich noch bewirket von dem Gesalbten, dem Gesandten Gottes, dem Sohne Gottes, dem Messias, dem Welterretter Jesus.

Von [illegible] wir uns Licht erbitten, als von Jesu Christo, [illegible] wir uns Losbindung von unsern [illegible] erbitten, als [illegible] dem Starken, dem Mächtigen, der [illegible] und Bande überwunden hat? —

Kirchengebet.

[illegible], o Herr! deine Macht, und komm! [illegible] von den nahen Gefahren (des Untergangs), in die [illegible] Sünden hineinstürzen, durch [illegible] und durch [illegible] Errettung selig werden [illegible].

Aus dem Briefe an die Römer. Kap. 13.

„Vorüber ist die Nacht — der Tag ist da! So lasset uns nun die Werke der Finsterniß ablegen, und die Waffen des Lichtes anziehen. Lasset uns in Ehrbarkeit wandeln, wie am Tage — nicht in Fressen und Saufen, nicht in [illegible] und Unreinigkeit, nicht in Hader und Neid; sondern ziehet an den [illegible] Christum, und dienet nicht der Fleischeslust."

Die [illegible] des Apostels ist so deutlich, daß es [illegible] wäre, [illegible] Wort beizusetzen.

Nur schau' ein jeder in sich hinein, und frage sein eigen Herz, was es bei dieser Lehre des Apostels von sich selbst bezeugen [illegible].

Hab' ich die Werke der Finsterniß abgelegt?

Hab' ich die Waffen des Lichtes angezogen?

Hab' ich gestritten wider die Begierden des Fleisches?

Hab' ich mich durchgehends so betragen, wie sich ein wohlgesitteter, ehrliebender Mensch bei hellem Mittage, in der [illegible] und unschuldigsten Gesellschaft, beträgt?

Hab' ich den Herrn Jesum Christum angelegt?

Merkt man mir's an meinen Reden, Handlungen, Geberden an, daß ich ein Jünger Jesu Christi bin?

Am zweiten [illegible] des [illegible]

1.

Aus dem Propheten Malachias. Kap. [illegible]

„Sieh! [illegible] sende [illegible], der wird [illegible] Weg bereiten — und bald wird [illegible] den ihr suchet, [illegible] seinem Tempel kommen, und der [illegible] des Bundes, wornach ihr euch sehnet. Sieh! Er kommt, [illegible] der himmlischen Heere."

In dieser Vorhersagung ist jeder Ausdruck, der sich [illegible] den kommenden Messias beziehet, vielbedeutend.

Er selbst schickt seinen Boten, seinen Engel voraus, der Ihm den Weg bereiten wird; Er ist selbst der Herr des [illegible], der Herr seines Volkes; Er ist selbst der [illegible] — gesandt, zwischen Gott und den Menschen [illegible] [illegible], einen Bund der Liebe zu [illegible] [illegible] sprochene, der Gesuchte, der mit [illegible] Erwartete. Und dieser Gesuchte, dieser mit unaussprechlicher Sehnsucht Erwartete, dieser durch heilige Eidschwüre Versprochene, dieser durch so viele Vorhersagungen Angekündigte, dieser mächtige Herr des Tempels und [illegible] dieser liebevolle Engel des Bundes, dieser weise Vorhersender seines Boten, der Ihm die Wege ebnen soll — [illegible] gekommen — hat nun schon errichtet den [illegible] [illegible] — hat nun schon erfüllt die Sehnsucht der Welt — hat nun schon vollbracht die Erlösung des Menschengeschlechtes. Jesus Christus ist sein Name. Nun weißt du, [illegible] was du empfinden mußt, wenn der Name Jesus Christus genennet wird! Der versprochene Segen der Welt — [illegible] wartete Licht der Völker — der alle Versprechen [illegible] Erwartungen übertroffen; der gesegnet und erleuchtet [illegible] noch keiner vor Ihm gesegnet und erl[illegible] nach Ihm segnen und erleuchten wird. — [illegible] schengeschlechtes ist Jesus Christus. Wer an [illegible] bet, wer Ihm nicht vertrauet, wer Ihn nicht liebt: an! an wen kann der glauben? auf wen vertrauen? [illegible]

2.

Kirchengebet.

Erwecke, o Herr! unser Herz, [illegible] Eingebornen den Weg zubereiten: damit wir durch Ihn von unsern Sünden gereiniget werden, und dann mit reiner Seele Dir würdig dienen können ꝛc.

3.

Aus dem [illegible] an die [illegible] Kap. 15.

„Ich sage euch — auch die Heiden [illegible] verherrlichen um seiner [illegible] willen (weil Er [illegible] zum Heile des [illegible] hat); wie es geschrieben [illegible] unter den Heiden [illegible] Namen [illegible] Und abermal spricht Er: Freuet [illegible] Heiden [illegible] Volke! Und abermal: Lobet den [illegible] und preiset Ihn alle Völker! Und abermals spricht [illegible]: Es wird die Wurzel Jesse gepflanzet seyn, Und der [illegible] wird, die Heiden zu beherrschen — auf den werden die Heiden hoffen.“

Dieß ist eines der ersten Kennzeichen des Messias, daß Er aus den Juden und Heiden Ein Volk machen wird. Darum werden Ihn auch die Heiden preisen; auch die Heiden wird Er beherrschen; auch die Heiden werden auf Ihn hoffen. Dieses Kennzeichen finden wir gar deutlich an Jesu von Nazareth. Er brachte die freudige Botschaft des Heils zwar unmittelbar nur den Juden. Aber Er schickte seine Boten in die ganze Welt aus, um auch den Heiden diese freudige Nachricht bekannt zu machen. Auch die Heiden konnten und sollten seine [illegible] Ihn. Er ist, was Er ist, für Alle. Was Er lehrte, lehrte Er für Alle, sein Beispiel ist ein Beispiel für Alle, am Ende starb Er für Alle, und stand wieder von den Todten auf für Alle, und fuhr gen Himmel auf für Alle, und sitzt jetzt zur Rechten Gottes für Alle, und wird einst wieder kommen, Alle zu richten. Jesus von Nazareth ist also jener Eckstein, der die Judenschaft und das Heidenthum vereiniget, und diese zwei abgesonderten Häuser zu Einem Hause Gottes macht.

Wohl dem, der in diesem Hause aus- und eingehet!

Am dritten Sonntage des Advents.

1.

Aus dem Propheten Esaias. Kapitel 11.

Aus dem Stamme Jesse wird eine Ruthe aufblühen, und aus seiner Wurzel ein Zweiglein aufwachsen. Auf demselben wird ruhen der Geist des Herrn, der Geist der Weisheit und des Verstandes, der Geist des Raths und der Stärke, der Geist der Erkenntniß und der Furcht des Herrn. Die Furcht des Herrn wird Ihn erfüllen. Er wird nicht nach dem [illegible], was seine Augen sehen, und nicht nach dem strafen, [illegible] seine Ohren hören. — Gerechtigkeit und Glaube werden der Gürtel seiner Lenden und der Gürtel seiner Nieren seyn. — Die Erde wird mit der Erkenntniß des Herrn erfüllet werden, wie das Meer mit dem Wasser. [illegible] werden Nationen, die Wurzel Jesse [illegible] die [illegible] daß sich die Nationen um sie herlagern, und wo sie [illegible] wird, [illegible] herrlich seyn.“

[illegible] Zweiglein, davon [illegible] redet, Wurzel [illegible] Frucht [illegible] worden, [illegible] Jesus [illegible] der [illegible] Er ist das Wort des Vaters, und [illegible] Auf Ihm ruhte der [illegible] des Rathes; denn Er [illegible] Erde, uns, seinen Brüdern, den Rathschluß des Vaters zu offenbaren. Auf Ihm ruhte der Geist der [illegible] Er hat alle Mühsal des Lebens, und [illegible] mit unbeschreiblicher Geduld [illegible] Gottes auf Erden unter den Menschen [illegible] ruhte der Geist der Furcht des Herrn [illegible] seinem himmlischen Vater gehorsam, und [illegible] Tod, und gehorsam bis in den Tod am Kreuz [illegible] Wort und durch seine Jünger, und besonders [illegible] Geist, den Er seinen Jüngern mitgetheilt — [illegible] der Erkenntniß des Herrn erfüllet. Um Ihn [illegible] die Nationen: und wo Er ist, da ist Alles herrlich; [illegible] Ihn — in seinem Namen wird Alles selig, [illegible] Wer an Ihn glaubt, wer bekennt, daß Er Gottes Sohn [illegible] hat das ewige Leben. Er richtet nicht nach dem, [illegible] Augen sehen, nicht nach dem, was seine Ohren hören; [illegible] den Menschen bis auf's Innerste hinein — Er [illegible] verborgensten Gedanken — Er kennt die geheimsten [illegible] Er weiß, was in dem Menschen ist. Gerechtigkeit [illegible] Gürtel seiner Lenden; denn Er hat keine andere [illegible] als den Willen seines Vaters zu erfüllen. Kein Buchstabe, kein Pünktlein des Gesetzes bleibt unerfüllt. [illegible], das Gesetz aufzuheben, sondern zu erfüllen.

Also, (wie lehrreich, wie trostreich, wie denkwürdig ist diese Wahrheit!) also, Jesus von Nazareth, der Sohn Mariä, ist das verheißene Zweiglein, das auf dem Stamme Jesse aufgeblühet; Jesus von Nazareth ist der Erfüllte mit dem [illegible] des Herrn; Jesus von Nazareth ist der Richter [illegible] Wahrheit, der das Herz kennt, und die Gedanken sieht [illegible] von Nazareth ist der Umgürtete mit Gerechtigkeit [illegible] ben; Jesus von Nazareth ist das Licht der Welt, das [illegible] mit Erkenntniß des Herrn [illegible] von Nazareth [illegible] das Gesuchte von den Nationen [illegible] sich [illegible] Heiden herumlagern; Jesus von Nazareth endlich ist das [illegible] Wo sein Name [illegible] wird, da [illegible] herrlich !.

2.

Kirchengebet.

Wir bitten [illegible] o Herr, neige dein Ohr zu unserm Flehen her [illegible] die Finsternisse unserer Seele durch [illegible] deiner Heimsuchung, (damit wir dein Licht [illegible] uns erkennen, und deinen Willen an uns [illegible]

3.

Aus dem Briefe an die Philipper. Kap. 4.

„Freuet euch (lieben Brüder!) eures Herrn allezeit — ich sage es euch noch einmal: freuet euch! — Euer erbaulicher Wandel werde allen Menschen bekannt. Der Herr ist nahe. Keine Sorge soll euch ängstigen. Lasset (vielmehr) bei allen euren Geschäften die Wünsche eures Herzens im Gebet und heißen Flehen und unter Danksagungen vor Gott kund werden. Der Friede Gottes, der alle Vernunft (und alle Empfindung [illegible] Menschen) weit übersteiget, bewahre eure Herzen und eure [illegible] durch Jesum Christum, unsern Herrn! Uebrigens, Brüder, [illegible], was ehrwürdig, was gerecht, was rein, [illegible]würdig, was löblich ist — jede Tugend und jede [illegible] That sey euer Bestreben!“

Wohl uns, wenn uns unser Gewissen bei aufrichtigem Nachdenken über diese schöne Stelle nicht strafet! Wohl uns, wenn wir den Frieden, der höher ist als alle Vernunft, aus Erfahrung kennen!

Am vierten Sonntage des Advents.

1.

Aus dem Propheten Esaias. Kap. 42.

„Sieh! das ist mein Knecht — Ich bewahre Ihn. Er ist mein Auserwählter und das Wohlgefallen meiner Seele. Ich will Ihm meinen Geist mittheilen: und Er wird den Völkern die Gerechtigkeit ankünden. Er wird nicht hadern, noch Geschrei machen — draußen wird man Ihn nicht hören. Er wird das zerdrückte Rohr nicht vollends zerbrechen, und den [illegible]den Docht nicht auslöschen. Er wird nicht mürrisch [illegible], damit Er auf dem Erdboden die Weisheit einpflanze. Die [illegible] werden auf sein Gesetz warten.“

[illegible] Auserwählte, den Gott wie seinen Augapfel bewahret; dieser Geliebte, auf dem die Freude und das Wohlgefallen Gottes ruhet; dieser Heilige, dem Gott seinen

Geist mitgetheilet; dieser Weltlehrer, der den Völkern die Gerechtigkeit ankündet; dieser stille, ruhige [illegible] der nicht hadert und nicht schreiet; dieser sanfte [illegible] Menschenfreund, der den rauchenden Docht [illegible] und das zerdrückte Rohr nicht zerbricht; dieser [illegible] [illegible]r, der [illegible] macht — [illegible] thut, und aus [illegible] [illegible]fet; dieses ewige Wort des Vaters; diese in Menschen verborgene Weisheit, die vom Himmel kam, und auf Erdboden Weisheit einpflanzte; dieses Licht und Heil der Völker, auf das die Inseln hoffen — dieser [illegible] Geliebte, Heilige, dieser stille, liebende, [illegible] und Menschensohn ist Jesus von Nazareth. Wo ist [illegible] die diesen Jesus nicht schätzet? diesen [illegible] [illegible]? diesen Jesus nicht liebet?

2.

Kirchengebet.

Erwecke, o Herr! wir bitten Dich — erwecke [illegible] deine Macht, und komm, und eile uns mit [illegible] tigen Hülfe entgegen: damit unsre Erlösung [illegible] Sünden immer mehr und mehr entfernen, [illegible] deiner Gnade, und durch das Uebermaß deiner Erbarmungen beschleuniget werde ꝛc.

3.

Aus dem ersten Briefe der Korinther. Kap. 4.

„Urtheilet nicht vor der Zeit, bis der Herr kommt. Er wird auch das, was im Finstern verborgen ist, an's Licht bringen; Er wird die (geheimsten) Rathschlüsse des Herzens aufdecken — und dann wird einem jeden, (der lobenswerth befunden wird) sein gebührendes Lob von Gott zu Theil werden."

Jesus Christus ist dieser Herr. Er kennt die verborgensten Anschläge: Er kann also auch das Verborgenste [illegible] baren. Der himmlische Vater hat Ihm das Richteramt [illegible] tragen: Er wird also auch das Verborgenste an's Licht [illegible] gen. Daraus zieht der Apostel die wichtige Folge, [illegible] Menschen, keiner den andern voreilig richten, beurtheilen, [illegible] sollen. Denn wir sehen das Herz nicht — [illegible] Einsicht in das Herz können wir das Herz auch nicht richten, und doch ist die Absicht des Herzens eben das, was un[illegible] Handlungen am meisten lobenswerth und tadelhaft macht, [illegible] wir am liebsten und öftesten urtheilen. Zu[illegible] Jesus Christus der einzige, vorbestimmte Richter, [illegible]

[illegible] wir [illegible]: so [illegible] wir noch kein [illegible] keine Macht, kein [illegible] dazu.

Wir müssen [illegible] Richtergewalt [illegible] keinen Eingriff [illegible] — besonders, da ein jeder [illegible] für zu sorgen [illegible] er am Tage des Gerichtes [illegible] Wagschale [illegible] Gerechtigkeit, nicht zu leicht [illegible] werde. [illegible] die kostbare Zeit, die wir [illegible] Beurtheilung fremder Handlungen so [illegible] unnütz verschwenden, auf Untersuchung, Beurtheilung [illegible] und Vervollkommnung unsrer eigenen Tugend zu [illegible]. Es kommt der Herr wieder. Jesus kam einst, [illegible] zu machen, was verloren war: Er wird wieder kommen, zu vollenden, was Er angefangen hat. Wir wollen jetzt [illegible] Wandel, unsre Geschäfte so einrichten, daß uns am Tage des Gerichtes Lob zu Theil werde. Wir wollen jetzt unser Herz genau untersuchen; jetzt unsre Handlungen unparteiisch richten: damit wir einst am Tage des Gerichtes das freudige und belohnende Angesicht des Richters erblicken können. Wir wollen unsre verstecktesten Wünsche vor dem Auge des heiligen [illegible] gerechtesten Richters durchsuchen, und nach den Lehren [illegible] unsers Heilandes einrichten: damit wir den Tag [illegible] und freudig erwarten können, an dem der Herr [illegible], das Verborgenste an's Licht bringen, und die [illegible] des Herzens aufdecken wird. Wir wollen uns selbst richten, damit wir nicht gerichtet werden.

Weihnachtfest.

Erstes Gebet.

* In diesem Gebete wird besonders die Wahrheit, daß derjenige, der in der Gestalt eines Menschen, eines Kindes, erschienen ist, der wahre Sohn Gottes sey, in's Licht gesetzt. — Um dieses Gebet, und auch die nachfolgenden, mit größerer Inbrunst zu verrichten, ist es sehr rathsam, und den Gesinnungen der Weisheit gemäß, daß wir uns im Geiste zur Krippe nach Bethlehem versetzen — gerade als wenn die Geburt des Messias erst heute vorgienge — und an dem Anblick des neugebornen Jesus unsern Glauben, und an der Anbetung dieses in Menschengestalt erschienenen Sohnes Gottes unsre Andacht üben.

Jesu! [illegible] liege hier im Staube — vor deiner Krippe, und freue mich, daß ich weiß, wer Du bist. Ich sehe

[illegible] nichts, als [illegible]
sehe. Eingewickelt in Windeln, [illegible]
[illegible] anderes Menschenkind — nie [illegible]
[illegible]loser als auch das ge[illegible]
scheinest Du beim ersten Eintritt [illegible]
Und doch bei all dem, was [illegible]
glaube ich, und glaube es mit [illegible]
daß Du der wahre Sohn Gottes [illegible]
Empfängniß ist wundervoll, und d[illegible]
auf eine ganz außerordentliche, und [illegible]
tige Weise — durch Ueberschattung des [illegible]
in dem Leibe der reinsten Jungfrau — nimmst [illegible]
an. Gabriel verkündete schon damals deine [illegible]
„Groß werdest Du seyn, sagte er, und [illegible]
höchsten heißen, und Gott, der Herr [illegible]
Thron deines Vaters David, und Du [illegible]
schen im Hause Davids, und deines [illegible]
Ende seyn." Und jetzt bei deiner [illegible]
[illegible] ein Freudengesang der [illegible]
Ehre Gott in der Höhe, [illegible]
und Gottes Wohlgefallen an den Mens[illegible]
Der ganze Himmel ist geschäftig, Dir ein herrliches [illegible]
burtslied zu singen. Auch die Hirten sollen Zeugen [illegible]
ner Herrlichkeit seyn. Ein göttlicher Lichtglanz [illegible]
sie, und ein Engel thut ihnen die große Freude [illegible]:
Heute ist euch der Heiland geboren. Au[illegible]
vereinige meine Stimme mit dem Jubel der Engel, [illegible]
preise deinen [illegible] im Himmel, daß [illegible]
Eingebornen, uns geschenkt hat. Auch ich [illegible]
[illegible]einfalt der Aussage des Engels: Heute ist [illegible]
der Heiland geboren. Jesu, Sohn Gottes [illegible]
Davids! Sohn Gottes vor Grundlegung der [illegible]
Sohn Mariä im Fleische, ich bete Dich an, [illegible]
[illegible], daß ich deine Hoheit erkenne, und [illegible]
Niedrigkeit anbeten kann! Wahrhaft, Du [illegible]
[illegible]: aber Du bist auch das Wort d[illegible],
vom Anfang bei Gott war, und Gott [illegible] Du bi[illegible]
[illegible] Heiland: aber Du bist auch das [illegible]
[illegible] erschaffen ist, was erschaffen ist. Du b[illegible]

Heiland:

[illegible]: [illegible] Du [illegible] das Licht, das Alles erleuch-
[illegible] erleuchte[illegible]. Du bist unser [illegible]: aber Du
[illegible] das [illegible], und der Glanz seiner [illegible]
[illegible], und d[illegible] seiner Vollkommenheit. Du bist
[illegible]r Heil[illegible] [illegible] bist auch der Eingeborne des
[illegible]ers, [illegible], weißt um alle [illegible]
[illegible] der Vertrauteste Gottes. Du bist
[illegible]nd; und bist es eben darum auf die vorzüg-
[illegible] Weise, weil Du das Wort, das Bild des Vaters,
[illegible] Glanz [illegible]stät, das Licht von seinem Lichte,
[illegible], sein Geliebtester, sein Eingeborner, sein
[illegible], [illegible] Gottessohn die Menschennatur und
[illegible] angenommen hast, um uns nur recht gut
[illegible]selig zu machen. Ich bete Dich an, und freue
[illegible], daß ich die Gottheit in deiner Menschheit erkenne,
[illegible] Herrlichkeit des Vaters in der Niedrigkeit des
[illegible]. Du bist nicht etwa ein Liebling
[illegible] wie Abraham, [illegible], Jakob; denn wann hat
[illegible] zu [illegible] Patriarchen gesagt: Heut hab'
[illegible] gezeuget: Du bist mein Sohn? Aber
[illegible] es der Ewige gesagt: Mein Sohn bist
[illegible] bist Du, nicht nur ein Geliebter Got-
[illegible] Geliebteste, der Einzige, das Wohlgefallen
[illegible] Vaters, [illegible]. Du bist nicht etwa ein Lieb-
[illegible] Moses, der Vertraute Gottes; denn
[illegible] zu Moses gesagt: Mein Sohn
[illegible] Ich Dich gezeuget? Aber zu
[illegible] hat der Ewige gesagt: Du bist mein Sohn!
Moses [illegible] ein Diener im Hause deines Vaters;
[illegible] Sohn des Hauses. Du bist nicht etwa ein Lieb-
[illegible] die Engel, die das Angesicht deines Va-
[illegible] wann hat Gott jemals zu einem sei-
[illegible] Engel [illegible]: Du bist mein Sohn? Aber zu
[illegible] hat der Ewige gesagt: Mein Sohn bist Du!
[illegible] sind die Engel deine Diener, wie die Diener
[illegible]aters; deine Anbeter, wie die Anbeter deines
Vat[illegible] bist nicht ein Liebling Gottes wie Johannes, [illegible]rläufer; denn wann hat Gott zu Ihm gesagt:
[illegible] bist [illegible] Sohn; heut hab' Ich Dich gezeu-

gen? Aber zu Dir [illegible] :
Sohn bist Du! Johannes war [illegible]
[illegible]nft des Herrn; Du [illegible] Herr selbst. [illegible]
[illegible] der Fingerzeig auf [illegible] Gottes [illegible]
bist das Lamm Gottes selbst, [illegible] Leben [illegible]
der Welt. Du warst vor [illegible]
durch Dich ist die Welt gemacht [illegible]
in die Welt, und die Welt erkannte Dich [illegible]
erkenne Dich, und bete Dich an, [illegible]
Dich erkenne und Dich anbete, [illegible]
Dich immer mehr erkennen, und immer [illegible]
und Inbrunst anbeten könnte. Diese [illegible]
halte Du in mir; diese Gesinnung [illegible]
diese Empfindung stärke du in [illegible]
und nie vergesse, und immer mit Herzensfr[illegible]
denke, daß das Wort Fleisch geworden [illegible]
sem Namen sollen sich alle Kniee beugen [illegible]
auf der Erde, und unter der Erde. [illegible]
Wer hätte das erwartet, das ge[illegible]
nicht verheißen, wenn es Gott [illegible] Er[illegible]
bracht, Gott nicht als geschehen offenbaret [illegible]
Wort Fleisch! Das ewige, das [illegible]
sterbliche, das allmächtige Wort legt vergäng[illegible]
bare, sterbliche, schwächliche Menschengestalt [illegible]
Wort Fleisch! Wer erkennt [illegible]
Vaters? Er giebt seinen Eingebornen [illegible]
zu machen, was verloren war. [illegible]
die Liebe des Sohnes? Er [illegible]
Vaters, und erscheint unter uns, [illegible]
uns mit sich einst in das Haus [illegible]
ren. Wer ist ein Mensch, [illegible]
Mensch ist? Der Sohn Gottes [illegible]
nimmt unser Wesen an; legt [illegible]
Natur an; bekleidet sich [illegible]
Wort ist Fleisch! [illegible]
meine Freude und meine [illegible]
und der Sohn des Vaters wird [illegible] Mensch.
sem Gedanken verlier' ich [illegible] O, [illegible]
mich mit ganzer Seele, daß ich [illegible] ein [illegible]

[illegible] daß [illegible], [illegible] Gottes [illegible] geworden [illegible]

[illegible] Gebet.

* In diesem [illegible] wird die Ursache erklärt, warum der [illegible] geworden, nämlich: um uns Menschen zu Kin= [illegible] zu machen.

[illegible] wer in Dir den Sohn Gottes erkennet, der [illegible] Wer aber weiß, warum Du Mensch gewor= [illegible] liebet. Du kamst, uns zu Kindern deines [illegible] zu machen: und wir sollten Dich nicht lieben? [illegible] Dich aufnehmen, giebst Du Vollmacht, Kinder [illegible] zu werden: und wir sollten Dich nicht lieben? [illegible] des Hauses ist kein Knecht; und Du kamst, [illegible] von der Knechtschaft der Sünde, des Todes und [illegible] zu erlösen: und wir sollten Dich nicht lieben? [illegible] Sünde liebt, ist ein Knecht der Sünde; und [illegible] uns in die Freiheit der Kinder Gottes zu [illegible]: und wir sollten Dich nicht lieben? Das Kind [illegible] seinen Vater, und darf zu seinem Vater kind= [illegible] sagen: Lieber Vater; und Du lehrtest uns [illegible] Vater kennen, und gabst uns Macht, zu deinem [illegible] sagen zu dürfen: Lieber Vater, unser Vater, [illegible] unser Vater: und wir sollten Dich nicht lieben? [illegible], lernbegieriges, williges Kind weiß den Willen [illegible], und erfüllet ihn mit Lust und ohne Verzug; und Du kamst, uns den Rathschluß deines Vaters offen= [illegible] zu machen, Du kamst, uns Weisheit und Stärke zu geben, daß wir den Willen deines Vaters mit Gewiß= [illegible] erkennen und mit Lust vollziehen könnten: und wir [illegible] Dich nicht lieben? Ein gutes Kind hat den Geist [illegible] die Gesinnungen der Liebe, des Zutrauens, des Ge= [illegible] gegen seinen Vater; und Du kamst, uns den [illegible] Geist, den Geist Gottes, deinen Geist, den Geist [illegible] in unsere Herzen zu legen, daß wir nicht nur [illegible] Gottes heißen, sondern auch seyn mögen: und wir sollten Dich nicht lieben? Ein Kind wird Erbe, und [illegible] Erbe wird Herr aller Güter des Vaters; und Du [illegible], und zu Erben Gottes und zu [illegible] machen: und wir sollten Dich nicht lie[illegible] nung des ewigen Lebens uns zu erwer[illegible] zu erkaufen, kamst Du zu uns herab: u[illegible] Dich nicht lieben? Du kamst, unsre Sünde[illegible]n, und unsre Schwachheiten zu tragen: und wir [illegible]ch nicht lieben? Du kamst, dem Vater dein Blut [illegible]s als Lösegeld zu opfern; Du kamst, ein Mittler z[illegible]n uns und deinem Vater zu werden, damit wir [illegible] ten als unsern Vater, und Er uns als sein[illegible] seine Herrlichkeit gäbe: und wir sollten Dich nich[illegible]? O Liebenswürdigster! Du hast zuvor geliebt; [illegible] geliebt, wie keiner lieben kann; Du kamst, [illegible], die Du liebest, bis in den Tod zu lieben, [illegible] Menschenleben an, um es aus Liebe für [illegible]: wer, wer sollte Dich nicht lieben? wer, wer [illegible], als Dich lieben? Liebenswürdigster! Du [illegible] ein Lehrer der Liebe, uns ein Beispiel der [illegible] Erlöser aus Liebe zu werden. Eingeborner [illegible]! Liebhaber deines Menschengeschlechtes! was s[illegible] zu Dir! Ist's wohl etwas, wenn ich Dich lie[illegible] dem Du zuvor geliebt hast, und so geliebt hast? [illegible] etwas wenigeres, geringeres gedacht werden, als [illegible] Dich mit ganzer Seele liebe, nachdem Du mich [illegible] ohne Beispiel geliebet hast? Wir Menschenki[illegible] die Eltern, weil sie uns das Leben gegeben; [illegible] Lehrer, weil sie uns in dem, was recht ist, [illegible]; lieben die Wohlthäter, weil sie uns das [illegible] gemacht; lieben die Freunde, weil sie uns [illegible] erfreuender und süßer gemacht haben: und es [illegible] lich seyn, daß wir den nicht lieben, der uns [illegible] Vater, Mutter, Wohlthäter, Lehrer, Freund — [illegible] alles Andere? Dich — Dich, der kam, [illegible] zu machen, da wir todt waren; der kam, uns [illegible] zu erlösen, da wir Sünder waren; der kam, uns zu Freunden und Kindern Gottes zu machen, da wir Feinde Gottes und Knechte der Sünde waren; der kam, [illegible] seinen Brüdern und seinen Miterben zu machen, da wir kein ander Erbtheil, als Tod und Sünde über[illegible]

[illegible] Dich, durch [illegible] [illegible]; Dich, unsern Freund, unsere [illegible]der, unsere [illegible]scher, [illegible] — sollten wir [illegible] lieben? [illegible] es kann [illegible] Dich nicht [illegible] ich kann es nicht. Ich [illegible] Dir [illegible] ganzes Herz und meine [illegible] [illegible] ist all mein Verlangen: Dein [illegible] mein Wille [illegible] Alles, was Du bist, bist [illegible] mich; ist es zu viel, wenn ich Alles, was ich [illegible] Dich bin?

Drittes Gebet.

[illegible] wird eine Untersuchung angestellt, ob die Ankunft Jesu Christi bei uns bisher ihren Endzweck erreichet habe; [illegible] wir uns gegen Gott, wie gute Kinder gegen den besten [illegible] betragen?

[illegible] Du kamst, mich zum Kinde Gottes zu machen: wehe mir, wenn deine Ankunft für mich umsonst, — und ganz aus meiner Schuld umsonst wäre! Auch für mich hast Du die Gestalt eines Menschen, eines Sünders angelegt, wehe mir, wenn an mir die Absicht deiner Menschwerdung nicht erfüllet würde! Kind Gottes sollte ich durch Dich werden: bin ich's? Ein gutes Kind liebt seinen Vater wie seinen Vater, und seine Brüder wie seine Brüder. Gott ist mein Vater: lieb' ich Ihn, wie meinen Vater? Ist mir sein Wille heilig? Ist mir sein Wohlgefallen theurer, werther, als alle Vergnügungen der Sinne, als alle Wollust des Fleisches, als alle Pracht und Ehre, als alle Güter der Welt? Bin ich bereit, allen Menschen mißfallen zu wollen, um meinem Gott zu gefallen? Bin ich bereit, Verachtung von allen Menschen zu dulden, um bei Gott zu gelten? Gott ist mein Vater: suche ich seinen Willen, seine Gebote, seine Winke zu erforschen? Gott ist mein Vater: vertraue ich auf Ihn in aller Trübsal? Würde mein Vertrauen auf Ihn unerschüttert bleiben, wenn ich dulden müßte, was die Besten und Heiligsten aus dem Menschengeschlechte erduldet haben? Gott ist mein Vater: glaube ich an sein Wort? Glaube ich an seine Gegenwart, als wenn Er mir immer zur Seite stünde? Gott ist mein Vater durch Christum, und alle

Menschen sind in Christo meine Brüder [illegible] ich [illegible] Menschen, wie meine Brüder? Lieb' [illegible] Feinde, wie meine Brüder? Lieb' ich auch [illegible] verspotten und unterdrücken, wie meine Br[illegible] ich auch die Dürftigen, die Hungrigen, die [illegible] wie meine Brüder? Lieb' ich den Nächsten, de[illegible] um Hülfe schreit, wie meinen Bruder? Gott ist [illegible] Vater: lebe ich so, denke ich so, arbeite ich so, [illegible] so, leide ich so, daß ich hoffen kann, einst Erbe [illegible] und Miterbe Jesu Christi zu werden? Ach, Jesu! Du weißt es am besten, was ich bin; was ich seyn [illegible]; wie ich's werden kann, was ich seyn sollte; [illegible] noch nicht bin. Jesu, erleuchte Du mich, daß [illegible] und Dich erkenne! stärke Du mich, daß ich [illegible] ich durch dich seyn kann und seyn soll! laß [illegible] Liebe, deine Gnade, deine Absicht — dein [illegible] werden an mir nicht umsonst seyn!

Aus Kirchengebeten.

1.

Vater, schenk uns die Gnade, daß wir deinen [illegible]bornen als Weltheiland mit Vertrauen aufnehmen, [illegible] einst als Weltrichter mit Zuversicht kommen sehen!

2.

Vater, laß das Licht, das alle Welt erle[illegible], [illegible] den Glauben in unsrer Seele scheinen, (und durch die Liebe in unserm Wandel glänzen!)

3.

Vater, laß uns durch deinen Sohn zu Kindern Gottes geboren, und durch Ihn als Erben Gottes zum ewigen Leben erwecket werden!

Der Engel und die Hirten zu Bethlehem.

(Eine Weihnachts-Empfindung für Geübte.)

Wie war euch, Israeliten ohne Falsch! Hirten so sanft, wie die Lämmer eurer Heerde, und so einfältig, wie die [illegible] der! — wie war euch zu Herzen, als der Engel Gottes im [illegible] zu euch [illegible].

Ich seh' euch [illegible]stürzen vor Furcht, wie vom Blitze [illegible]; Mond und Sterne schwinden vor eurem Blicke; Gottes Herrlichkeit [illegible] euer Innerstes.

Aber, [illegible] lange, der nie empfundene [illegible] des Engels sanfte Stimme in [illegible] göttlichmild war sie nicht, die Botschaft [illegible] fert nicht: nur Freude verkünde ich [illegible] große Freude, die werden wird allem Volke. Denn geboren ist euch heute der Heiland, der Gesalbte, in der Geburtsstadt Davids. In schlechten Windeln werdet ihr Ihn finden, in der Krippe des Stalles!

Der Engel sprach's: und der Gottvertrautere aus euch [illegible] schnell aufgerichtet vom Schrecken; und betete an, [illegible]d, wie Abraham; und blickte auf mit festem Blick [illegible] Gottes, die vor ihm stand; und hub mit Macht [illegible] die zusammengepreßten Hände; und schwamm — kaum [illegible] berührend in den seligsten Empfindungen der Freude, [illegible] — —, und horchte mit Engellust auf das himmlische Lied, welches mit dem in die Höhe geschwungenen Boten die entgegenkommenden Engel sangen, daß Himmel und Erde [illegible]: Ehre Gott in den Höhen! Friede und Freude den Menschen voll Einfalt und Güte des Herzens!

Ja, Freude und Friede strömte in euer Innerstes. — O ihr [illegible] Seelen, rein wie das Quellwasser, und unschuldig [illegible] das [illegible]leben! Das Vaterauge Gottes übersah nicht [illegible] des Herzens, der hell durchschimmerte durch das [illegible] — und belohnte ihn mit himmlischem Segen. Euer Auge ist helle, ungetrübt von den Leidenschaften der Gelehrten und der Reichen und der Großen: darum kann es das himmlische Königreich in der Krippe erblicken. Euer Herz ist noch unverdorben von dem Stolze, noch unverführt von der Wollust: darum kann es Geschmack finden an dem, das himmlisch und göttlich ist. Euer Ohr ist offen der Wahrheit, und verschlossen der Lüge: darum kann es den Gesang der Engel hören. Ihr habt noch Kindersinn: darum [illegible] ihr das Wort des Boten Gottes, und habet Freude an der Erscheinung des Herrn! — — Freunde, laßt uns redlich seyn, damit wir weise werden!

Dankgebet am Ende des

So ist denn wieder ein Jahr vorüber!
noch. Preis und Dank Dir, Vater! daß
Dank und Preis Dir für Alles, was ich bin
was ich weiß und kann! Dank Dir für jed
meines Leibes, für jeden Sinn, und für jede Kr
ner Seele! Alles ist dein Geschenk, für Alles ge
Dir Preis und Dank!

Preis und Dank Dir für deine schöne
Du auch dieses Jahr dreihundert fünf und se
über mich aufgehen ließest; für deinen lieben
deine unzähligen Sterne, die mir auch dieses
ten! Lob und Preis Dir für die
net habe, und die auch für mich so
Güte und Herrlichkeit! Dank Dir für die Luft,
ein- und ausgehauchet habe; für die fri
und andere Getränke, die mich erquickt haben;
Brod, das auch für mich, auch dieses Jahr für
aus der Erde hervorgewachsen ist; und für die
faltigen schmackhaften Speisen, die mich genähret
Dank Dir für die Kleider, die mich bedeckt;
Wohnungen, die mich beherberget; für die Men
deren Gesellschaft ich täglich so viel Gutes erfahr
und ohne die mein Leben so traurig und öde
seyn würde! Dank Dir für Alles, was mich
was ich sehe in der Höhe und Tiefe, was m
gens und Abends, in den Stunden des Tag
Nacht Gutes wird!

So ist denn jedes Jahr ein neuer Zeuge
Vaterliebe! So bist Du denn immer derselbe Vater
ner Kinder! So macht denn deine Liebe des Wo
kein Ende! So ist denn jedes Jahr reich an dei
barmungen und Segnungen!

Ja, Vater! ein Jahr sagt es dem andern, daß deine Liebe höher ist als der Himmel, und breiter als die Erde, und tiefer als das Meer, und so groß, wie Du selbst. Ein Jahr sagt es dem andern, daß Du der einzige Urheber, [illegible] die [illegible] über [illegible] Ein [illegible] kann, alle[illegible] überall aller Preis und Dank [illegible] hingegeben [illegible] können [illegible] Wie soll [illegible] deine Werke [illegible] Empfindung [illegible]? [illegible] ich [illegible] freue [illegible] daß ich Dich [illegible] und mich [illegible] freuen kann! Das [illegible] mein Dank!

[illegible] durch Dich [illegible] daß [illegible] Dich [illegible] Wie kann ich Dich [illegible] Dich [illegible]! Erhebe Du meine [illegible] Dir; gieb Du [illegible] Anbetung und Lobpreisung [illegible] Herz und auf meine Zunge! Unter Millionen Herzen, die deine [illegible] unter Millionen Zungen, die deinen [illegible], hab' auch ich eine Zunge, Dich zu [illegible] Dich zu lieben! Zu deinem Bilde hast Du [illegible]; ein Funke deiner Allmacht, Weisheit [illegible] lebt auch in mir; erkennen, anbeten, lieben [illegible] der mich gemacht! Wie kann ich genug [illegible]

Du [illegible] geoffenbaret durch deine schöne [illegible] Natur ist ein Spiegel deiner Herrlichkeit; wo ich [illegible], seh' ich Dich! Jeder Strohhalm [illegible] Regentropfen sagt mir laut: Lobe den Herrn; und knie nieder vor dem, der Alles gemacht hat! Wie kann ich genug danken!

Du hast Dich uns offenbaret, und offenbarest Dich [illegible] durch die wundervollen Wege deiner allweisen Vorsehung. Du giebst Frühregen und Spatregen; Du segnest die Erde, daß sie ihre Frucht giebt; Du lässest Saat und Ernte nicht aufhören; Du lässest Frühling und Sommer, Herbst und Winter ordentlich einander ablösen; Du lässest Menschen werden, wachsen, herrschen [illegible], sterben; Du sorgest für den Sperling wie für den Adler, für den Bettler wie für den [illegible] Du läßt [illegible] zurück; [illegible] uns heilet; [illegible] kann ich genug danken!

[illegible] kann ich genug danken!

Du hast Dich [illegible] kann ich genug danken!

[illegible] Du, [illegible] Sohn des besten [illegible] wir an Dir und durch Dich! [illegible] Bruder, einen Lehrer und Erlöser; [illegible] einen [illegible] und Mittler; einen [illegible] Opfer über alle Opfer; eine Speise und einen [illegible] Wünschen und Hoffen; [illegible] einen Sündentilger und Begnadiger; einen [illegible] und Richter; einen Beschützer und Seligmacher [illegible] haben wir an Dir! Du hast Macht über [illegible] und Tod, über Zeit und Ewigkeit; [illegible] ist Deine Anwaltschaft, [illegible] uns, wenn wir den Segen nicht [illegible] uns stoßen! Wie kann ich da genug danken!

Und was der heilige Geist — gesandt vom Vater im Namen seines Sohnes — was thut er uns! [illegible] Wollen und Vollbringen; Er [illegible] Gutes thun; Er mahnet uns, daß wir Gutes [illegible] uns, wenn wir Gutes thun; Er hilft uns, daß wir's vollenden; Er erneuert uns, [illegible] Er sagt uns, daß wir Gottes Kinder sind; Er [illegible] in uns; Er giebt Licht und Kraft, Lust und [illegible] in Allem, was uns betrüben, ängstigen, drücken kann;

[illegible] uns, [illegible] daß wir [illegible] freudig [illegible] leiten. Wie kann ich genug danken [illegible] Und [illegible] Wohlthaten macht seit tausend[illegible] und mehren Jahren [illegible] dem [illegible] täglich [illegible] unsern [illegible] unser Herz [illegible] Leiber [illegible] Wie kann ich genug danken! — [illegible] wie hab' ich gedankt? wie hab' ich mir diese Wohlthaten zu Nutze gemacht?

[illegible] darf nicht aufsehen zu Dir! Wenn ich auch gethan hätte, was ich hätte thun können: wie wenig wäre das? Und wie unaussprechlich weniger hab' ich gethan, als ich thun konnte? Vater! was warst Du mir? was war ich Dir? Du hast mich bis auf diese Stunde mächtig beschützet, väterlich versorget, wunderbar geführet, weislich geleitet. Wenn ich krank war, hast Du mich wieder gesund werden lassen; wenn ich um Hülfe zu Dir gerufen, hast Du mich erhöret; wenn ich gesündiget, hast Du mich mit Geduld und Langmuth getragen; wenn ich mit reuevollem Herzen um Vergebung geflehet, hast Du mich mit deinen Erbarmungen erfreuet; wenn ich etwas Gutes aus guter Absicht unternommen, hast Du's gesegnet; wenn mich andere gehindert haben, hast Du mir fortgeholfen! In der Kindheit sorgtest Du für mich; in der Jugend leitetest Du mich zur Weisheit und Rechtschaffenheit; in den Mannsjahren stärktest Du meine Tritte bis auf diese Stunde; und im Alter wirst Du Dich meiner auch annehmen! Durch deine Hülfe hab' ich auch dieses Jahr mein Bleiben und Auskommen gefunden, und werde es auch in der Zukunft finden! Deine Gnade war's, die mich auch dieses Jahr so mannigfaltig im Glauben an deine Vaterliebe gestärkt; im Vertrauen auf die allmächtige Bruderliebe deines Sohnes befestiget; und auf die Einsprache des heiligen Geistes aufmerksam gemacht hat! Wie kann ich Dir genug danken, Vater! Und wie hab' ich gedankt? Was warst Du mir? und was war ich Dir?

Und ich dieses ganze Jahr versäumet, möchte ich nun jetzt, in dem letzten Augenblicke wieder hereinbringen; vergüten möchte ich jetzt die Folgen meiner Kälte und Trägheit; Deiner möchte ich mich jetzt, mit Freudenthränen möchte ich zu Dir aufblicken, und deine Liebe dankbar preisen, Thränen der kindlichen Reue möchte ich in mein Innerstes hineinweinen, und meine Fehltritte, meinen Unwerth beweinen, — wie es bisher noch nie geschehen ist.

Also, Vater! in dem letzten Augenblicke dieses Jahres nenne ich Dich mit reuevollem, dankbargerührtem und vertrauendem Herzen *Vater!* Im Namen deines Sohnes preise ich Dich für alles Gute, das mir Zeit meines Lebens, besonders dieses Jahr, von deiner Güte zugekommen ist; für alle gesunde und vergnügte Tage, die Du mir *geschenkt*; für den süßen Schlaf, den Du mir nach manchen Kummertagen *geschenkt*; für jeden Bissen, den Du mir *geschenkt*; für jedes Licht von oben, das Du mir *geschenkt*; für jede gute That, zu deren Verrichtung Du mir Zeit und Lust und Kraft *geschenkt*; für alles Gute, das ich von Andern empfangen und Andern erwiesen habe; für alles Böse, das Du von mir und Andern abgewendet; für alle Gesinnungen der Liebe, Geduld, des Zutrauens, Glaubens, die Du in mir und allen *deinen* Menschen erwecket und genähret hast! Für Alles danke ich Dir! Lobe, meine Seele, den Herrn und vergiß nicht, was Er dir Gutes gethan!

Das Te Deum Laudamus.

Dich, o Gott, loben wir! Dich, unsern Herrn, preisen wir!

Dich, ewiger Vater, verehret der ganze Erdkreis!

Dir lobsingen alle Engel, alle Himmel und alle Kräfte!

Dir rufen alle Cherubim und Seraphim mit unermüdlicher Stimme zu:

Heilig, heilig, heilig ist der Herr Gott Sabaoth!

Himmel und Erde sind voll von der Majestät deines herrlichen Namens!
Dich lobet der ehrwürdige Chor der Apostel!
Dich rühmet die ruhmvolle Schaar der Propheten!
Dich preiset das schimmernde Heer der Martyrer!
Dich bekennet die heilige Kirche durch die ganze Welt,
Dich, den Vater unermeßlicher Herrlichkeit,
Und deinen wahren, einzigen, anbetungswürdigen Sohn,
Und auch den heiligen Geist, den Tröster!
Christus! Du König der Herrlichkeit!
Du bist der ewige Sohn des Vaters!
Um den Menschen zu erlösen, hast Du den jungfräulichen Leib nicht gescheuet!
Du hast den Stachel des Todes überwunden, und den Gläubigen das Himmelreich eröffnet!
Du sitzest zu der Rechten Gottes, in der Herrlichkeit des Vaters!
Als Richter wirst Du wiederkommen: unser Glaube erwartet Dich!
Darum bitten wir Dich, komm deinen Dienern zu Hülfe, die Du mit deinem theuren Blute erlöset!
Laß unsre Namen in der Zahl deiner Heiligen, dort im Lande der ewigen Herrlichkeit genennet werden!
Herr, rette dein Volk, und segne dein Erbe!
Beherrsche (deine Diener), und sey ewig ihr Schutz!
Alle Tage preisen wir Dich,
Und loben deinen Namen in Ewigkeit, und von Ewigkeit zu Ewigkeit!
Erhalt' uns, o Herr, diesen Tag hindurch, ohne Sünde!
Erbarme Dich unser, o Herr, erbarme Dich unser!
Laß uns deine Erbarmungen erfahren, wie wir auf Dich vertrauet haben!
Auf Dich, o Herr, habe ich gehoffet; ich werde ewig nicht zu Schanden werden!

Am Neujahrstage.

Beruhigung

bei aller Ungewißheit, was dieses Jahr über uns kommen werde.

Allmächtiger! gesegnet sey uns Allen der Eintritt in dieses neue Jahr. Wir haben diesem Jahre nicht gerufen, und es ist gekommen. Ewiger! Du hast Tag und Nacht, Tage und Jahre gemacht; auch dieses Jahr hast Du zu uns heraufgeführt. Wir stehen am Eingange dieses Jahres, und wissen nicht, was ein einziger Augenblick bringen werde. Welche Freuden und welche Leiden werden wir erleben? Was wird uns in dem Laufe dieses Jahres gegeben, was wird uns genommen werden? O Gott! Vater! Erbarmer! Allsehender! Du weißt es. Vor Dir ist alle Finsterniß Licht, und tausend Jahre wie ein einziger Tag! Dir sind alle Begebenheiten unsers Lebens offenbar, und das Zukünftige ist Dir gegenwärtig! Du weißt den Anfang, die Dauer und das Ende unsers Lebens! Du leitest uns Alle durch die Zeit in die Ewigkeit! Ach, daß wir uns an Dir festhielten! daß wir Dir und deinen Fügungen treu und einfältig, wie gute Kinder folgten! daß wir unter deinem Schilde, in Demuth und Hoffnung, ruhig und thätig, fortarbeiteten! Wir wissen nicht, was in diesem Jahre mit uns geschehen werde. Aber so viel wissen wir: *Denen, die Dich lieben, wird Alles zum Guten.* Und das ist genug. Alle Bitterkeit wird uns einst Süßigkeit, wenn wir Dich lieben; aller Mangel wird uns Ueberfluß, wenn wir Dich lieben; alle Arbeit wird uns Ruhe, wenn wir Dich lieben; aller Kummer wird uns Freude, wenn wir Dich lieben; alle Zähren werden uns Quellen des Trostes, wenn wir Dich lieben; aller Fluch wird uns Segen, wenn wir Dich lieben! So viel wissen wir gewiß, und damit wissen wir genug. *Denen, die Dich lieben,* [illegible] wünscht; wer [illegible], wo [illegible] nicht [illegible] so wenig ruhig seyn, als [illegible] Vater! Du liebst deine Kinder [illegible] ich dieses Jahr mit deiner Liebe [illegible] alle Stunden dieses Jahres deiner Liebe [illegible] Dich, Vater! liebe ich [illegible] mich [illegible] von dieser deiner Liebe geschieden werden! Dann geschehe mit mir, was geschieht. Dann bin ich ruhig, und meine Ruhe ist ewig, wie Du!

Gebet um die Gnade, dieses Jahr christlich zuzubringen.

12. Erhöre mein Flehen, Vater der Erbarmungen! [illegible] des Guten, Quelle aller Gaben, Schöpfer, Erhalter und Regierer aller Dinge — Vater bist Du! Zu Dir bete ich in dieser Stunde, weil Du Vater bist!

Nicht um Reichthum oder Ehre bitte ich Dich! Ich möchte einmal von ganzem Herzen fromm, und Dir in Allem gefällig werden! Heiligthum ist mein Wunsch, und Heiligwerden mein Verlangen. Eine neue Creatur in Jesu Christo möcht' ich werden. Ach, Vater! [illegible] deinem heiligen Ebenbild möcht' ich neugeschaffen seyn! O Du, der Alles schaffen und umschaffen kann! das verlange ich von Dir:

Mach' den alten Menschen neu,
Rein, von jeder Sünde frei!
Daß ich Dir, mein Schöpfer, treu
Bis zum letzten Odem sey!

O hilf, Vater! daß ich heilig werde; unterrichte mich durch dein Evangelium; offenbare mir Dich in deinem Sohne; erleuchte, erwärme, reinige mich durch deinen heiligen Geist! Neugeboren, heilig möcht' ich seyn!

[illegible], treibe, entzünde mich, daß ich die Menge meiner [illegible] Sünden demüthig [illegible], [illegible] verwundeten [illegible] bereue, [illegible]

[illegible] Sinn [illegible] (Er[illegible] [illegible] Ihn vollk[illegible] [illegible] ist! [illegible]

5) [illegible] laß mich [illegible] empfinden, [illegible] Dir, laß mich die Liebe [illegible] empfinden, [illegible] gesinnet werde, die [illegible] aller Heiligkeit, [illegible] weg [illegible] mir mißfallen [illegible] und gieb mir, [illegible] Laß mein Herz [illegible] fest in der Hoffnung, [illegible] gesammelt in der Andacht, eifrig im Gebet, fertig im Gehorsam, kindlich [illegible] Liebe werden!

6) Laß mich lauter in der Absicht, re[illegible] aufrichtig im Reden, behutsam im Um[illegible] Versprechen, treu im Worthalten, schamhaft in [illegible] mäßig in der Freude, bescheiden im [illegible] bei empfangenem Unrecht, empfindlich bei [illegible] zufrieden mit Wenigem, genau in Verrichtungen, [illegible] im Unternehmen, glücklich im Vollbringen [illegible] christlich weise, [illegible]heilig werden!

7) Lenke mein Herz zur Barmherzigkeit, [illegible] Alles an mir freigebig seyn, daß ich der Verla[illegible] annehme, den Irrenden rathe, die Unw[illegible]nden [illegible] die Unmündigen rede; den Hülflosen helfe, die [illegible] stärke, die Schmachtenden labe, den [illegible] die Unterdrückten aufrichte, die Betrübten tröste, [illegible] Allen Alles werde!

8) Stärke mich, daß ich von ganzem Herzen versöhnlich sey, meine Feinde liebe, [illegible] die mir feind seyn, dienen, die mir übel wollen, [illegible] für [illegible] mich beleidigen, bitte, und [illegible] unfreundlichen [illegible] sanft und liebevoll begegne!

9) Noch mehr, mein lieber Gott! [illegible] meine Beleidiger speise, [illegible] hungert, [illegible] und also [illegible] Wohlthun an ihnen [illegible]

10) Ueber-

[illegible] Scherham[illegible] mich [illegible] begegnen [illegible] soll! L[illegible] gehorsam gegen die Obrigkeit, [illegible] Vertrauens [illegible] die Seelensorger, verträglich gegen die Nachbarn, [illegible]ig gegen die Hohen, [illegible]eundlich gegen die [illegible], dienstfertig gegen jedermann, dankbar gegen [illegible] Wohlthäter, offenherzig gegen die Freunde, fröhli[illegible] den Fröhlichen, traurig mit den Traurigen, [illegible] gegen die Trotzigen, sanftmüthig gegen die Be[illegible], ernsthaft gegen die Mißhandler fremder Ehre, [illegible]dig gegen die Sünder, unerbittlich gegen den Ver[illegible], und aufmerksam auf den Jammer des Elenden sey, damit meine Liebe christlich vollkommen, der Friede [illegible] Herzens dauerhaft, und die Heiligkeit meines [illegible]s allgemeinleuchtend werde!

11) [illegible] weil es mir in diesem Leben wohl auch [illegible] Trübsal fehlen wird: so gieb mir Demuth, wenn [illegible] Großmuth, wenn ich unterdrückt, Sanft[illegible] ich beleidiget, Zufriedenheit, wenn ich beschä[illegible] Heiterkeit, wenn ich bedrängt werde!

[illegible] Also, Vater, in allen Stunden dieses Jahres sey mein Vater! Deine Weisheit regiere mich; deine Gnade erhalte mich; deine Liebe erfreue mich; deine Barmherzigkeit stärke mich; deine Treue bewahre mich; deine Allmacht beschütze mich!

13) Also, Sohn Gottes, Jesus Christus, in allen Stunden dieses Jahres sey mein Heiland! Deine Menschwerdung sey meine Freude; deine Lehre mein Unterricht; dein Wandel mein Vorbild; deine Demuth mein Beispiel; deine Geduld mein Muster; deine Schmach meine Ehre; deine Unschuld meine Heiligung; dein Gehorsam meine [illegible]gkeit; dein Sterben mein Leben; deine Auferste[illegible] mein Trost; deine Himmelfahrt meine Hoffnung; [illegible] Herrlichkeit zur Rechten des Vaters meine Seligkeit!

[illegible] Also, heiliger Geist, in allen Stunden dieses Jahr[illegible]erleuchte meinen Verstand, stärke meinen Willen, entzünde mein kaltes Herz, zähme meine Begierden, ordne all mein Verlangen, und stärke mein schwaches Vermögen, daß ich heilig werde! Dann ist dieses Jahr ein [illegible] Jahr für mich, da ich w[illegible] des einst noch in der Ewigkeit freuen!

Erinnerung an die Unveränderlichkeit Gottes.

Die Sonne gehet auf und nieder;
Ein Jahr vergeht, ein Jahr kommt wieder:
Nur Du, der allgenugsam ist,
Nur Du bleibst ewig, der Du bist!

Gottes herrlichster Name ist dieser: Ich bin [illegible] bin. Eben dieß bedeutet der Ausdruck: Gott [illegible] Allgenugsame. Denn Er hat alles Gute, [illegible] Gute in sich und von sich, Er hat alles Gute [illegible] von sich. So viel sagt das Wort: [illegible] Eben darum ist Gott der Unveränderliche, weil [illegible] ewig in sich hat. Wer freut sich nicht seines Gottes, [illegible] Gute hat und ist, ewig war und ewig seyn wird? [illegible] ist eine herrliche Stelle aus den Psalmen: Die [illegible] werden vergehen: Du aber bleibst i[illegible] selbe. Sie werden veralten wie ein [illegible] werden verwandelt wie ein Kleid, wenn [illegible] verwandelst: Du aber bleibst immer, wie [illegible] deine Jahre nehmen nicht ab!

Am Dreikönigtag.

Am Feste der Erscheinung des [illegible]

An diesem Tage feiert die Kirche die erste Offenb[illegible] oder die erste Erscheinung des Herrn vor den Heiden. [illegible] war nicht gekommen, um nur die Juden selig zu mache[illegible] war gekommen, das Licht der Völker und das [illegible] zu seyn. Diese Hauptabsicht seiner Sendung [illegible] frühe, und nicht zu oft angedeutet und erwiesen [illegible]reits hatten Jesum bei seiner Geburt nur die Hirten um Bethlehem, auf die Anzeige des Engels, erkannt und angebetet. Die Hirten waren, so zu sagen, die Erstlinge der Au[illegible]lung unter den Juden; und die Einfalt ihres Herz[illegible] ihres Sinnes machte sie tüchtig, die Herrlichkeit Gottes [illegible] Krippe zu erkennen. Die Weisen aus Morgenland sind nun die Erstlinge der Erwählung unter den Heiden: sie kommen, [illegible] orten Kön[illegible] Juden anzubeten: Die Hirten rief [illegible], die [illegible]; die [illegible] nach dem Stern [illegible] die E[illegible], [illegible] erschien [illegible], belebte [illegible], ihnen Bot[illegible] [illegible] die [illegible]cht wink[illegible] kamen [illegible]salem. [illegible] [illegible]rei u[illegible] um den Geburtsort des n[illegible] [illegible]denk[illegible] [illegible]ig Herodes erschrack, als er von [illegible] [illegible]angenehme Nachricht vernahm, und ließ [illegible] [illegible]sucht überall Nachfrage halten. Die Hohen[illegible] [illegible]lehrten finden in [illegible] göttlichen Büchern, [illegible] den Geburtsort des großen Gesalb[illegible] [illegible] angegeben habe: Bethlehem, in [illegible] sey die gesegnete Stadt, aus der der [illegible] und Israels Hirt hervortreten [illegible] mochte aus dieser Entdeckung den Weisen [illegible]. Er hoffte dadurch den neugebornen Juden[illegible] [illegible] zu entdecken, wenn er ihnen seinen Geburts[illegible] [illegible]nnt machte. Er verbarg aber seine Absicht, den Knaben [illegible] dem Wege zu räumen, sehr sorgfältig, und stellte sich sogar [illegible] hätte er selbst große Lust, dem Neugebornen gleichfalls [illegible]betung zu bezeigen: wenn sie nur über Jerusalem den [illegible]men, und ihm von dem Knaben genaue Nachricht [illegible]. Die Weisen setzten ihre Reise ganz freudig nach Beth[illegible] [illegible] Stern, den sie im Morgenland gesehen, [illegible] [illegible]r Wegweiser. Da freuten sie sich noch mehr. End[illegible] [illegible] das [illegible] über dem Hause, wo das Kind war, stehen. [illegible]ar ihre Freude am höchsten. [illegible] gehen in's Haus hin[illegible] [illegible] das Kind und seine Mutter, fallen voll Ehrfurcht [illegible] nieder auf die Knie, beten es an; langen [illegible] [illegible] und opfern Ihm Geschenke — Gold, Weih[illegible] [illegible] und Myrrhen.

So wunderbar offenbarte sich Jesus, noch als Kind, den [illegible]. Der Stern mußte den Redlichgesinnten zuerst den [illegible]weisen. Die Herrsch- und Eifersucht des Herodes mußte [illegible] für's zweite verhülflich seyn, den Geburtsort des Kin[illegible] [illegible]er zu entdecken. Die Schriftgelehrsamkeit der Hohen[illegible] [illegible] drittens den Geburtsort des neugebornen Kö[illegible] [illegible] ausfindig machen. Die Eifersucht des Königs [illegible] ihnen viertens den in der Schrift so genau vorherge[illegible] [illegible]n Geburtsort ohne Verfälschung entdecken. Der Stern [illegible] fünftens wieder seine Dienste thun, und ihnen ferner [illegible] zeigen — und zuletzt über dem Hause stehen blei[illegible] [illegible] das Kind war. Wie Alles so wunderbar aus so ver[illegible] [illegible] Absichten zusammenhilft, die Weisen zu Jesu hinzu[illegible] bringen[illegible] Die Schriftgelehrten kommen nicht zu Jesu; der König He[illegible]des kommt nicht zu Jesu; die Hohenpriester kommen nicht zu Jesu; die Juden kommen nicht zu ihrem neugebornen König; aber sie müssen doch dazu [illegible], daß [illegible] Ihn erkennen und anbeten, weil sie ihn ke[illegible] und a[illegible] wollen. Jesu, wen Du rufest, und wer [illegible]er St[illegible] folgt, der kommt zu Dir! Wen Du auserwähl[illegible] ko[illegible] zu Dir! Wer Dich sucht, redlich sucht, der [illegible] Deine Gnade ruft, zieht, führt, bringt Alle zu Dir, [illegible] kommen wollen! O, wie herrlich offenbart sich [illegible] deine Gnade, deine Liebe, deine Weisheit, deine Allmacht[illegible] rufest die Heiden, sie kommen. Du winkest dem Ster[illegible] leuchtet. Der herrschsüchtige König, die stolzen Schriftgeleh[illegible] kommen nicht zu Jesu; können nicht zu Ihm kommen, weil [illegible] Ihn nicht redlich suchen. Die Weisen werden im Schlafe gewarnet, auf einem andern Wege in ihr Land zurückzuk[illegible] damit der König und die Schriftgelehrten nichts Gewisses [illegible] dem Knaben inne werden; weil es ihnen nicht um Anbet[illegible], sondern um Befriedigung ihrer Leidenschaften zu thun [illegible] redlich sucht, der findet; und wer nicht redlich sucht, i[illegible] werth zu finden.

Kirchengebete.

1.

Gott! Du hast an diesem Tage deinen Eingebornen d[illegible] Heiden durch Wegweisung des Sternes offenbaret: a[illegible] uns hast Du Dich durch den Glauben offenbaret. De[illegible] Gnade sey noch ferner unsre Führerin, daß wir da[illegible] kommen, wo wir deine Herrlichkeit von Angesicht [illegible] Angesicht sehen können, durch Jesum Christum, unsern Herrn! ꝛc.

2.

Gott! dein Eingeborner ist heute in mensch[illegible] Gestalt — in unserm Fleische das erstemal den Heiden erschienen: gieb uns Gnade, wir bitten Dich, daß [illegible] von innen ganz umgeschaffen, und erneuert werden [illegible] dem Bilde desjenigen, der uns von außen gleich gewo[illegible], und den wir in dieser Gleichheit erkennet haben ꝛc.

* Es ist der heutigen Feierlichkeit nichts gemäßeres, als daß sich jeder Christ an diesem Tage, an dem sich Jesus den Heiden das erstemal offenbaret hat, in den Empfindungen des Dankes übe, und den, von dem alle gute Gabe kommt, für die Gabe des Glaubens preise.

(Zum Beten.)

Jesu, Licht der Völker! Du erleuchtest jeden, der da in diese Welt eintritt! Du hast mich mit vielen Tausenden zu dem Lichte des Glaubens berufen, und aus vielen Tausenden zum Lichte des Glaubens gebracht! Das Licht des Glaubens ist eine *Gnade*. Wir saßen in dem Schatten des Todes, und wußten nicht einmal, daß wir von der Finsterniß umgeben waren. Da kamst Du liebevoll vom Himmel herab, sahst uns freundlich an, nahmst uns brüderlich bei der Hand, führtest uns mitleidsvoll in die Gegenden des Lichtes, und zeigtest uns deinen Vater, und den Weg, auf dem wir zu Ihm kommen könnten. Das Licht des Glaubens ist *deine* Gnade, nicht nur, weil wir ohne Dich nichts können; nicht nur, weil wir den Vater nur durch den Sohn kennen lernen; sondern weil Du uns durch dein Blut erkaufet, und durch deinen heiligen Geist mitgetheilt hast. Der Glaube ist eine *große* Gnade. Was ist der Mensch ohne Glauben? Es fehlt ihm das Auge, zu sehen; es fehlt ihm das Ohr, zu hören. Ohne Glauben wäre ich blind und taub; könnte den Vater und seinen Sohn nicht erkennen, und seine Stimme nicht hören. Der Glaube ist für mich eine ganz *unverdiente* Gnade. Wäre mir kein Licht aufgegangen, wie den Weisen im Morgenland; wäre mir die Freudenbotschaft von Jesu Christo nicht verkündiget worden; hätte mich die Gnade des heiligen Geistes nicht erwecket, nicht erleuchtet, nicht entzündet: ach! was wäre mein Glaube? Und wenn die Gnade des heiligen Geistes den Glauben nicht sorgfältig in mir erzogen und erhalten hätte: wie oft hätte ich ihn schon verloren? Hätte mich die Gnade des heiligen Geistes nicht vor dem ruchlosen Lasterleben bewahret, ach! ich hätte mich selbst verblendet, ich hätte mir selbst das Auge des Glaubens ausgerissen. Herr Jesu! ich erkenne lebhaft, daß mein Glaube das Werk der Gnade ist, ich preise Dich dankbar, daß Du mich Unwürdigen zum wundervollen Lichte geleitet hast; ich freue mich, daß ich deine Güte an mir erfahren habe; und wünsche mir Glück dazu, daß ich diese deine Güte erkenne. Ich [illegible] nichts so sehnlich, als daß alle Völker von deiner [illegible] erleuchtet werden, und alle Erleuchtete deine Ba[illegible] kennen, und deine Huld preisen möchten. [illegible] alle Mühe geben, an mir zu beweisen, daß [illegible] des Glaubens nicht unfruchtbar sey; ich will [illegible] ruf zum Glauben gewiß, und die Kraft des G[illegible] an mir offenbar machen. Durch Liebe Gottes und Menschen, durch Geduld und Sanftmuth, durch Fr[illegible] und Wohlthätigkeit soll sich die Stärke des Glaubens an mir darthun. Um diese Gnade flehe ich zu Dir, [illegible] Freude es ist, uns zu erfreuen! Um diese Gnade [illegible] ich zu Dir, mein Heiland und Seligmacher! [illegible] Glaube an mir hundertfältig Frucht bringe; [illegible] Glaube nicht von uns genommen, sondern de[illegible] überall erweitert und befestiget werde! Amen.

Vorsatz.

Die Weisen aus Morgenland thaten so viel, w[illegible] so viel Zeit und Kosten darauf, überstanden so viel Besch[illegible]keiten, um das Kind Jesus zu sehen, anzubeten. Wir [illegible]ben, daß Jesus die Weisheit des Vaters, der Lehrer der W[illegible]heit, der Weg, die Wahrheit und das Leben, der Abglanz [illegible] Gottheit, und das Heil der Menschen ist. Was sollen [illegible] nicht thun, die Lehre Jesu Christi zu hören, zu fassen, ga[illegible] erkennen, durch und durch einzusehen, und darnach zu [illegible]! Was sollen wir nicht thun, wahre Jünger (wahre Jünge[illegible]) Jesu Christi zu werden? Wie wenig thun wir? Was [illegible] wir in Zukunft thun?

Für die, welche mit Glaubenszweifeln kämpfen.

Trotz aller Müh' und alles Spottes
Find't, wer sie sucht, die Wahrheit Gottes;
So tief, so hoch sie immer sey:
Sucht er mit Eifer nur und Treu'.
Der Vorsicht Wink wird sanft ihn leiten,
Das Licht ist nie dem Forscher fern;
Der Herr geht mit, ihn zu begleiten.

Geht Gott mit uns: wer geht nicht gern?
Und wandeln wir in Finsternissen,
Vernunft und Herz, und das Gewissen,
Und Jesus Christ — ist unser Stern!

Der Name Jesus.

(Am Namen Jesu Fest.)

1.

O süßester der Namen all',
Den Menschenzungen nennen!
O Du, der Himmel Wiederhall,
Dem tausend Herzen brennen!
O Jesus! Jesus Christus! wie
Neigt tief genug sich unser Knie
Vor deinem Namen, Höchster?

2.

O Du, der ewig uns befreit
Von jedem Tod und Schmerzen!
Wer, aller Menschen Heiland! freut
Sich Deiner nicht von Herzen?
Dein Nam' ist Hülfe, Heil und Huld;
Vor Dir verschwindet Tod und Schuld:
Wo ist, wie Du, ein Name?

Noch einige Christusfeste [illegible] Christen.

I.

Jesus vom Johannes getauft.

„Jesus vom Johannes getauft" — wie viel [illegible] in dieser Begebenheit!

1) Die Taufe, die die Israeliten aus der Hand des [illegible]fers Johannes empfiengen, war eine feierliche Ein[illegible] gerührten Sünder zur Buße, und zur gläubigen [illegible] kommenden Messias. Nun Jesus war rein [illegible] war der Reinste: Er bedurfte also keiner Buße. [illegible] der kommende Messias selbst, war das Heil der [illegible] bedurfte also keiner Taufe. Und dennoch, eben dieser [illegible] der der Reinste, eben dieser Jesus, der das Heil der Welt [illegible] geht in Mitte der Sünder, als einer aus ihnen, zum Tä[illegible] hin, und läßt sich taufen. O, wie wahr ist's, was [illegible] ein großer Apostel von Ihm sagte: Er ward in [illegible] den Sündern gleich, nur die Sünde ausgenommen.

2) Johannes war eigentlich Knecht des Herrn, [illegible] des kommenden Erbarmers; Jesus der Herr selbst. [illegible]ser Herr läßt sich vom Knechte taufen. Wahrlich, der [illegible] erscheinet in Knechtsgestalt, um alle Gerechtigkeit zu erfüllen.

3) Jesus war gesendet, mit Geist und Feuer zu [illegible]fen: und läßt sich von dem taufen, der nur mit Wasser [illegible]fen konnte. Was Er also nachmals lehrte: Der [illegible] unter euch werde der Kleinste, das that Er zuvor in seiner Person: der Größte ward der Kleinste.

4) Der Täufer empfand seine Niedrigkeit gegen die Würde deß, der kam, sich von ihm taufen zu lassen. Ich sollte von Dir getaufet werden: und Du kommst zu mir? sprach er, ganz erstaunt über die Hoheit, die sich so tief erniedrigen konnte, und weigerte sich, den Hocherhabenen zu taufen. Jesus ließ keine Entschuldigung seines Vorboten gelten. „Laß Mich nur: auf diese Weise müssen wir alle Gerechtigkeit erfüllen." Mit diesen Worten stieg Er in's Wasser, und ward getauft. Jesus ließ sich also taufen: weil es [illegible] Wille des himmlischen Vaters war, daß Er sich sollte taufen lassen, und daß Ihn Johannes taufte. Das heißt [illegible]

Gerechtigkeit erfüllen, Alles ohne Ausnahme thun, was des Vaters Wille thun heißt.

5) „Jesus getauft." Mit welcher Ehrfurcht wird Johannes seine Rechte über das Haupt Jesu ausgestreckt, und Ihn mit Wasser begossen haben! Den die Annäherung Jesu im Mutterleibe vor dreißig Jahren mit dem heiligen Geist taufte, der tauft jetzt eben diesen Jesus im Flusse Jordan mit Wasser. Das heißt alle Gerechtigkeit erfüllen.

6) „Jesus getauft." Die Empfindung des Herrn, als Er die Sündertaufe empfieng: wer kann sie nennen? Den Blick des Sohnes zum Vater, als Er in's Wasser stieg: wer kann ihn beschreiben? Das heißt alle Gerechtigkeit erfüllen.

7) Als Jesus getauft ward, betete Er. Er hatte den Willen des Vaters freudig gethan: was konnte Er jetzt anders thun, als sich seines Vaters freuen, das heißt, beten?

8) Als Jesus betete, öffnete sich der Himmel. Auf wessen Gebet sollte sich wohl der Himmel öffnen, wenn er sich auf das Gebet dessen, der im Himmel zu Hause ist, nicht öffnete?

9) Als der Sohn betete, ertönte des Vaters Stimme vom Himmel herab: Dieß ist mein geliebter Sohn! und der heilige Geist schwebte in Taubengestalt auf Ihn hernieder. Sieh! wie auf Erniedrigung Erhöhung folget. Der sich als Sünder taufen läßt, wird als Gottes geliebter Sohn, als das Wohlgefallen des Vaters erklärt. Den Johannes mit Wasser taufte, der wird mit heiligem Geiste getaufet.

10) Wie eine Taube schwebt der heilige Geist auf Ihn nieder. Taubeneinfalt, Sanftheit, Unschuld, Wohlthun ohne Geräusch — wird sein Thun, sein Leiden, sein Lehren seyn.

11) Der Sohn Gottes in Sündergestalt —

Der heilige Geist herniederschwebend wie im Taubenfluge —

Der himmlische Vater heruntersprechend aus den Wolken —

Sieh! wie sich unser Gott offenbaret; sichtbar, hörbar machet, was unsichtbar, unhörbar ist.

Sieh! wie der Vater, Sohn und heilige Geist geschäftig waren bei der Taufe im Jordan: so will Jesus, daß alle Gläubige getauft werden im Namen des Vaters, und des Sohnes, und des heiligen Geistes. Laßt uns niederfallen und anbeten: Ehre dem Vater, und dem Sohn, und dem heiligen Geiste! Amen.

II.

Jesus vom Satan versucht.

Warum wurde Jesus Christus vom Satan v[illegible]

Paulus giebt uns eine Antwort auf diese Frag[illegible] mals genug überdacht werden kann: „Jesus m[illegible] allen Dingen den Brüdern gleich werden: [illegible] Er barmherzig würde, und ein treuer Hoherp[illegible] ster bei Gott — die Sünden des Vol[illegible] zu versö[illegible] nen. Denn worin Er gelitten hat, un[illegible] sucht worden, darin kann Er auch denen [illegible] sucht werden, helfen. Wir sollten einen [illegible] priester haben, der in allen Dingen, wie wir, d[illegible] ohne Sünde, versucht worden wäre, un[illegible] sern Schwachheiten ein Mitleiden haben!

Jetzt wissen wir es also deutlich, warum Jesus [illegible] von dem Satan versuchet worden. Als Sohn [illegible] Er wohl zum Voraus, was es um einen Menschen [illegible]: als Mensch sollte Er nun auch aus eigener Erfahrung lernen, was es sey, ein Mensch zu seyn; Er sollte uns, Brüdern, in allen Dingen gleich werden, die Sünde all[illegible] genommen; Er sollte Hunger und Durst, wie ei[illegible] Mensch, und noch mehr leiden; Er sollte die mens[illegible] Schwachheiten aus eigener Erfahrung kennen lernen: da[illegible]t mit unsern Schwachheiten ein herzliches Mitleiden haben [illegible] Er sollte sogar von dem Satan zur Sünde versuchet werd[illegible] damit Er auch aus eigener Erfahrung wüßte, was es um [illegible] Versuchung sey; Er sollte nicht nur als Gottessohn den [illegible]ren Kampf eines versuchten Menschen zum Voraus wissen, [illegible]dern als Mensch ein Gleiches erfahren; Er sollte [illegible] quemlichkeiten des Mangels, des Hungers, eines rauhen [illegible]ten Lagers erfahren; Ihm sollte keine von allen [illegible] Widerwärtigkeiten, Leiden, Beschwerden, Verla[illegible] [illegible] seyn: damit Er unser Mittler voll Erbarmung, unser Helfer voll Mitleidens, und unser Hoherpriester voll Treue und Liebe würde. Jesus Christus ward also als das [illegible], als der Herr und Heiland der Menschen versucht. Er ward unsertwegen versucht. Der Arzt ist mitleidiger, geduldiger, theilnehmender bei den Beschwerden eines Kranken, wenn er [illegible] die nämliche Krankheit selbst ausgestanden; wenn er alle Schmer-

*) Die Versuchungsgeschichte Jesu wird am ersten Fastensonn[illegible] dem christlichen Volke vorgelesen: man kann also dieses [illegible] stusfest auch schicklich auf den ersten Fastensonntag verle[illegible]

[illegible] Banken selbst empfunden hat. Der König, der selbst [illegible] Gehorsam lernen, selbst einmal unterthan war, selbst alle [illegible] eines Unterthans trug: geht mit seinen Unterthanen [illegible]ander, mitleidig, liebevoller um. Der Feldherr, der selbst [illegible]er allen Gefahren der Schlacht standhaft und herzhaft ge[illegible]ten hat, [illegible] die Größe der Gefahr und den Werth der [illegible]erzhaftig[illegible] helfen zu schätzen. So mußte auch Jesus Christus, [illegible] Er gleich als Gottessohn die Schwachheiten eines [illegible] Joch des Gehorsams, und die Beschwerden des [illegible] zum Voraus kannte, dennoch als Mensch durch eigene [illegible]ng kennen lernen, was es sey, versuchet werden und [illegible]ssen, gehorsamen und leiden: damit Er unser Arzt, unser König, unser Heerführer zum ewigen Leben würde.

Jesus Christus ist also der wahre Hohepriester des Menschengeschlechtes. O Du in allen Dingen versuchter, und an allen unsern Schwachheiten theilnehmender Heiland! jetzt, jetzt weiß ich, daß Du ganz Mensch geworden bist. Jetzt weiß ich, daß Du uns, deinen Brüdern, in allen Dingen gleich geworden bist. Menschengestalt legtest Du an, wie wir sie tragen. Alle unsre Schwachheiten hast Du empfunden, wie wir [illegible]nden. Sogar versucht wurdest Du von dem Satan, [illegible] wir versucht werden. O Gott! wer kann deine Güte, deine [illegible]blassung genug erkennen, bewundern, anbeten? Wo ist ein Herz, das noch kein Vertrauen zu Dir empfindet, nachdem Du alle unsre Schwachheiten getragen hast: damit Du in uns ein lebendiges, volles Vertrauen zu Dir erwecktest? Können wir uns einen bessern Mittler wünschen, als diesen? Er hat selbst alles Elend erfahren, das ein Mensch erfahren kann, und Er hat aus Erfahrung Mitleiden gelernt. Er kennt die List des Satans aus Erfahrung. Der uns zur Sünde versucht, hat Ihn zuvor versucht; mit dem wir zu kämpfen haben, den hat Er zuvor überwunden. Jesus Christus ward zuerst versucht: Er kann uns also helfen, wenn wir versucht werden. Jesus ist uns in der Versuchung gleich geworden; Er kennt also aus Erfahrung, wie viel der Mensch ertragen kann. Er ist im Leiden geübt: Er weiß also aus Erfahrung, wie nahe die Gefahr der Sünde, wie groß unsre Schwachheit, wie nothwendig uns höherer Beistand sey. Mir ist's, als wenn ich Jesum zu allen seinen Jüngern, die irgend mit einer satanischen Versuchung zu kämpfen haben, sprechen hörte: „Zittert nicht, meine Freunde, vor dem Satan! Ich kenne den Feind, mit dem ihr zu thun habet, Ich kenne seine Bosheit. Er wird mit all seiner List euch, meine Schafe, nicht aus meiner Hand reißen! Ich bin mächtiger, als er. Ich kenne seine Anschläge, Ich weiß seine Stärke. Kommt nur zu Mir; ihr kommt zu keinem unerfahrnen, unvorsichtigen, unmitleidigen Arzt; ihr kommt zu einem, der euch weder sein Mitleiden, noch seine Hülfe versagen kann. Kommt, kommt zu Mir! E[illegible] nicht fremde: Ich war selbst einmal in einem [illegible] Versuchungen lehren Mich, mit euch Mitleiden [illegible] haben. Kommt nur mit euern Thränen zu Mi[illegible] Theil an euern Leiden; in euern Versuchungen [illegible] meinigen! Seyd guten Muthes! Ich habe überw[illegible] will auch euch überwinden helfen. Mir darf der Sa[illegible] entwerfen; denn Ich habe bei allen Versuchungen meine[illegible] rein erhalten. Vor Mir muß er sich scheuen, wenn Ich [illegible] zur Seite stehe. — Wer an meinen Namen glaubt, und meinem Namen mit dem Satan kämpft, der [illegible] dem Satan zu fürchten: er wir von ihm fliehen!“

(Zum Beten.)

Herr Jesu, ich freue mich, daß ich deine Macht [illegible] und deine Liebe empfinde! Du bist der Sohn [illegible] digen Gottes: ich verlasse mich auf deine Macht! [illegible] hast aber auch als Mensch im Leiden und in den [illegible] suchungen Mitleiden gelernt: ich vertraue auf deine B[illegible] herzigkeit! Du hast Dich deinen Brüdern gl[illegible] macht: ich danke Dir, daß Du geworden bist, wie [illegible] unter uns! Du hast Dich deinen Brüdern in [illegible] ohne Sünde, gleich gemacht: ich hoffe, Du werdest [illegible] durch alle Wege unbefleckt durchführen, die Du sel[illegible] gangen bist! Du wurdest vom Satan versucht, D[illegible] Reinste, Unschuldigste: wie kann es mich befremden, [illegible] die Versuchung auch über mich kommt? Du hast Dich [illegible] der Einsamkeit, durch Beten und F[illegible] auf die [illegible] suchung vorbereitet: laß mich nicht, ohne Vo[illegible] dem listigen Versucher in die Hände fallen! Du [illegible] den dreimaligen Angriff des Versuchers durch das Wort Gottes zu Schanden gemacht: gieb mir Kraft, daß auch ich diesen Schild wider alle Versuchungen brauchen lerne! Rüste mich aus mit dem Glauben an deine Person; [illegible] dieser Glaube macht mich unüberwindlich! Herr, Du kennest die Macht des Versuchers aus Erfahrung, und kennest auch die Schwachheit des Menschen aus Erfahrung: laß mich nicht zu schwach, und ihn nicht zu mächtig werden! Um diese Gnade bitte ich Dich, und b[illegible] Dich mit freudigem Vertrauen! Der Grund meines [illegible] ist i[illegible] nämliche, [illegible] so unbeweglich, [illegible] gewiß mein [illegible] ist an die Gottheit, die nach [illegible] Fülle in [illegible], und an die Menschheit, [illegible] Du unse[illegible] angelegt hast. Ich vertraue auf [illegible]ine gött[illegible]; denn Du bist der Sohn des lebendigen [illegible], Du hast die Hölle, den Satan und die Sü[illegible]! Ich vertraue auf deine menschlich-gött[illegible] göttlich-menschliche Barmherzigkeit; denn Du [illegible] gleich geworden, und hast in deinen Versuchungen Mitleiden gelernt! Gott, Mittler, Erlöser, laß dieses Vertrauen auf deine Macht und auf deine Liebe nie [illegible]ken, sondern von Tag zu Tag stärker werden: damit ich in dem Alles vermöge, der mich stärket, und mich [illegible] Stärke immer mehr erfreue! Amen.

III.

Die Verklärung [illegible]u auf dem Berge Tabor.

Daß Jesus, einige Zeit vor seinem Leiden, mit Petrus, Jakobus und Johannes auf einen hohen Berg stieg, und vor ihnen verklärt ward; daß sein Angesicht leuchtete wie die Sonne, und seine Kleider glänzten wie das Licht; daß Moses und Elias in Herrlichkeit erschienen, und mit Jesu über seinen Tod zu Jerusalem rc. redeten; daß die Jünger eine lichtvolle Wolke überschattete, und eine Stimme aus der Wolke sprach: Dieß ist mein lieber Sohn, an welchem Ich Wohlgefallen habe: Den sollt ihr hören —— diese merkwürdige [illegible]heit erzählen drei Evangelisten, Matthäus, Markus, Lukas. Auch der vierte Evangelist, Johannes, zielte ohne allen Zweifel auf diese Begebenheit, wenn er sagt: Wir haben seine Herrlichkeit gesehen, als die Herrlichkeit des Eingebornen des Vaters. Petrus spricht in seinem zweiten Briefe ganz entzückt davon, und beruft sich zur Stärkung des Glaubens der Christen darauf: Wir sind nicht den gelehrten Fabeln nachgefolget, da wir euch kund gethan haben die Kraft rc. unsers Herrn Jesu Christi; sondern wir waren Augenzeugen seiner Majestät, da Er von Gott, dem Vater, Ehre und Preis empfieng — durch eine Stimme, die aus der prachtvollen Herrlichkeit über Ihm erscholl: dieß ist mein geliebter Sohn, an dem Ich mein Wohlgefallen habe! Ihn höret. Und diese Stimme haben wir gehöret, da sie vom Himmel kam, und wir mit Ihm auf dem heiligen Berge waren.

[illegible] Jesum Christum [illegible], dem [illegible] zur Verklärung wichtig seyn.

Der Schluß ist für einen Christen bedeut[illegible] gebenheit ist den Evangelisten und Jüngern [illegible] geistvollsten Männern, Matthäus, Markus, [illegible] hannes, Petrus sehr wichtig vorgekommen: [illegible] auch uns wichtig seyn.

Und was sollte uns in der That wohl wichtiger se[illegible] so eine Ueberzeugung von der Hoheit Jesu Christi? Die [illegible] Jesu ist göttlich; die Thaten Jesu, seine Wunder, sind g[illegible]lich; der Wandel Jesu ist göttlich. Nun, [illegible] weisen von der Würde unsers Herrn, [illegible] tiefer, als alle wirken mußte — Jesus in seinem [illegible] leben verklärt. Durch das, was die Jünger Jesu [illegible] Tabor sahen und hörten, sollten sie kennen lernen, wie [illegible] den Jesus über Moses und die Propheten, [illegible] Eins mit seinem Vater sey. Die Jünger [illegible] dem Sonnenglanze des Antlitzes Jesu einen Vorge[illegible] dem bekommen, wie dieser Jesus einst als König in se[illegible] kommen würde. Die Jünger Jesu sollten einen h[illegible] nern Begriff bekommen von dem [illegible]he Gott[illegible] die Propheten verheißen worden. Die Jünger [illegible] sollten durch den Anblick des verklärten Jesus ge[illegible] gegen das beinahe unvermeidliche Aergerniß an der [illegible] tung Jesu. Die Jünger Jesu sollten empfinden, [illegible] Alles an Jesu hätten.

Nebst dieser allgemeinen Lehre, die für uns Christen [illegible] der Verklärungsgeschichte Jesu fließt, giebt es noch ei[illegible] sondere:

1) Da Jesus betete, ward sein Angesicht heller. So ist denn das Gebet, dieser Aufschwung des Geistes [illegible] Vater des Lichtes, immer das kräftigste Vorbereitung[illegible] zur Aufnahme des Lichtes. Der Sohn Gottes bet[illegible] wird, da Er betet, verkläret: könnte die Kraft des [illegible] mächtiger empfohlen werden, als durch dieses Beispiel, [illegible] diese Wirkung des Gebetes?

2) Ihn höret! Der Vater erkläret den Sohn zum Lehrer der Menschen. Wo ist der Mensch, der dieses Siegel des Lehramtes Jesu für unzuverlässig findet? Wo ist der Mensch, der sagen darf: diesen will ich nicht hören? Und dennoch, wie wenige, auch unter denen, die sich Christen nennen, hören Ihn — hören Ihn in dem Augenblicke, wo die Leidenschaften, Stolz, Wollust, Unglaube ꝛc. sich zu Lehrerinnen, zu Gebieterinnen aufwerfen??

3) Jesus gebot den Jüngern, dieß Gesicht Niemanden zu sagen, bis des Menschen Sohn von den Todten auferstanden wäre.

[illegible] Auferste[illegible]te [illegible] seyn, [illegible] [illegible]rung Jesu [illegible] eine [illegible] Jünger [illegible]. Die [illegible]hung soll[illegible] vor aller Welt [illegible]st und [illegible] als de[illegible] Gottes erweisen; [illegible] aller Welt [illegible] rechten [illegible] von dem Reiche Gottes geben; [illegible]els wer[illegible] Glaube und die Hoffnung [illegible]en [illegible] die Ausbreitung der Verklär[illegible] [illegible] großen Auftrage, als Mensch zu [illegible] und seiner Bestimmung, durch die Auferste[illegible] [illegible] Todten als Herr und König dargestellt zu werden, [illegible] seyn können.

Darum verbot Jesus die Bekanntmachung dieser Begeben- [illegible] vor seinem Tode und Wiederaufleben. — Sieh! wie Er [illegible], was Er thut und spricht, im Geiste seines Berufes spricht [illegible] Mensch! lerne von dem Sohne Gottes, den Wil- [illegible] seines Vaters überall zu verehren, und mit Freude zu voll- [illegible]n.

4) Jesus verklärt vor seinen Jüngern. Dem [illegible] Petrus ward herzlich wohl bei dieser Begebenheit. Er [illegible]r empfand: Herr, da ist's gut bleiben! [illegible] drei Hütten bauen, und wer wollt' es nicht? Wer [illegible] Christ, und möchte nicht gern seinen verherrlichten Erlöser [illegible]sehen in seiner Herrlichkeit, und immer um den Ver- [illegible]ch [illegible]? Wehe dem, der diese Sehnsucht schwach [illegible] und sich's zum Verdienste macht, kalt gegen die Liebe [illegible]

[illegible] Läßt uns wenigstens durch das lebendige Andenken an [illegible] Verklärung Jesu, den Glauben an den Verherrlich- [illegible] Zutrauen auf den Allbeherrschenden zur Rech- [illegible]aters, und die Liebe zum Ewigliebenden stärken: [illegible] Muth und Kraft in uns fühlen, mit Ihm zu [illegible]en, und einst mit Ihm die Freuden des Himmels zu [illegible]en.

Aschermittwoch.

(Zum Lesen.)

1) Dieser Tag ist für uns ein merkwürdiger Tag; denn er ist der erste Tag der vierzigtägigen Fasten. Die Kirche fängt die Fasten an diesem Tage an, damit sie Jesu Christo auch in der Zeit seiner Fasten, wenigstens zum Theil, nachahme. Denn es sind von diesem Tage an bis auf den Oster-

[illegible] die Sonntage weggerechnet, gerade [illegible] vierzig Tage fastete [illegible] in der Wüste. [illegible] darauf Acht haben, daß wir [illegible] Christo nicht [illegible] lange der Fasten, sondern auch in der Heilig[illegible] nachfolgen. Darum heißt die Fasten eine heil[illegible] weil sie uns, nach der [illegible] der Kirche, heilig[illegible] Wir sollen unser [illegible] in Zaum halten, damit [illegible] alle sündhaften Begierden desto leichter zu bezähmen. [illegible] len uns vom Fleischessen enthalten, damit wir [illegible] nicht unsern Gaumen, sondern auch unser Herz [illegible] zu siegen. Wir sollen uns des Tages nur einmal satt [illegible] wir lernen, über uns selbst Meister zu werden, und [illegible] Verlangen nach dem Willen Gottes einzurichten. Wir [illegible] uns erlaubte Vergnügungen versagen, damit [illegible] uns schwerer und desto leichter die unerlaubten versa[illegible] sollen uns vierzig Tage nach einander [illegible] winden, damit wir auch in schweren [illegible] lernen, und uns das schmeichelnde Laster nimmer [illegible] überwinden möge.

Aus diesem sehen wir ganz deutlich, daß [illegible] heit von Sünden die Hauptursache sey, [illegible] Fleischessen und vom zweimaligen Genuge[illegible]

Das wäre eine schreckliche Blindheit, [illegible] ängstlich und gewissenhaft vom Fleischessen [illegible] botenen Wollüsten des Fleisches aber, wie [illegible] als viehischer Begierlichkeit nachhiengen. Die Enthalt[illegible] den Wollüsten und allen sündhaften Begierden [illegible] Hauptabsicht der Enthaltung vom Fleischessen; und [illegible] tung vom Fleischessen soll nur ein Mittel werden, [illegible] der Enthaltsamkeit von der Sünde zu üben und [illegible]

2) Dieser Tag ist auch darum für uns ein [illegible] Tag, weil er der erste Tag der vierzigtägigen Bußzeit [illegible] denn die Fastenzeit ist eine Bußzeit. Zwar ist beinah[illegible] ganzes Leben eine Zeit der Buße; weil wir es selten an [illegible] willigen Uebertretungen der Gebote Gottes fehlen lassen. [illegible] ist diese Zeit besonders zur Buße bestimmt. Die wahre B[illegible] oder die vollkommene Besserung des Herzens, besteht [illegible] daß wir alle sündhafte Neigungen ausrotten, und dafür [illegible] Liebe Gottes über Alles, in unsern Herzen lebendig und herrschend werden lassen. Eben dazu kann uns das Fasten verhülflich werden. Unser Leib hat bisher oft zur Vollbringung der Sünde mitgeholfen: er soll nun auch zur Besserung des Herzens mithelfen. Wir haben bisher unsern Leib behandelt, wie eine schwache Mutter ihr thöricht geliebtes Kind; wir haben ihm nichts versagt; wir haben ihn mit Speise und Trank über[illegible] laden: wir wollen ihn jetzt wie einen Knecht behandeln, [illegible] unter das Joch des Gehorsams bringen. Wir haben u[illegible]

Leib bisher die Süßigkeit des Lasters kosten lassen: er soll nun auch die Bitterkeit des Fastens kosten, damit er sich nicht mehr so oft wider Tugend und Heiligkeit empöre.

3) Dieser Tag ist auch darum für uns ein merkwürdiger Tag, weil er uns an unsre Sterblichkeit so nachdrucksam erinnert. Es wird heute den Gläubigen Asche auf das Haupt gestreuet, damit sie ja nicht vergessen, daß sie aus Staub gebauet sind, und wieder zu Staub werden. Auch spricht der Priester beim Aschestreuen die vielsagenden Worte aus:

Gedenk', o Mensch,
daß du Staub bist,
und wieder zu Staub werden wirst!

O, wenn diese Worte so tief in unser Herz eingegraben wären, als gewiß es ist, daß wir Alle sterben müssen, wie rein und tugendreich würde unser Wandel seyn! Ein Mensch, der es oft überlegt, daß er Staub ist, und einst wieder Staub werden wird, kann sein Herz unmöglich an das hängen, was so schnell verfliegt, wie Erdenstaub. Ein Mensch, der sich ein ordentliches Geschäft daraus macht, auf seine Sterblichkeit aufmerksam zu seyn, kann unmöglich gegen Gott und Unsterblichkeit, Bekehrung und Seligkeit gleichgültig seyn.

(Zum Betrachten.)

„Nun, spricht der Herr, bekehret euch zu Mir, aus eurem ganzen Herzen, im Fasten, Weinen und Seufzen. Zerreißt eure Herzen, und nicht eure Kleider, und bekehrt euch zum Herrn, euerm Gott; denn Er ist gut und mitleidig, Er ist geduldig und reich an Erbarmungen.“ Joel II, 12.

Wie viel mit wenigen Worten gesagt! Fasten, Weinen, Seufzen soll uns ein taugliches Mittel werden zur Besserung des Herzens, zur Bekehrung aus unserm ganzen Herzen, zur Bekehrung zu Gott, unserm Herrn. Fasten, Weinen, Seufzen soll uns zubereiten, Vergebung der Sünden erlangen zu können; und die Güte, die Langmuth, die Geduld, die Barmherzigkeit Gottes sollen uns aufmuntern, daß wir Vergebung hoffen, die Sünde bereuen, und im lebendigen Glauben an die Vaterliebe Gottes, Vergebung erhalten.

Noch eine Stelle aus Esaias Kap. 58., die ganz hieher gehört.

„Seht, an dem Tage, wo ihr fastet, dient ihr ja euern Lüsten. Ihr dränget eure Gläubiger, habt Prozeß und Zank, und schlaget einander bei euerm Fasten, von Rache erhitzt. O, fastet nicht mehr so, wie ihr bisher gethan: solch Fasten macht groß Geschrei im Himmel! Ist wohl das ein Fasten nach meinem Sinn, wenn der Mensch den Tag über sich plaget, den Kopf gleich einem Schilf[illegible]get, und [illegible] Sack, und mit Asche bestäubt, sich lagert? [illegible] Fasten, und einen Tag, woran Ich Freude [illegible]

Das ist ein Fasten nach meinem Sinn: löse [illegible] Band' und Ketten, die die Bosheit geschmiedet hat; zerbr[illegible] der Unterdrückung; laß los gedrängte Schuldner; [illegible]grigen dein Brod; führ' den armen Wanderer in de[illegible] bedecke des Nackten Blöße; verachte dein Blut nicht. —[illegible] kannst du rufen, und der Herr wird Antwort geben: du [illegible] zu Ihm schreien, und Er wird sagen: da bin Ich!"

Kirchengebete.

1.

Gott! wer sich vor Dir demüthiget, findet [illegible] Dir; und wer über seine Sünde Buße thut, [illegible] deinen Zorn. *)

Neige dein Ohr gnädig herab zu unserm F[illegible] gieß über deine Diener, die jetzt ihr Haupt [illegible] bestreuen lassen, den reichen Segen deiner Gnade. [illegible]

Erfülle sie mit dem Geiste der Zerknirschung und [illegible] Buße; schenk' ihnen, um was sie mit Weisheit bitten; befestige in ihnen, was sie erhalten, und bewahre, [illegible] sie empfangen durch Jesum Christum, unsern Herrn! [illegible]

2.

Allmächtiger, ewiger Gott! Du hast den Ni[illegible], die im Trauergewand und in der Asche Buße get[illegible] gebung ihrer Sünden gnädig angedeihen lassen: [illegible] auch uns, daß wir Buße thun, wie sie, und Ve[illegible]srer Sünden erlangen, wie sie, durch Je[illegible] Ch[illegible], Herrn! Amen.

3.

Gott, stärke deine Gläubigen, daß sie die h[illegible] Fasten würdig anfangen, und andächtig vollenden durch Jesum Christum, unsern Herrn! Amen.

---

*) Anmerkung für Ungeübte. Das, was in der Sch[illegible] und Kirchensprache Zorn Gottes heißt, ist im Grunde [illegible] anders, als weise Liebe seines Menschengeschlechtes, [illegible] droht oder schlägt, um zu bessern, zu heilen, selig zu [illegible]

Nachmittägige Fastenandacht.

Über den bekannten Psalm Miserere.

Erbarme Dich!

Nur um Erbarmung kann ich flehen, Barmherziger! Ich, ein Sünder, kann nur in dem Schooße deiner Erbarmungen ruhen. Zitternd, wie ein Schuldiger vor seinem Richter, steh' ich hier vor Dir, oder vielmehr wie ein ungehorsames Kind vor seinem Vater. Vater, was kann ich anders sagen als: *erbarme Dich, erbarme Dich!*

Erbarme Dich meiner!

Ich schäme mich, *meinen* Namen zu nennen. Ich habe ihn durch meine Sünden ausgelöscht aus dem Buche der Lebendigen. Ich bekenne meine Schuld; ich verfluche meine Sünde. Vater, erbarme Dich meiner!

Erbarme Dich meiner, mein Gott!

Vater, wie unterstehe ich mich zu Dir zu sagen: *Mein Gott!* ich, der ich mich von Dir entfernt habe? Deine gehorsamen Kinder mögen zu Dir sagen: *Mein Gott!* ich ungehorsames, dieses Namens unwerthes Kind, wie darf ich's wagen, mich zu Dir zu nähern? Nur von der Ferne erhebe ich meine Stimme zu Dir, und rufe mit zerknirschter Seele: Erbarme Dich meiner, *mein Gott!*

Nach deiner großen Barmherzigkeit.

Ja, Vater, groß sind meine Sünden, groß sind meine Vergehungen, ich bedarf deiner großen Barmherzigkeit! Die aus Unwissenheit, aus Schwachheit fehlen, mögen sich mit einem Tropfen deiner Barmherzigkeit befriedigen, aber für meine Sünden ist kaum das große Meer deiner Erbarmungen zu groß! Erbarme Dich meiner nach deiner großen Barmherzigkeit!

Und nach der Menge deiner Erbarmungen.

Mannigfaltig, Vater, sind deine Er[illegible]! In mir, an mir kann sich diese Mannigfaltig[illegible] Erbarmungen recht augenscheinlich beweisen. [illegible] habe ich nöthig, damit mir meine Sünden ga[illegible] gelassen werden; Erbarmung, damit ich ganz g[illegible]sert werde; Erbarmung, damit ich die sündhaften [illegible]gungen ganz besiegen könne; Erbarmung, damit im Guten beständig bis in den Tod verharre. [illegible] erbarme Dich meiner nach der Menge deiner [illegible]mungen!

Tilge meine Ungerechtigkeit!

Erbarmer, Langmüthiger, Schoner, Sün[illegible] auch meine Sünden! Ach, tilge sie aus dem [illegible]nes Gewissens, damit sie mich nimmer beunruhigen, [illegible]mer ängstigen! Tilge sie aus dem großen Ri[illegible]buche, worin alle Handlungen der Menschen auf[illegible]ben sind, damit mich dein Gericht, Vater und [illegible] der Menschen, nicht treffe, sondern deine Barmh[illegible] losspreche! Entferne meine Sünden so weit von [illegible], als Sonnenaufgang von Sonnenuntergang entfernet [illegible]. Tilge in mir die Sünde und alle Neigung zur Sünde!

Noch mehr, immer mehr wasche mich rein von meiner [illegible]rechtigkeit!

Immer mehr wasche mich, denn meine S[illegible] verunreiniget durch und durch. Immer meh[illegible] mich, denn die Sünde ist tief eingewurzelt in mir, [illegible] stärker, als ich. Immer mehr wasche mich, damit meine Seele immer reiner, immer gesünder, immer stärker werde. Wasche, wasche mich immer mehr von meiner Sünde durch die unerschöpfliche Quelle deiner Erbarmungen; wasche mich immer mehr durch Bußthränen, die aus meinem Auge wie Wasserbäche hervorströmen!

Und reinige mich von meiner Sünde.

Wasche und reinige mich. Wasche mich, bis ich [illegible] bin, ich bin ganz unrein. Reinige meinen Verstand von allen unzüchtigen Vorstellungen, reinige mein Herz von allen unreinen Begierden, reinige meinen Willen von allen sündhaften Neigungen. Mache rein und lauter mein Auge, daß ich meinen Blick nicht mehr hinhefte auf das, was vergänglich und verführerisch ist. Mache rein meine Zunge, daß ich sie nicht mehr zur Lüge und Unterdrückung der Schwächern mißbrauche. Mache rein meine Hände, daß ich sie nicht mit dem Blute der Unschuld beflecke. Reinige mich an Leib und Seele, daß ich rein und unbefleckt vor deinem heiligen Angesicht erscheine. Reinige mich von meiner Ungerechtigkeit!

Denn ich erkenne meine Ungerechtigkeit.

Ich habe gesündiget, und erkenne meine Sünde. Ich bedarf deiner Erbarmungen, und ich erkenne es, daß ich nur durch deine Erbarmungen von der Sünde rein werden kann. Ich empfinde meine Schwachheit, und weiß meine Vergehungen. Ich erkenne es und bekenne es, daß ich dein heiliges Gebot schändlich und muthwillig übertreten habe. Und wenn ich schweigen würde, so würde die Sünde wider mich reden; denn

Meine Sünde ist allezeit wider mich.

Immer schwebt mir meine Sünde vor Augen. Vor dem Fall kam sie mir süß vor, wie Honig, jetzt ist sie bitterer, als Wermuth. Vorher schmeichelte sie mir, jetzt ist sie meine Anklägerin. Vorher reizte sie mich, jetzt betrübt, erschreckt, verwirrt sie mich. Meine Sünde — meine Sünde liegt mir immer im Sinn.

Dir allein hab' ich gesündiget!

Dir allein hab' ich gesündiget: *dein* Gesetz hab' ich übertreten! Dir allein hab' ich gesündiget: Du *allein* bist der Richter und Bestrafer meiner Sünde! Dir allein hab' ich gesündiget: Du *allein* warst der Zuschauer und Zeuge meiner Sünde, wie sie in meiner Seele lebendig und herrschend geworden ist!

Vor deinen Augen that ich Böses.

Wie konnte ich in deinem heiligen Angesicht Böses thun? Du hast mich väterlich geliebet, wunderbar gelei-

tet, wie deinen Augapfel bewahret, und
den getragen, und ich hab' in deiner
deinen Augen Böses gethan!

So mußt Du denn in deinen Reden gerecht erfu
und Recht behalten, wenn Du richtest!

Ja, Herr, Du richtest Recht! Die Strafe,
mir durch deinen Propheten angekündiget, hab' ich
verdient. Meine Sünde weiß Niemand, als Du!
nun Niemand denke, ich sey unschuldig, und Du
ungerecht, da Du mich so fürchterlich strafest — so
stehe ich es frei: deine Drohungen und
mich sind gerecht, ich habe sie verdient.
und recht ist Alles, was Du thust!

Sieh, in Sünden war ich empfangen, und in Sün
meine Mutter empfangen!

Die Schwachheit und die Sünde hab' ich
auf die Welt gebracht. Vater! was zürnest Du
über einen Menschen? Du weißt ja, daß ich
bin; Du weißt, was es um den Menschen ist;
nest mich besser, als ich mich kenne!

Sieh, Du liebst ein aufrichtiges Herz!

Aufrichtig bekenne ich Dir meine Sünde.
die Sünde an mir mißfällig ist, so laß Dir
tigkeit des Herzens an mir gefallen. Ich habe
get, und bekenne, daß ich gesündiget habe.

Die verborgenen Geheimnisse deiner Weisheit hast Du
offenbart.

Umsonst, Vater, hast Du mich das Verborgene
gelehrt; umsonst hast Du mir das Geheimnißvolle
anvertrauet! Barmherzig bist Du allezeit mit deinem
Diener umgegangen. Du kannst jetzt nicht aufhören,
mir gnädig zu seyn, da ich deiner Gnade am
bedarf!

Besprenge mich mit Isop, dasz ich rein werde.

(Die Aussätzigen wurden vermittelst eines Isopbusches mit dem Opferblute besprenget, daß sie von der leiblichen Unreinigkeit rein würden. Diese Besprengung mit Isop ist also ein Sinnbild der Sündenvergebung.)

Ergreif', o Herr, Du den Isopbusch; reinige Du mich von dem Aussatze der Sünde! Nur Du kannst den Sünder reinigen. Dein Erbarmen, deine Allmacht, deine Liebe, deine Weisheit kann die Sünden vergeben. Dieß ist der Isop, der mich von Sünden reinigen, und die Sünden aufheben kann: mit diesem reinige mich!

Wasche mich, dasz ich weisser werde wie Schnee.

Wasche Du mich! Wenn die Sünden sind wie Scharlach, so können sie werden wie Schnee. Wenn sie roth sind, wie Purpur, so können sie weiß werden, wie weiße Wolle. Für deine Erbarmung ist keine Sünde zu groß, die sie nicht vergeben kann; für deine Allmacht ist kein Makel zu groß, den sie nicht auswaschen kann. Wasche Du mich, daß ich rein werde. Wasche mich, daß ich weißer werde, als der glänzende Schnee!

Verkünde Du meinem Ohr die frohe Botschaft, (daß Du mich gereiniget hast). Alle meine Gebeine werden vor Freude aufhüpfen, so zerschlagen sie jetzt sind.

Wider Dich hab' ich gesündiget, Du kannst mich reinigen. Zu Dir hab' ich um Reinigung gerufen, laß Du mich deine Stimme hören: *Deine Sünde ist dir nachgelassen!* Diese Stimme gießt ein neues Leben in meine Glieder, ohne diese frohe Nachricht bin ich wie todt. Wenn diese Stimme in meinem Ohr erschallt, dann preiset Dich all mein Gebein: *Vater, Erbarmer, unser Gott bist Du!*

Wende ab dein Angesicht von meinen Sünden, tilge alle meine Missethat!

Als wenn ich die Sünde nie begangen hätte; als wenn Dir meine Sünde durchaus verborgen wäre; als wenn sie aus meinem Herzen und aus deinem Wissen ewig ausgelöscht wäre — so, Herr, so ... auf deinen Knecht!

Erschaff' in mir, o Gott, ein reines ...

Du hast mein Herz gebildet — Deine H... gut gebildet: mache Du es wieder gut, daß es ... fällig sey. Dein Gebot sey mir wieder so lieb, ... her; dein Wille sey wieder meine Freude, wie ... das Forschen in deinem Gesetze sey wieder meine ... schäftigung, wie vorher. Unbefleckt sey meine Seele ... mein Leib vor deinem reinen Auge!

Und erneuere den rechten Geist in mir.

Den Vorsatz, der Sünde nimmer zu gehor... in mir fest und kraftvoll werden!

Deine Gebote seyen in Zukunft allezeit mein ... diesem laß mich immer gerade fortgehen. Wie ... Sünde mein Geist beschaffen war, so soll er jetzt wieder seyn. Gieb mir den Geist der Erkennt... ist der rechte Geist. Dich erkennen sey mein ... Gieb mir den Geist der Liebe, dieß ist der rech... Deinen Willen thun sey mein Erbtheil, meine Lust. ... mich deinem heiligen Namen lobsingen, wie vorh... neuere den rechten Geist in mir!

Verwirf mich nicht von deinem Angesichte, und deinen heiligen Geist nimm nicht von mir!

Deine Gnade und deine Kraft — laß sie ... mir seyn. Hab' ich deine Gnade, so hab' ... hab' ich deine Kraft, so kann ich Alles. Wende nicht von mir hinweg dein gnädiges Vaterauge, und nimm nicht von mir hinweg deinen heiligen Geist, sonst bin ... ohne Freude und ohne Stärke. Den guten Geist, ... nen Geist, deinen heiligen Geist gieb mir, und ... ihn nimmer von mir!

Erfreue mich wieder mit deiner Hülfe, und befestige in mir ein williges Herz.

Erhöre mein Flehen, und laß mich wieder die F... empfinden, daß Du mich erhörest. Schenke mir ein [illegible] Herz, und [illegible] dir einen [illegible], daß ich [illegible] Gebot nimmer [illegible] laſſe. Halte [illegible] feſt an Dir, [illegible] ich nimmer [illegible] weiche!

[illegible] will ich [illegible] Ruchloſen deine Wege bekannt machen; [illegible] werden ſich zu Dir kehren.

[illegible] Du [illegible] aus dem elenden Zuſtande der Sünde [illegible]ſeſt, und mit deinen Erbarmungen tröſteſt, ſo [illegible] ich die Wunderwerke deiner Gnade Andern kund [illegible] Die Sünder werden an mir einen neuen Beweis [illegible]r Güte bewundern; ſie werden auf Dich bauen, [illegible] Du mein Seufzen erhöret; ſie werden ſich zu Dir [illegible], weil Du mich gnädig aufgenommen haſt. Rette mich, daß ich ein Beiſpiel deiner Hülfe werde!

[illegible] mich, o Gott, von den Blutſchulden! Gott, mein [illegible], deine Gerechtigkeit ſoll mein Mund beſingen!

Herr, geh' nicht mit mir in's Gericht, züchtige mich [illegible] der Größe meiner Sünde, handle mit mir [illegible] Barmherzigkeit! Blut *) hab' ich vergoſſen, [illegible] Blut hab' ich vergoſſen. Die Sünde ängſtiget mich. Hilf mir aus dieſer Angſt, und leg' ein fro[illegible] Loblied in meinen Mund. Erfreue mich, daß ich [illegible] lobſinge. Ein krankes Herz, das die Sünden be[illegible], kann Dir ja nicht lobſingen. Tilge meine Sünde, daß ich Dich mit freudigem Dank preiſen kann!

Herr, öffne meine Lippen, daſz mein Mund deinen Ruhm verkünde!

Ein Sünder darf ſeinen Mund nicht aufthun vor [illegible]; öffne Du deinen Mund, daß ich deine Erbarmun[illegible] preiſen und ein Zeuge deiner Güte werden kann!

---

*) [illegible] nur im Davids Munde Wahrheit ſeyn kann, das läßt der [illegible]de Chriſt, ohne meine Erinnerung, weg; er betet im [illegible] des Chriſten.

Opfer gefallen Dir nicht, sonst brächt ich sie Dir [illegible]
Brandopfern hast Du keine Freude [illegible]
Dir). Opfer, die Gott gefallen, sind [illegible]
Geist; ein Herz, zerknirscht und reuev[illegible]
Gott nicht verachten.

Du bist mein Gott! Das Liebste schlachte [illegible] Das Liebste, was Dir ein Sünder schlachten ka[illegible] sein Herz: aber reuevoll, verwundet, gedemüthiget [illegible] es seyn. So ein Herz kannst Du nicht [illegible] Ein Gott der Liebe bist Du: wie könntest Du ein [illegible] verachten, das sich nach deiner Gnade sehnet, und [illegible] deinen Erbarmungen schmachtet? Heiliger! [illegible] Du ein Herz verachten, das [illegible] det — zu Dir sich kehret?

Sey ferner der Wohlthäter Sions, nach deiner [illegible]
Baue Jerusalems Mauern. Dann laß [illegible]
Opfer der Unschuld gefallen, Brandopfer [illegible]
Opfer. Kinder sollen dann auf deinem Altar [illegible]

— Werde nicht müde, erster, höchster Wohlth[illegible]! ferner wohlzuthun. Laß meine Sünden für [illegible] keine böse Wirkung haben. Dankopfer [illegible] deine Anbeter bringen. Deiner Güte [illegible] Herz erfreuen. Alle Zungen werden rufen: **Gott hilft und verzeihet gern; seine [illegible] höher als der Himmel, und seiner Erba[illegible]gen ist kein Ende!**

Palmsonntag.

Zum Lesen.

Kurz vor seinem Leiden hielt Jesus einen feierlichen Einzug in die Stadt Jerusalem. Er saß auf dem Füllen eines Lastthieres, einer Eselin, worauf noch Niemand gesessen war. Einige aus der Volksmenge breiteten Kleider über die Straße; Andere hieben Zweige von den Bäumen, und streuten sie über den [illegible] freuten [illegible] Kinder [illegible] schwan, [illegible], [illegible]: [illegible] mit Einer [illegible]: Heil dem [illegible] Davids! [illegible] gelobt sey, der da kommt im Namen des Herrn! [illegible] Heil Ihm [illegible] herab! Als [illegible] Jerusalem einritt, [illegible] ganze Stadt in Bewegung. [illegible] dieser? — [illegible] — wer ist dieser? Jesus [illegible] Prophet [illegible] das Volk — Jesus von Nazareth [illegible] in [illegible]. Da erfüllte sich der Ausspruch der Propheten: [illegible] Tochter Sion: sieh! dein König kommt [illegible], huldreich, sanftmüthig, geritten auf einer Eselin, und auf dem Füllen eines Lastthieres. [illegible], [illegible] erkannte ihren König nicht. Den Sanftmüthigen, den Huldreichen, den Hochgelobten hat sie nicht erkannt. [illegible] bessere Theil des Volkes hielt Ihn für einen Propheten [illegible] das Volk läßt sich gar leicht wieder [illegible] [illegible] Tagen werden eben diejenigen Kreuzige! Ihn [illegible], die heute Hosianna! schreien. Jetzt kommt [illegible] mit der Volksmenge in den Tempel. Als Er aber [illegible] seines Vaters Käufer und Verkäufer antraf, da [illegible] Eifer; Er warf die Tische der Wechsler [illegible] Stühle der Taubenhändler um, und vertrieb [illegible] kauften und verkauften, aus dem Tempel. Mein [illegible] Er mit ernsthafter Stimme, soll ein Bethaus [illegible] werden: aber ihr macht eine Räuberhöhle [illegible]. Indeß drängten sich Blinde und Lahme zu Ihm [illegible] sah sie mitleidig an, und heilte sie. Also [illegible] Tempelschänder, und liebevoll gegen die Elenden [illegible] Jesus. Die Hohenpriester und Schriftgelehrten [illegible] Wunder auch; sie hörten wohl auch die Knaben ohne [illegible] rufen: Hosianna dem Sohne Davids! Aber [illegible] zu neidisch, zu blind, ihre [illegible] und Volksgeschrei zu vereinigen. [illegible] und Volksredlichkeit fehlte den Hochmüthigen. Eben diese Wunder, eben dieses Freudengeschrei hatte sie nur noch mehr wider Jesum erbittert: sie konnten den Zorn ihres neidischen Herzens [illegible] nicht mehr verbergen. Hörst Du — sprachen sie zu Jesu — [illegible] diese sagen? hörst Du das Hosiannarufen? Ja freilich; [illegible] Jesus. Habt ihr denn nie gelesen: aus dem Munde der Unmündigen und Säuglinge hast Du dir Lob bereitet? Mit dieser beschämenden Antwort ließ [illegible] die blinden, oder vielmehr die nichtsehenwollenden Schrift[illegible] stehen, und gieng vor die Stadt hinaus, und zog nach [illegible]nien.

So geht es noch heut zu Tage mit der Erkenntniß Jesu Christi. Wer redlich ist, wie das gutherzige Volk; und einfältig, wie eine unschuldige Kindesseele — der kann und wird Jesum erkennen. Aber wer auf seine Weisheit stolz ist, wie [illegible]er; wer nicht hören kann, [illegible] kann und wird Jesum Christum ni[illegible] sagt der Heiland an einem andern [illegible], wie die Kinder, kann in das Reich der [illegible] gehen. Kindersinn, Kindereinfalt, Kinderunschuld, [illegible]heit, kindliche Wißbegierde müssen wir haben, wen[illegible] Christum kennen lernen wollen. Um diese Kin[illegible] um diesen Kindersinn wollen wir bitten, und Jesus g[illegible] und ganz gewiß, und mit ihm einen großen Schatz.

(Zum Beten.)

[illegible]erhabener, sanftmüthiger König! Du kamst in [illegible] Eigenthum: und die Deinen haben Dich nicht aufge[illegible]men. Du kamst, sie zu Kindern Gottes zu [illegible] sie haßten das Licht, und liebten die [illegible] als das Licht. Du erfülltest an deiner [illegible] Verheißung nach der andern: aber sie hatten [illegible] und kein Auge für das, was du geredet und g[illegible] An Dir, an Dir erfüllte sich vor ihren Augen [illegible]scheinlich das, was die Propheten von dem E[illegible] des Messias vorherverkündet haben: aber sie hatte[illegible]gen, und sahen nicht. Du heiltest Blinde und [illegible] aber sie sahen mit offenen Augen nicht. Du [illegible]test mit unerhörter Weisheit auf alle Fangsta[illegible] Schriftgelehrten: aber sie hatten Ohren, und hörten [illegible] Sie suchten ihre eigene Ehre: darum konnten [illegible] Herrlichkeit Gottes nicht sehen. Sie suchten als [illegible] des Volkes angebetet zu werden: darum konnten [illegible] Weisheit des Vater nicht erkennen. Sie wollten [illegible] werden wie Kinder — so einfältig, so redlich, so ohne Falschheit: darum konnten sie nicht Kinder Gottes werden. Der evangelische Kindersinn fehlte ihnen: darum war ihnen das Evangelium Thorheit, und die Wunderthaten des Messias Aergerniß. Das waren die Hohenpriester und Pharisäer. Was sind wir? Was bin ich? Wie kann ich werden, was ich seyn soll? O Du hochgelobter Sohn Davids! König aller Menschen! erhöre Du mein Flehen, und erleuchte mich, daß ich Dich immermehr erkenne. Denn, wenn ich Dich erkenne, so erkenne ich auch den, der Dich gesandt hat: und wenn ich Dich und deinen Vater recht erkenne, so hab' ich das ewige Leben. Damit ich aber dein Licht in mein Herz aufnehme, so schenke mir den Kindersinn deiner Auserwählten. Laß mich werden wie ein Kind, damit ich deinem Worte aufrichtig zuhöre, und einfältig glaube; laß mich deinen treuen Jünger werden, damit ich nach dem Lichte des Glaubens denke und wünsche, leide und handle, bete und arbeite, hoffe und liebe, lebe und sterbe! Amen.

* * *

Da Jesus auf dem Füllen der Eselin daherritt, und zur Stadt hinzu nahete, erhob Er sein Auge, und blickte die Stadt an, und weinte über sie, und sprach: „O daß auch dir, besonders an diesem deinem Tage, die Augen aufgiengen; daß auch du erkennetest, was dir zum Heil und Segen wäre! aber so ist dir's verborgen. Es werden Tage über dich einbrechen, da deine Feinde um dich her Wälle aufwerfen; dich einschließen; dich von allen Seiten in die Enge treiben; dich auf den Grund schleifen, und keinen Stein mehr auf dem andern lassen werden, weil du die Tage deiner Heimsuchung nicht achtetest.“ Jesus weinte über seine Stadt, die Ihn verwarf, und deßwegen bis auf den Grund zerstört werden sollte. Jesus weinte über Jerusalem. Wie liebevoll, wie zärtlich muß sein Herz noch seyn!

Welche Last von bangen Schmerzen
Lag, o Herr! auf deinem Herzen,
Da Dir preisende Gesänge
Jauchzend sang des Volkes Menge!
Jesus! welcher Menschenfreund
Hat so schön, wie Du, geweint?
Ueber die, die Ihn verstoßen,
Welche Thränen wer vergossen?
Welcher König ist Dir gleich?
Liebe, Liebe ist dein Reich!

Am heiligen Donnerstag.

1.

Die Fußwaschung.

Herr und Meister! wer kann deine Liebe messen? [illegible] liebtest deine Jünger, wie kein Freund den andern liebt. Sie haben von dem Augenblick ihrer Erwählung [illegible] Jüngerschaft bis auf diese Stunde, nichts als Liebe [illegible] fahren; jetzt, da Du aus der Welt hingehst zu deinem Vater, giebst Du ihnen einen ganz neuen [illegible] Liebe und deiner Herablassung zu ihnen. [illegible] Tische mit Dir, Du stehest auf, und vergissest [illegible] Herr und Meister bist: nein, Du vergissest es [illegible] denkest wohl daran, daß Du Herr und Meister [illegible] als Herr und Meister liebest Du die Deinen [illegible] Ende. Du weißt, daß Du vom Vater gekommen [illegible] und zum Vater hingehest; Du weißt, daß Du der [illegible] der Herr, der Lehrer bist; Du weißt, daß Dir der [illegible] die unumschränkte Macht gegeben hat. Als Herr, [illegible] Lehrer, als Sohn, liebest Du die Deinen bis an [illegible] Wohl bewußt deiner Hoheit, und eben darum, weil Du Herr und Meister bist, legest Du dein Oberkleid [illegible] und das Tuch um, und gießest Wasser in das [illegible] und fängst an, deinen Jüngern die Füße zu [illegible] Was Du jetzt thust, das hast Du noch nie [illegible] Wahrlich, Du bist nicht gekommen, bedient zu werden, sondern zu dienen. Der Herr thut Knechtsdienste; der Sohn thut Sklavendienste; der Lehrer thut Jüngersdienste. Dessen Angesicht auf dem Berge leucht[illegible]e die S[illegible]; dessen Kleider glänzten wie der Sch[illegible]n der [illegible] seinen Sohn nannte; auf den der heilige Geist im Taubenfluge niederschwebte — der Eingeborne des Vaters — Er nimmt ein Tuch um, und wäscht den Jüngern die Füße, und trocknet sie ab.

O Du, wie bete ich Dich an! Reinster, wie erblick' ich Dich vor den Füßen der Unreinen! Liebender,

Du bringst deinen künftigen Verräter dahin, daß er sich seine Füße von Dir waschen läßt! Sanftmüthiger, Du übergehest auch deinen Verräther nicht! Du redest sogar ein treffendes Wort der Liebe für ihn: Ihr seyd rein, aber nicht Alle! O wie gern hättest Du ihn auch rein gemacht! Aber er wollte nicht rein seyn; er machte Dir die Freude nicht, daß Du Alle rein sehen [illegible]. Herr und Meister! die Jünger sahen Dich, und wußten nicht, was dieß Fußwaschen bedeutete. Das Herz zitterte ihnen im Leibe. Sie erstaunten über die Hoheit deiner Liebe, und die Tiefe deiner Demuth. [illegible] Du wieder zu Tische. Sie sehen auf deinen Mund; Du öffnest ihn, und giebst ihnen die unvergeßliche Lehre:

„Ihr heißet Mich Meister und Herr. — und ihr habt recht; denn Ich bin's. Wenn nun Ich, Ich der Herr und Meister, euch die Füße gewaschen habe; so sollt ihr auch einander die Füße waschen. Ein Vorbild hab' Ich euch gegeben, daß ihr thun sollt, was Ich gethan habe. Ihr müßt wohl bedenken, daß der Knecht nicht größer ist, als sein Herr; und der Gesandte nicht größer ist, als sein Sender."

Lehrer durch Wort und That, wie erklärt dein Wort deine Thaten! Wie wird dein Wort durch Thaten so klar, so eindringend, so hinreißend! Dein Wort versiegelt deine Thaten, und deine Thaten versiegeln dein Wort. Was Du lehrest, das thust Du, oder hast Du schon gethan, und was Du thust, ist Lehre. Dein Wort ist Lehre, und dein Thun ist Vorbild. Dein Lehren ist Liebe, und Liebe dein Thun. Du lehrest aus Liebe — und nichts als Liebe. Du thust Alles aus Liebe — und nichts als Thaten der Liebe. Du hast die Füße deinen Jüngern gewaschen; Du, der Herr und Meister, hast deinen Jüngern Knechtsdienste gethan: soll ich, ein Jünger, mit meinen Mitjüngern nicht eben so liebreich umgehen, wie Du, der Meister, mit deinen Jüngern umgegangen bist? Nein, ich bin nicht größer als mein Herr; nicht größer als mein Lehrer. Es ist Ehre für mich, wenn ich thun kann, was mein Herr gethan hat. Er kam aus Liebe in die [illegible] Welt — und wandelte aus Liebe in der [illegible] — gieng aus Liebe aus der [illegible] — soll ich v[illegible] spiel der Liebe nicht auch Liebe lernen? nicht [illegible] meinen Herrn? nicht Liebe gegen den, der [illegible] hat? nicht Liebe gegen meine Mitjünger? ni[illegible] gegen alle Menschen? Liebe, gieb mir Liebe! Li[illegible] mein Denken, Wollen, Thun, Leiden, [illegible], [illegible]

2.

Zwei und zwanzig Denksprüche aus den [illegible] reden unsers Herrn. Joh. 13—17.

1. Liebe Kinder! nur noch kurze Zeit bin i[illegible] Ich gebe euch ein neues Gebot: liebet einander. — [illegible] euch geliebet habe, so liebet auch ihr einander. Hieran [illegible] Jedermann erkennen, daß ihr meine Jünger seyd, [illegible] einander liebet.

2. Laßt euch nicht irre machen: wenn ihr an [illegible] glaubet, so glaubet auch an Mich. In meines Vaters H[illegible] viele Wohnungen. Wäre das nicht, so hätt' Ich es [illegible] sagt. Nun gehe Ich hin, euch einen Platz zu bereiten: wenn Ich dorthin gekommen seyn, und euch einen Pla[illegible] haben werde, so werde Ich wiederkommen, und euch zu [illegible] nehmen, daß ihr da seyd, wo Ich bin.

3. Ich bin der Weg, die Wahrheit und das Leben.

4. Niemand kommt zum Vater, als durch Mich.

5. Wahrlich, wahrlich sag' Ich euch: wer an [illegible] wird solche Werke auch thun, welche Ich thue — [illegible] ßere als diese. . . . Und um was ihr immer den Vater in [illegible] nem Namen bitten werdet, das werde Ich euch thun, da[illegible] der Vater in dem Sohn verherrlichet werde.

6. Ich werde den Vater bitten, und Er wird euch [illegible] andern Tröster geben, daß Er ewig bei euch bleibe, den [illegible] der Wahrheit, den die Welt nicht empfangen kann.

7. Wer meine Gebote weiß, und sich daran hält, der [illegible] Mich lieb. Und wer Mich liebet, den wird mein Vater lieb[illegible] und auch Ich werde ihn lieben, und werde Mich ihm o[illegible] baren. Ich und der Vater werden zu ihm kommen, und [illegible] Wohnung bei ihm nehmen. (Freunde! lesest diese Stelle [illegible] mal; denn da sind unsre Hoffnungen angekündet, da i[illegible] Größe genannt!)

8. Ich

[illegible]. Ich lasse euch den Segen zurück; meinen Segen geb' Ich euch; und geb' ihn nicht, wie die Welt segnet.

[illegible]. Ich bin der wahre Weinstock, und mein Vater ist der Weingärtner. Jedes Schoß an Mir, das keine Frucht bringt, nimmt Er weg; und jedes, das Frucht giebt, reiniget Er, daß es noch mehr Frucht gebe. So wenig das Rebschoß aus sich selbst Frucht bringen kann, wenn es nicht am Weinstock bleibt: so wenig könnt ihr's, wenn ihr nicht in Mir bleibt, euch nicht an [illegible]. Wer nicht in Mir bleibt, sich an Mir nicht [illegible], der wird weggeworfen, wie das Rebschoß — und verdorret, und wird in's Feuer geworfen, und verbrannt.

[illegible] Meine Freunde seyd ihr, wenn ihr thut, was Ich [illegible].

11. Ich heiße euch nicht mehr Knechte; denn der Knecht weiß nichts um das Thun seines Herrn: Freunde nenn' Ich euch, weil Ich euch Alles offenbart habe, was Ich von meinem Vater gehört habe.

12. Nicht ihr habt Mich auserwählet, sondern ich euch. Dazu hab' Ich euch auserwählet, daß ihr ausgehet, und Frucht bringet, und eure Frucht dauerhaft sey.

13. Wenn euch die Welt hasset, so denkt, sie habe Mich vor euch gehasset.

14. Ich habe euch von der Welt ausgesondert: darum hasset sie euch.

15. Der Knecht ist nicht größer, als sein Herr — vergesset dieß Wort nie.

16. Wer Mich hasset, hasset auch meinen Vater.

17. Es wird eine Zeit kommen, da Jeder, der euch das Leben nimmt, glauben wird, er bringe Gott ein Opfer. Ich habe euch's nun vorgesagt, damit ihr, wenn die S[illegible]a ist, daran denket, daß Ich es euch gesagt habe.

18. Wenn ich nicht gienge, käme der Tröster nicht zu [illegible]; darum ist es euch nützlich, daß Ich gehe.

19. Ich hätte euch noch viel zu sagen: aber ihr könnt es noch nicht tragen. Der Geist der Wahrheit wird euch in die ganz Wahrheit hineinführen.

20. Dem Weib ist bange, wenn die Geburtsstunde da ist. Aber wenn das Kind geboren ist, dann denkt sie nicht mehr an ihre Angst, vor Freude, daß ein Mensch in die Welt geboren ist. So seyd auch ihr jetzt voll Kummer: aber Ich werde euch wieder sehen; und dann wird eure Seele freudenvoll seyn — und eure Freude wird euch Niemand nehmen.

21. Der Vater hat euch lieb, weil [illegible] lieb [illegible], und glaubet, daß Ich von [illegible] gekommen bin.

22. In der Welt werdet ihr gedrückt und [illegible] werden. Aber fasset Muth, Ich habe die Welt über[illegible].

3.

Das letzte Gebet unsers Herrn Jesu Christi,

das Er vor seiner Gefangennehmung für seine Jünger in Gegenwart derselben verrichtete. (Joh. 17.)

Die letzte Stunde vor seinem Leiden widmete u[illegible] und Erlöser den zärtlichsten Gesprächen mit seinen [illegible]. Er hielt ihnen die liebevolleste und trostreichste [illegible], die jetzt noch kein Menschenauge lesen kann, ohne [illegible] und keine Menschenseele überdenken, ohne über die [illegible] liebendsten, und die Liebe des weisesten Lehrers in [illegible] dahingerissen zu werden. Nach dieser herrlichen, un[illegible] Abschiedsrede hob Er seine Augen gen Himmel, und [illegible] seine Jünger in Gegenwart derselben mit lauter [illegible] seinem Vater hinauf:

Vater! sie ist gekommen — die feierliche Stunde, [illegible] Mir die wichtigste ist.

Laß jetzt deinen Sohn in seiner ganzen Herrlich[illegible] erscheinen, damit Er hinwieder deine Herrlichkeit [illegible]bare! Laß deinen Sohn den Menschen bekannt wer[illegible], *wie Er ist*, damit Er auch Dich den Menschen bekannt mache, *wie Du bist*!

D[illegible] ist die Absicht meiner Sendung. [illegible] macht [illegible] alle Sterbliche gabst Du Mir, daß Ich [illegible] die Du Mir schenktest, das ewige Leben ertheile —

Das ewige Leben, Vater, das darin besteht, da[illegible] erkennen — Dich, den einigen, ewigen, wahren Gott — und den, welchen Du gesandt hast!

Auf Erden hienieden hab' ich deine Herrlichkeit [illegible] kündiget; deine Ehre befördert; das große Geschäft [illegible] gerichtet, das Du Mir aufgetragen!

Nun, Vater, ehre Du Mich droben in dem [illegible] deiner Herrlichkeit, und bereite Mir zu deiner Rechten [illegible] der Herrli[illegible] — Mir, deinem Sohn, der schon vor Grundlegung aller Welten bei Dir und in Dir war!

[illegible]offenbaret ha[illegible] deinen Namen Allen, die Du aus [illegible] großen [illegible]gewählt, und Mir zugegeben hast: sie wissen, wer Du bist!

Dein [illegible] sie, und zum Geschenke hast Du sie Mir ge[illegible] angenommen haben sie, was Ich ihnen in [illegible] Namen sagte!

Eingesehen haben sie es, daß Alles, was ich sprach und that, von Dir ist.

Was, was Du Mir an sie aufgetragen, habe Ich ihnen beigebracht, und sie haben Alles als deinen Auftrag angenommen, und erkennet haben sie es, daß Ich von Dir ausgegangen bin, und mit Ueberzeugung glauben sie es, daß Du Mich gesandt hast!

[illegible] Ich bitte für sie: für die Welt, für die Irrgesinnten bitte Ich jetzt nicht. Aber für sie bitte Ich — für sie, die Du Mir zum Geschenke gabst, weil sie dein sind!

Ja, Vater, Alles, Alles, was Du hast, ist Mein, und Alles, was Ich habe, ist Dein, und Ich freue Mich an dem Geschenke, das Du Mir gabst: denn es verherrlicht deinen Sohn!

Jetzt, da Ich nicht mehr länger in der Welt bleibe, Vater! da Ich zu Dir hingehe, und sie, deine Geschenkten, noch länger ohne Mich in der Welt zurückbleiben — [illegible] Vater! bei meinem Abschied bitt' Ich für sie, halte sie fest in dem, was Ich ihnen von Dir gesagt habe: damit sie Ein Herz und Eine Seele bleiben, wie Wir Eins sind.

So lange Ich bei ihnen war, war es mein Geschäft, sie in dem Glauben an Dich, Vater, zu erhalten! Alle, die Du Mir zum Geschenke gabst, habe Ich bewahrt. Keiner aus ihnen gieng verloren, als der Sohn des Verderbens, an dem sich die Aussprüche der Schrift erfüllen.

Jetzt aber kehre ich zu Dir zurück, Vater, und Ich rede, was Ich rede, darum noch vor ihnen, damit sie in vollem Maße empfinden die hohe Freude, die Ich beim Abschied von der Welt, empfinde!

Deine Lehre hab' Ich ihnen mitgetheilt, und die Welt hasset sie, wie Mich, weil sie so wenig zu ihrer Partei gehören, als Ich.

Nein, Vater, Ich bitte nicht, daß Du sie schon jetzt von der Welt abforderst; nur vor Verführung bewahre sie!

Zu dem Haufen der Weltmenschen gehören sie so wenig, als Ich: sie sollen auch nie dazu gehören. Laß sie, Vater — das ist meine Bitte — die Wahrheit erkennen, damit sie heilig werden, wie Du heilig bist! Und Wahrheit ist das, was Du ihnen offenbarest.

Wie Du Mich, Vater, in die Welt gesandt hast, so sende ich sie, meine Kinder, nun in die Welt! Ich gebe Mich Dir zum Opfer hin für sie, damit auch sie eingeweihet werden zu deinem Dienste, zur Ausbreitung der Wahrheit; daß auch sie werden — ein angenehmes Opfer Dir.

Aber, Vater! nicht für sie allein bitte Ich: auch für jene, die auf ihr Wort an Mich glauben werden, bitte Ich jetzt, daß sie Ein Herz und Eine Seele seyen, wie Du und Ich Eins sind. Alle, Alle müssen sich mit Uns vereinen, wie Wir Eines sind, damit die Welt einen neuen unwidersprechlichen Beweis habe, daß Du Mich gesandt hast.

Auch an der Herrlichkeit, die Du Mir gabst, sollen sie Antheil haben, damit sie Alle unter einander Eins werden, wie wir Eins sind:

Ich in ihnen, Vater, und Du in Mir! — Vollkommen, vollkommen sollen sie Eins werden unter einander, damit die Welt erkenne, daß Du Mich gesandt, und sie wie Mich geliebet hast. Die Du Mir zum Eigenthum geschenkt hast, Vater! — Ich, dein Sohn, will es — die laß auch, wo Ich bin, bei Mir seyn, daß sie Mich sehen in meiner Herrlichkeit, die Du Mir gegeben hast — Mir, den Du liebtest, ehe die Welt war. Vater, ge[illegible] Vater! [illegible] Dich [illegible] erkannt: — Ich a[illegible]kannte und [illegible] Dich immer; und nun haben es [illegible] diese (dein[illegible]enkten) erkannt, daß Du Mich [illegible]ndt hast., [illegible] es, denen Ich von Dir Unterricht gegeben, und noch ferner geben werde.

Sie [illegible] Theil haben an deiner Liebe, die Ich, dein [illegible], genieße — und Alles, was Ich bin, bin [illegible]

[illegible] den Jüngern Jesu um's Herz gewesen seyn, da [illegible] Lehrer, ihren allerliebsten Freund, ihren größ[illegible] Wohlthäter, noch kurz vor seinem Hingang aus der Welt. [illegible] so dringend, so inbrünstig zu seinem Vater beten hör[illegible]! Was müssen sie empfunden haben, da sie die unvergeß[illegible] Worte aus dem Munde ihres betenden Freundes ver[illegible] Vollmacht gabst Du Mir, ihnen das ewige Leben [illegible]; dein waren sie; zum Geschenke gabst Du sie Mir; [illegible]ch, wer Du bist; Ich bitte für sie, nicht für die [illegible] für sie bitte Ich, weil sie dein sind; halt' sie fest, [illegible] sie Eins bleiben, wie Wir Eins sind; keiner aus [illegible] verlören; alle hab' Ich sie bewahret; was Ich [illegible] Ich wegen ihrer, daß sie Freude haben wegen [illegible]; nicht von der Welt sondere sie ab: nur vom Bösen in der Welt bewahre sie; Ich gebe Mich für sie zum [illegible], daß sie eingeweihet werden zu deinem Dienste; [illegible] gesandt hast, so sende [illegible] sie auch; für alle [illegible] durch ihr Wort an Mich glauben werden; sie [illegible] sollen sehen meine Herrlichkeit! [illegible] Ich für sie!" — Noch nie hat [illegible] für seine Kinder, noch nie ein Freund für seinen [illegible] rührender, dringender zu Gott gebetet, als Jesus [illegible] zu seinem Vater für seine Jünger betete. Ich frage: Wer kann lieben, wie Jesus? Wer kann lieben, und liebet [illegible]!

Der heilige Fr[illegible]

Jesus am Kreu[illegible]

I.

Wer stirbt?

1) Der Sohn des lebendigen Gottes, [illegible] des Vaters, der Eingeborne und Erstgeborne [illegible] Wort des Vaters — Jesus stirbt!

2) Der Menschensohn, der [illegible] senden, der König des [illegible] salbte, Jesus Christus — Jesus stirbt!

3) Der Liebhaber des Mens[illegible] große und einzige Menschenfreund [illegible] und größte Wohlthäter, der im Wohlthun [illegible] wandelte, der Helfer, der Retter, der Erbarmer — [illegible]

4) Der Wunderthäter ohne seines gl[illegible] den Blinden das Licht, den Tauben das Gehör, die Kraft zu gehen, den Kranken die Gesundheit, [illegible] das Leben wiedergab; der den Winden gebot, da[illegible] gen; der den bösen Geistern befahl, daß sie aus [illegible] den Leibern der Besessenen wichen — der Allmä[illegible] sten der Elenden — Jesus stirbt!

5) Der Lehrer des ganzen Menschen[illegible] tes, der uns den Willen des Vaters, als [illegible] gesandter, verkündigte; der uns das Licht [illegible] Himmel brachte, da wir in den Finsternissen [illegible] erzählte, was Er in dem Schooße seines [illegible] uns den Weg zum Himmel zeigte, von [illegible] den der Vater vom Himmel herab — als [illegible] auf dem Berge Tabor — als seinen [illegible] meister feierlich erklärte — Jesus stirbt!

6) Das Beispiel der höchsten Vollkom[illegible] das erste und herrlichste Muster, das göttlichste und mensch[illegible] Vorbild der vollkommensten Tugend; Jesus Christus, d[illegible] anderes Geschäft hatte, als den Willen seines himm[illegible] ters zu vollziehen, und die Menschen selig zu machen; [illegible] Christus, das Beispiel des Gehorsams ohne [illegible] Beispiel der Liebe ohne Kaltsinn, das Beispiel der G[illegible] ohne Widerrede, das Beispiel der Sanftmuth ohne den g[illegible] sten Widerwillen; der Wohlthätige, Geduldige und Sa[illegible] thige, der Gutes that, und Böses dafür empfing, [illegible] Bösen das Böse mit Gutem vergalt — Jesus stirbt!

[illegible] Der Unschuldige der Wahrheitsliebe, aus dessen [illegible] nie unwahres gehört worden, in dem keine Sünde [illegible] in dem auch kein Schatten einer Unvollkommenheit Platz [illegible]; der alles [illegible] die beste Art, ohne Aufhören, mit [illegible]lichsten [illegible] Gesinnungen vollbrachte — Jesus [illegible]!

8) Der Erlöser des Menschengeschlechtes, auf den der himmlische Vater die Sünden aller Menschen gelegt [illegible], der sich selbst zum Opfer für die Sünden der [illegible]; Jesus, das große Opfer der Versöhnung für die [illegible] der ganzen Welt; Jesus, der gute Hirt ohne seines [illegible], der seine Schafe mehr liebte als sein Leben — sein [illegible] für seine Schafe dahingab; Jesus, der Mittler ohne sei[illegible], der mit seinem Blute den Menschen die Gnade [illegible], und seinem Vater die Seelen der Menschen [illegible]; Jesus, der Hohepriester ohne seines gleichen, der sein [illegible] nach dem Wohlgefallen seines Vaters zum Besten seiner [illegible] opferte; Jesus, der treue Seelenfreund ohne seines [illegible] die Seinen liebte bis in den Tod — Jesus stirbt!

II.

Wie stirbt Jesus?

1) [illegible] Jesus — durch den blutigen Todeskampf am [illegible], durch das unmenschliche Herumschleppen von [illegible]hl zum andern entkräftet, mit Verleumdungen, [illegible], ungerechten Verdammungen und Mißhandlungen [illegible], [illegible] gesättiget, durch Geißelstreiche, Faustschläge [illegible] gänzlich erschöpfet, von seinen Kleidern ent[illegible] Kreuz genagelt, zwischen zwei [illegible]rdern erhöhet — [illegible] den empfindlichsten Schmerzen, den grim[illegible], bis auf den letzten Augenblick fortgekämpft, [illegible] ausgekämpfet hatte: neigte Er sein Haupt, und [illegible] — So starb Jesus!

2) Nachdem Jesus in seinem Leben mit Wort und That [illegible] anders gelehrt hatte, als treuen, hurtigen Gehorsam [illegible] den Willen des himmlischen Vaters — reine, ewige Liebe gegen die Menschen — und unermüdliche Geduld, Sanftmuth, [illegible], [illegible]it in Widerwärtigkeiten; nachdem Jesus in [illegible] Leiden die unvergeßlichsten und schönsten Beispiele von [illegible] Gehorsam, dieser Liebe und dieser Geduld gegeben hatte; [illegible] Er noch am Kreuz für das Heil der Menschen und für [illegible] Kreuziger gebetet; nachdem Er seinen Gehorsam gegen den himmlischen Vater bis in den Tod — noch am Kreuze bewiesen; nachdem Er in stiller Gelassenheit bis an das Ende seines Leidens fortgelitten; kurz, nachdem Er diese dreifache

Tugend; diese einzige Tugend, der ... die Liebe gegen die Menschen, ... Leiden mit seinem Blute ... versiegelt ... Er sein Haupt, und starb. — So starb Jesus ...

Jesus stirbt als der geliebte Sohn seines Vaters; Jesus stirbt als der treue Liebhaber seiner Menschen; Jesus stirbt als der Mann der Schmerzen, duldig, sanftmüthig, standhaft — Jesus lebt, leidet, ... der anbetungswürdige ... den ... Fluch ... Messias!

III.

Warum stirbt Jesus?

1) Jesus stirbt, weil Er wollte. ... williges Opfer. Er ist aufgeopfert worden ... Der Sohn Gottes stieg von dem ... das Menschenleben an, weil Er wollte. ... Menschenleben dahin, weil Er wollte. ... seiner Gefangennehmung hat Er es deutlich bezeuget, ... leide, weil Er wollte; und sterbe, weil Er wollte. ... dein Schwert in die Scheide, sagte Er zum P... oder meinst du nicht, daß Ich jetzt ... meinen ... ter bitten könnte, und Er Mir mehr als ... gionen Engel zur Wehr stellen ... um keine Legionen Engel, weil Er leiden wollte. ... seinem Eintritt in diese Welt hat Er sich zum ... ten. Vater! sprach Er, Schlachtopfer und ... ben hast Du nicht gewollt, aber einen Leib ... Mir bereitet. Brandopfer für die Sünde ... len Dir nicht; ... er sieh! Ich komme, ... len, o Gott, zu vollbringen! Jesus starb ... wollte. Der Verrath des Judas, und die ... hohen Rathes, die Fackeln und Waffen ... diener, das Urtheil des Kaiphas und ... kleides, das Spotten des Herodes und das ... tus, das Kreuz und die Nägel — alles das wäre nicht ... chend gewesen, dem Sohne Gottes das Leben zu nehmen, ... Er es nicht selbst dahingegeben hätte. — ...

2) Jesus stirbt, weil Er wollte. Und Er w... um selig zu machen, was verloren war. ... uns durch sein Sterben alles Gute ..., das ... gen können; hat alles Böse entkräftet, das uns auf dem ... zu unsrer Seligkeit hindern könnte. Das Menschenge... tappte in den Finsternissen der Unwissenheit; es brauchte ... Lehrer. Jesus Christus ist der Lehrer aller Lehrer, un... als alle Lehrer; und hat eben sein Lehramt am Kreuz bestä...

[illegible] seine [illegible] Got- [illegible] an Er [illegible] Richterstuhl, bekannt ist. Das Menschengeschlecht [illegible] Wahrheit, [illegible] ein [illegible] Beispiel der [illegible] ist das [illegible] aller Beispiele, [illegible] Beispiele, und hat eben sein [illegible] beispiel am [illegible] vollendet und bekräftiget. Gehorsam bis in den Tod, [illegible] bis in den Tod, geduldig bis in den Tod — und [illegible] menschenliebend, geduldig bis in den Tod am Kreuz [illegible] Das Menschengeschlecht war tief in Sünden und [illegible]keit versunken; es brauchte also einen Erlöser, einen Begnadiger, einen Mittler, einen Versöhner, einen Seligmacher. [illegible] Erlöser, Begnadiger, Mittler, Seligmacher, Versöhner [illegible] und hat eben am Kreuz das große Werk der Erlösung vollbracht. Wir sind Sünder, und haben Vergebung unsrer Sünden nöthig: diese Vergebung hat uns Jesus Christus durch sein Blut erkauft, erworben. Wir sind [illegible] kraftlose Menschen, und haben immer [illegible] Licht, Kraft, Stärke nöthig; dieses Licht, diese Hülfe, Kraft, Stärke hat uns Jesus Christus durch sein Blut erkauft, erworben. Wir haben von unserm ersten Stammvater mit der [illegible] Schwachheit, Fluch und Tod ererbt; wir [illegible] einen zweiten Adam, der uns den Fluch in Segen verwandelt, und Leben und Unsterblichkeit an's Licht bringet. Dieser zweite Adam ist Jesus Christus, der uns Leben und Unsterblichkeit durch sein Blut erworben hat.

Wir können uns mit unsern Kräften nicht zur reinen Tugend [illegible]schwingen; wir können mit unsrer Schwachheit die [illegible] nicht erringen. Stärke zur Tugend und Kraft zur Seligkeit, und Seligkeit selbst hat uns Jesus [illegible] sein Blut erworben.

Also Jesus Christus ist unser Erlöser; also am Kreuz hat Er unsre Erlösung vollbracht; also starb Jesus Christus, weil Er wollte, und Er wollte sterben, um das Menschengeschlecht selig zu machen.

IV.

Was ist also die ganze Frucht des Sterbens Jesu?

1) Offenbarung der Vaterliebe Gottes. So hat Gott die Welt geliebt, daß Er seinen Eingebornen dahingegeben.

2) Vergebung der Sünden. Das Blut Jesu Christi reiniget uns von aller Sünde.

3) Verherrlichung unsers Erlösers. Er mußte leiden, und durch Leiden in seine Herrlichkeit eingehen.

[illegible] e, [illegible] Licht [illegible]
[illegible] den Sohn [illegible] uns ja [illegible]
[illegible]t.

b) Das allervollkommenste Beyspi[illegible]
[illegible] treu zu erfüllen. [illegible] gelitten, [illegible]
[illegible]opfen einzureden. [illegible] uns ein [illegible]
leben.

c) Befreyung von den Leiden und [illegible]
Leben [illegible] erworben hat, und [illegible] übrig[illegible]
[illegible] Allen, die an Ihn glauben [illegible]
[illegible]

d) Die vollkommenste Rettung, [illegible]
[illegible]. [illegible]
[illegible]

Zum Gebet.

Dank, ewiger Dank Dir, der Du [illegible] [illegible]! Dich müssen Himmel und Erde [illegible] der beyde miteinander vereiniget hat. Nein, [illegible] unter Menschen nicht, als daß [illegible] für seine Freunde läßt. Und Du [illegible] für die, die Dich nicht kannten, die [illegible] heit und Tugend, feindselig gegen Dich [illegible] starbst für Feinde Gottes und der Wahrheit [illegible] Geister müssen Dich als den Wiederhersteller [illegible] heit, der Ordnung und des Friedens in [illegible] [illegible] preisen!

Dank, ewiger Dank Dir, der Du [illegible] Menschengeschlecht aufgeopfert, und uns [illegible] der tiefsten Erniedrigung, des [illegible] schimpflichsten Todes zur Seligkeit [illegible]

Dank, ewiger Dank Dir, der Du dem Tode und [illegible] Schrecknissen des Todes die Macht genommen, und [illegible] Trost, [illegible] auf die [illegible] der Di[illegible] sandt hat, Gewissensruhe, Vergebung der Sünden, [illegible] Gnade und Unsterblichkeit so [illegible] erkauft hast.

Dank, ewiger Dank Dir, [illegible] d[illegible] Blut Ursache unsrer Seligkeit geworden, und [illegible] deine grosmüthige Aufopferung zum Besten [illegible] ner Brüder, alle Feinde unsers Heils besieget, [illegible] Quellen der Seligkeit geöffnet hast!

[illegible] Zu[illegible] Allerh[illegible] wir [illegible] Barm[illegible] zum [illegible] so [illegible] Einen Mittler zum Bruder [illegible] die höch[illegible] [illegible] [illegible] nicht mehr [illegible] Vaters [illegible] Vater die Hohen [illegible] be[illegible] [illegible] Gabe, [illegible] hat.

[illegible] Dank [illegible] der [illegible] und diese Ueberzeugungen, diese [illegible] Freuden, diese Seligkeiten [illegible] [illegible] hast!

Am heiligen Sabbath.

[illegible] denn auch das allergrößte Lei[illegible] [illegible]. Jetzt ruht der Leib unsers Herrn [illegible] Grabe. [illegible] eine heiße Woche von Arbeit und Schmer[illegible] [illegible] Ihm die friedlichste Sabbathsruhe im Grabe zu [illegible] Die Geißelstreiche, die Dornenkrone, die Kreuzes[illegible]last, die Hammerschläge und die Nägelspitzen, so schmerzhaft sie [illegible] seinen Leib verwundet hatten, empfindet Er jetzt nicht mehr. [illegible], ausgekämpft, voll-

[illegible] — Wo ist die Stimme, [illegible] r ausge-rief? Wo der Spott der Kreuziger [illegible] gen vom Kreuz? Wo die Stimme: [illegible] hast Du Mich verlassen? Vollendet, vollendet [illegible] Leiden jedes, Er mit jedem Leiden, das [illegible] dieses Lebens verbittert. Der Schmerz schmerzt [illegible] ewig; der [illegible] nicht ewig. — Freue [illegible] Seele, einst kommt die Stunde, die auch deinem [illegible] ein Ende macht!

2) Der Leichnam Jesu bleibt unverwes[illegible] Die [illegible] Leichnam des Gestorbenen: [illegible] Verwesung darf sich nicht nahen zu dem Leibe des [illegible] reinsten — zu dem Leibe, der in dem Schoße der Jung-frau durch Gotteskraft gebildet worden. [illegible] nur Sünde befleckt wird, verwest [illegible]

3) An Jesu Christo ist Alles so [illegible] so einzig. — Wer tritt in die Welt herein [illegible] Er — empfangen und geboren von einer Jung[illegible] Wer wandelt in der Welt so gotteswürdig, wie Er — Er, das Licht der Welt, Er in dem Vater, der Va[illegible] in Ihm? Wer tritt aus der Welt, wie Er — Sohn Gottes an dem Balken der Mörder, und an die-sem Balken noch ganz Liebe, Gehorsam, Geduld? Wer ruht im Grabe, wie Er — unverweslich? Wer geht aus dem Grabe hervor, wie Er — als Sieger des To-des, neulebendig? Wer ist, wie Jesus Christus? An-betung, Anbetung Ihm, dem Einzigen!! Freunde! Er ist der Einzige, Gott in der Menschengestalt ... Ehre Ihm, dem Einzigen!!

4) Der Leib ruht im Grabe; die Seele ruht nicht im Grabe. Jesus Christus steigt hinab zur Hölle, zu besuchen die Väter, die seit Jahrtausenden auf das Heil der Welt gewartet. Unserm Herrn ist nichts zu tief: Er verließ den Himmel und kam zu uns herab. Ihm ist nichts zu niedrig: Er wandelte auf Erden, wie ein gemeiner Erdensohn. Ihm ist gar nichts zu tief: Er stieg hinab zur Hölle. Ihm ist nichts zu hoch: Er wird wieder heraufsteigen von der Hölle. Ihm ist gar

nicht zu hoch: Er [illegible] alle Himmel. Wer ist, wie Jesus Christus?

5) Der Leichnam liegt im Grabe. Vorgewälzt ist der Stein, bewacht, versiegelt das Grab. Lazarus lag auch im Grabe. Auf das Wort Jesu Christi: Lazarus, [illegible] hervor! lebte der Todte wieder auf. [illegible] Christus, der Todtenerwecker, das Leben und [illegible]erstehung, nicht auch vom Grabe auferstehen? Der [illegible], das Siegel, die Wächter, was sollen sie wider [illegible]? Laßt nur die Sonntags-Morgensonne herauf[illegible] ihren ersten Strahl — leer ist das Grab — weg der Stein — der Todte auferstanden, Halleluja!

6) Jesus Christus ruhte im Grabe, und blieb nicht im Grabe. Er starb, und stand auf von den Todten, und stirbt jetzt nicht mehr. Auch ich werde sterben. Auch ich werde ruhen im Grabe. Auch ich bleibe [illegible] im Grabe. Auch ich werde von den Todten wieder auferstehen. Auch ich werde nicht mehr sterben, wenn ich von den Todten auferstanden bin. Auch ich werde herrlich auferstehen, wenn ich thue, was ich soll, und leide, wie ich soll. Jesus Christus ist unser Leben, unsre Auferstehung, unser Vorbild in Allem. Laßt uns leiden, leben, sterben — wie Er litt, lebte, starb; damit wir von den Todten auferstehen, wie Er; herrlich auferstehen, wie Er herrlich auferstand, und herrlich leben, wie Er herrlich lebt zur Rechten des Vaters!

Getödtet, blutlos und erstarrt
Ruht Jesus hier im Grab', und harrt
Auf Gottes unumschränkte Kraft,
Die aus dem Tode Leben schafft.
Wie Jesus ruhte, kann ich nun
Einst auch bei Gottes Todten ruh'n.
Auch mich weckt einst die Macht des Herrn
Von Todten auf: drum starb' ich gern!

[illegible]

Hochgepriesen sey Gott, der Vater unsers Herrn Jesu Christi, der uns nach seiner großen Erbarmung, durch die Auferstehung Christi von den Todten zur Hoffnung des Lebens wiedergeboren hat — und zur Erlangung eines unvergänglichen, unbefleckten, unverwelklichen Erbgutes, welches uns im Himmel aufbehalten ist. 1 Petr. I, v. 4. [illegible] Auferstehung deines Sohnes hast Du uns, Vater, [illegible] Grundstein unsers Glaubens, und eine himmlische Hoffnung gegeben! Was Jesus Christus für uns [illegible] will, hat Er durch sein Sterben an [illegible] aber was Er für uns thun kann, davon [illegible] Auferstehung ein theures Unterpfand. Sein [illegible] weiset seine Liebe: aber seine Auferstehung offenbart [illegible] Macht. Aus Schwachheit ward Er gekreuzigt, nun lebt Er durch Gotteskraft. Ja, Vater! [illegible] uns an deinem Sohne nicht bloß einen Lehrer [illegible] der lehrt und stirbt; sondern einen lebendigen [illegible] der selig ist und selig macht. Du hast uns an [illegible] Sohne nicht bloß ein Tugendbeispiel verschafft, das nach dem Tode des Tugendhaften noch [illegible] sondern einen lebendigen Erretter, der heilig ist und selig macht. Du hast uns an deinem Sohne nicht [illegible] einen Propheten gegeben, der deinen Willen [illegible] sondern einen in allen Dingen versuchten, für alle Angelegenheiten inni[illegible]enden Bruder, der mit Weisheit und Macht und Liebe sich seiner Brüder annimmt. Du hast uns an Ihm einen Herrn gegeben, der hört und antwortet; einen König, der hilft und segnet. Er ist von den Todten auferstanden, und kann von den [illegible] erwecken. Er lebt und kann lebendig machen. Er kam aus dem Grabe siegreich zurück, und brachte Leben für Alle mit. Er ist der Erbherr aller Dinge; Er kann auch uns unser Erbgut im Himmel in Besitz geben. Die Sünde und der Tod hatte uns alle Hoffnung zu diesem unvergänglichen Erbgut benommen. Ein Todter [illegible] und von der Herrschaft der Sünde und des Todes nicht befreien können. Jesus hat uns also durch seine Auferstehung dieses aufbehaltene Erbe zugesichert. Er ist das Haupt; wir seine Glieder. Er zieht uns nach sich, wie das Haupt die Glieder nach sich zieht. Er stärkt uns, reiniget uns, belebt uns zum Mitgenuß des unbefleckten Erbtheils im Himmel. Hochgepriesen, Vater, sey deine Vaterliebe! Du hast uns durch die Auferstehung deines Sohnes zur lebendigen Hoffnung wiedergeboren! Der Auferstandene kann unsre Sünde tilgen, wie eine Wolke, und unsre Missethaten, wie einen Nebel. Er ist das Lamm, das die Sünden der Welt hinwegnimmt; sein Blut reiniget von aller Missethat. Er ist der Sündenvergeber, Er der Sündentilger. Er vermag, was keiner vermag. Er kann das Unreine rein, das Böse gut, das Schwache stark, das Todte lebendig machen. Er kann die Wurzel der Sünde tilgen; Er kann den Stachel des Todes entkräften. Hochgepriesen, Vater, sey deine Vaterliebe! Du hast uns durch die Auferstehung deines Sohnes zur lebendigen Hoffnung wiedergeboren. Der erstandene, lebende Christus kann unsern Geist, der von Gott ist, und zu Gott hinaufstrebt, von dieser verweslichen Lehmhüte losmachen. Er kann dem Gefangenen Erledigung geben; dem Gebundenen die Fessel abnehmen, und den Kerker aufthun. Er kann uns in's Vaterland führen, daß uns nichts Widriges aufstößt. Er kann aus dem verweslichen das unverwesliche, aus dem sterblichen das unsterbliche Leben auferwecken. Er selbst war eine Leiche, ohne Athem, ohne Bewegung. Seine Augen sahen nicht mehr; seine Ohren hörten nicht mehr; sein Herz bewegte sich nicht mehr. Er starb, wie Alle, die gestorben sind, und sterben werden. Aber Er blieb nicht im Tode: Er lebt wieder. Wahrhaftig, durch einen Menschen kam der Tod; durch einen Menschen kommt die Auferstehung der Todten. Adam gieng Allen voran in's Grab; Jesus geht Allen voran in's ewige Leben. Er starb, und lebt durch Gotteskraft: wir sterben, und werden leben durch die Kraft des Auferstandenen. Jetzt wir das Bild des irdischen [illegible] das Bild des himmlischen tragen. [illegible] — Die Todten werden wieder[illegible] ung aller Hoffnungen! Und dieß Wi[illegible] Todten ist so gewiß, wie das Sterben der [illegible] O Freude aller Freuden! Also dieß mein Aug[illegible] einst des Todes erblassen — und das [illegible] lebendig werden. Dieser redende Mund wird ein[illegible] schlossen werden — und der im Tode geschlossene [illegible] wieder redend werden. Dieß schlagende Herz [illegible] erstarren — und das erstarrte wird wieder [illegible] werden. Dieses sehende Auge wird einst erlöschen [illegible] und das erloschene wird wieder sehend werden [illegible] ganze, kraftvolle, gesunde, lebendige Leib wird [illegible] kalter Leichnam — und der kalte Leichnam [illegible] der Staub, in den der Leib wird aufge[illegible] den — dieser Todesstaub wird wieder ein leben[illegible] tiges Gottesbild, ein lebendiger Mensch werden [illegible] diese Hoffnung ist so gewiß, als mein Leben; ist [illegible] wiß, als die Kreuzigung, Grablegung und Aufer[illegible] Jesu Christi. Die Posaune wird schallen, und die [illegible] ten werden auferstehen; das Verwesliche wird die [illegible] verweslichkeit, das Sterbliche die Unsterblichkeit [illegible] Die Heiligen der Vorwelt, die Geliebten des Herrn [illegible] Propheten und Gerechten, die Jünger und Jünger[illegible] werden erscheinen im verklärten Leibe, gleichförmig [illegible] Leibe des Auferweckers. Und unsre Todten — [illegible] Mütter, Gatten und Kinder, Freunde und [illegible] Geliebte, Rathgeber, Lehrer, Tröster, die uns entri[illegible] worden, und noch werden entrissen werden; um die [illegible] bittere Thränen weinen, und noch weinen werden, [illegible] — wir werden sie wieder sehen, wieder finden, und bei ihnen seyn! — Die Schaar der Todten wird [illegible] der lebend, und stirbt nicht mehr. O Hoffnung, die [illegible] Name nennt! Das Grab wird seinen Samen zu[illegible] geben; gereift zur reichsten Ernte wird er seyn. [illegible] dieser Hoffnung hast Du uns wiedergeboren, [illegible] Vater unsers Herrn Jesu Christi, durch die Auferstehung deines Sohnes!

Alles

Alles Irdische, und alle Last des Irdischen wird auf ewig weggenommen seyn. Es wird kein Durst, kein Hunger, keine Sonnenhitze mehr seyn. Keine Nacht — ewiger Tag wird seyn. Aller Schmerz wird Freude, alles Leiden Segen, jede Thräne abgetrocknet, alle Finsterniß Licht, alles Alte neu, alles Schwache stark, alles Vergängliche bleibend, aller Tod in Sieg verschlungen, alle Klage Lobpreisung, alles Seufzen Jubelgesang werden. Und dieß alles durch den Sohn, den der Vater von den Todten auferwecket, und dem Er über alles Fleisch Gewalt gegeben hat: auf daß Er Allen, die an Ihn glauben, das ewige Leben gebe.

Gepriesen seyst Du, Allbarmherziger! Wie können, sollen wir Dir danken! wie Dir's vergelten! Lasset uns niederknieen, und anbeten den Herrn, der uns gemacht; den Vater, *der uns zu dieser lebendigen Hoffnung, zu diesem unbefleckten Erbe wiedergeboren hat!*

Ohne Namen ist seine Barmherzigkeit, ohne Grenzen seine Liebe. Von allen Enden der Erde will Er uns versammeln, um mit den Gütern seines Hauses unsre dürstenden Seelen zu erquicken. Seine Güte ist groß bis an die Himmel, und seine Treue bis an die Wolken. Er zieht den Schwachen aus dem Staub, und hebt den Armen aus dem Koth, daß Er ihn setze zu den Fürsten seines Volkes. Halleluja! danket dem Herrn; denn Er ist gut, und seine Güte währet ewig!

Halleluja! der Tod ist verschlungen in den Sieg. Tod! wo ist dein Stachel? Dein Sieg, o Hölle! wo ist er? Preis und Ehre und ewige Kraft unserm Gott, dem Vater, der uns den Sieg gegeben hat durch unsern Herrn Jesum Christum! Gelobt sey der Herr, unser Gott, von Ewigkeit zu Ewigkeit — und alles Volk spreche: Amen! Halleluja!

Noch ein Wort, das man nicht vergessen soll.

Schaffet also den alten Sauerteig fort, und werdet ein neuer Teig, was ihr bereits seyn solltet, da unser Osterlamm, Christus, für uns geschlachtet ist. Laßt uns also unser Osterfest nicht bei dem alten Sauerteige feiern — nicht bei dem Sauerteige der Bosheit und des Lasters, sondern bei dem Süßteige lauterer und ungefälschter Rechtschaffenheit. 1 Cor. V.

Seyd ihr mit Christo auferstanden, so suchet was droben ist: wo Christus sitzet, zur Rechten Gottes. Strebet [illegible] dem Himmlischen, und nicht nach dem Irdischen. Denn [illegible] (dem Irdischen) schon gestorben. . . . Wenn Christus [illegible] Leben, wieder erscheinen wird: dann werdet auch ihr [illegible] Herrlichkeit mit ihm erscheinen. Tödtet darum alle fleisch[illegible] Lüste — Hurerei, Unkeuschheit, Geilheit, unreine Begierden und den Geiz, der eine wahre Abgötterei ist: Laster, um deren willen Gottes Gerichte über die Kinder des Unglaubens [illegible] brechen. Nun müsset ihr all dieses ablegen — auch allen [illegible] Hitze, Bosheit, Verleumdung, schändliche Reden. Lüget [illegible] ander nicht an; ziehet vielmehr den alten Menschen sammt seinen Werken aus, und leget den neuen Menschen an, der nach dem Bilde seines Schöpfers zur Erkenntniß desselben [illegible] schaffen ist. Als Auserwählte, Heilige, Vielgeliebte [illegible] die Gesinnungen der Barmherzigkeit, Güte, Demuth, [illegible] muth und Geduld an. Einer trage den andern; einer ver[illegible] dem andern, wenn er über ihn zu klagen hat. Wie Chr[illegible] euch verziehen hat, so verzeihet auch ihr. Ueber dieß alles bekleidet euch mit Liebe, welche das Band der Vollk[illegible] ist. Koloss. III.

Ostermontag.

Die Jünger auf dem Wege nach Emmaus.

(Zum Lesen.)

Was sich mit den zweien Jüngern, die nach Emmaus giengen, ereignet hat, das ist eine so rührende, so menschliche Begebenheit, daß ich wenige Geschichten in der heiligen Schrift finde, die so ganz für das menschliche Herz sind, wie diese.

Zwei Jünger gehen am ersten Wochentage nach Emmaus, einem Flecken, der ungefähr dritthalb Stunden von Jerusalem entfernt war. Jesus, der vor drei Tagen, wie ein Missethäter, hingerichtet worden, stand eben an diesem Tage bei der ersten Morgendämmerung von den Todten auf. Hätten das die Jünger gewußt, ihre Reise würde gewiß unterblieben seyn. Doch eben diese Reise sollte ihnen nun eine Gelegenheit werden, [illegible] der Auferstehung ihres Meisters die zuverlässigste Nachricht zu erhalten. Unterwegs konnten sie wohl von keiner andern Sache reden, als die ihnen die wichtigste, die nächste war: sie redeten von Jesus, dem Nazarener. Sie hielten Ihn für einen großen Propheten, und glaubten, Er würde der Retter Israels werden. Allein, das konnten sie nun nicht begreifen, daß derjenige, der der Retter Israels werden sollte, am Kreuze unter Missethätern als Missethäter, sterben mußte. Auch hatten sie, vor ihrer Fortreise, von einigen Frauen vernommen, daß das Grab leer sey und Jesus lebe. Ihre Hoffnungen also, die sie auf die Person des Nazareners gebaut hatten, die Geschichte seines Leidens und Sterbens, davon sie Augenzeugen waren, oder wenigstens seyn konnten, und das Gerücht von seiner Auferstehung — waren der Inhalt ihrer Gespräche.

Während sie so miteinander reden, nähert sich Jesus, gesellt sich zu ihnen, und geht mit ihnen; gerade so, wie oft auf der nämlichen Straße die nachkommenden Wanderer die vorangehenden einholen, um einander die Zeit zu kürzen. Wie menschlich! Der neue Gefährte fragt die Jünger, was der Inhalt ihrer Gespräche wäre. Er läßt sich von ihnen Alles erzählen, wovon sie sich zuvor unterhalten haben — und stellt sich als einen Fremdling, der nicht wüßte, was sich in Jerusalem dieser Tage mit dem Nazarener Jesus ereignet hätte. Wieder wie menschlich! Jetzt nimmt Er das Wort; öffnet seinen Jüngern, die nicht wußten, daß sie seine Jünger wären, den Sinn der heiligen Schriften, und beweiset, daß der Messias leiden mußte, um durch Leiden in seine Herrlichkeit einzugehen.

Die Jünger wußten noch nicht, was sie aus ihrem Reisegefährten machen sollten. Aber um's Herz ward es ihnen immer wärmer, da Er von Moses anfieng, alle Propheten mit ihnen durchgieng, und so faßlich, so überzeugend das Geheimniß aller Geheimnisse aufdeckte. Wie göttlich und menschlich!

Indeß kommen sie zum Flecken, wo sie hinzielten. Jesus that, als wollte Er weiter gehen. Die Jünger dringen an Ihn: Er sollte bei ihnen bleiben; denn sie empfanden, daß ihr Herz nur gar zu viel an Ihm verlieren würde. Es ist schon Abend, sagten sie, und der Tag sinkt. Jesus läßt sich nicht lange bitten — geht mit ihnen in die Herberge, und sitzt mit ihnen zu Tische. Wie menschlich, wie liebevoll, wie zärtlich ist das gehandelt!

Da sie sich so am Tische befanden, nimmt Jesus das Brod, dankt, bricht's, und reicht's den Tischgenossen. Da wird's auf einmal helle vor ihren Augen: Sie kennen Ihn. Aber in dem Augenblicke, da sie Ihn erkannten, verschwand Er vor ihren Augen.

Sie sehen einander an, und theilen durch Blicke (denn reden konnten sie nicht in dem ersten Augenblicke der Freude), die unaussprechliche Freude, den Herrn ge[illegible] haben, miteinander. „Wie hat das Herz in uns gebrannt, als Er mit uns unterwegs redete, und uns die Schriften aufschloß," sagten sie, sobald sie die Fre[illegible] li[illegible].

Aber nun war's ihnen unmöglich, länger in [illegible] zu bleiben. Sie eilten, wider ihre erste Absicht, [illegible] nach Jerusalem zurück, um nur recht bald den Eilf[illegible]gen zu können, was ihnen begegnet ist. Da sie zu den Eilfen [illegible], war Alles Eine Freude. Man rief ihnen gleich beim [illegible]tritt in das Haus entgegen: Der Herr ist auferstanden, Er ist dem Simon erschienen. Dann erzähl[illegible], daß der Herr mit ihnen bis in den Flecken gegangen [illegible] sich erst in der Herberge offenbart habe. — Da sie so [illegible]einander sprachen, stand Jesus selbst in ihrer Mitte, und machte die Freude seinen Jüngern vollkommen. Wie göttlich-menschlich!

(Zum Beten.)

Herr Jesu, so bist Du denn immer der nämliche! [illegible] Herz ist jetzt nach der Auferstehung noch immer so thätig, so freundlich, so liebevoll, wie vor deinem [illegible]ben. Wahrhaftig, Du hast dein liebevolles Herz [illegible] im Grabe gelassen. Wie Du ehemals, in deinem [illegible]umwandern von Flecken zu Flecken, den Jüngern [illegible] von deinem Reiche so viel offenbartest, als sie t[illegible] konnten, so gehest Du jetzt noch mit deinen Jüngern [illegible], und machest ihnen verständlich, was Moses und die [illegible]pheten von Dir geweissaget haben. Du gehest neben [illegible] her, und giebst ihnen das Geleite, und erleuchtest [illegible] Sinn, und erwärmest ihr Herz. O Du treuer [illegible]! wie gehest Du deinen Schafen so liebevoll nach, und leitest sie so sanft in alle Weisheit, und in's ewige Leben! Du redest mit ihnen, und sie wissen nicht, daß das Wort des Vaters mit ihnen spreche. Du giebst ihnen Weisheit, und sie wissen nicht, daß die Weisheit des Vaters so nahe bei ihnen sey. Du erwärmest ihr Herz, und sie wissen nicht, daß der an ihrer Seite nebenhergehe, der mit dem heiligen Geist taufen kann. So, glaub' ich, gehest Du noch heut zu Tage deinen Jüngern nach, und giebst ihnen das Geleite auf dem Wege zum Himmel, und offenbarest ihnen den Willen deines Vaters, und taufest sie mit dem heiligen Geiste. Selig, die an Dich glauben! Du bist bis an's Ende der Welt bei ihnen. Du stehest oft in ihrer Mitte, und sie kennen Dich nicht. Du bist immer der nämliche, jetzt im Himmel, wie dort nach der Auferstehung auf Erden — immer der liebende Menschen- und Gottessohn. Du bist auch heut zu Tage noch das Licht der Welt: wer Dir nachfolget, wandelt nicht in Finsterniß. Du bist noch heut zu Tage der treue Hirt deiner Schafe: Du hast sie in deiner Hand, und deiner Hand kann sie Niemand entreißen. Du bist noch heut zu Tage das Haupt deiner Kirche: von Dir kommt Kraft und Licht und Segen auf alle deine Jünger herab. Du bist noch heut zu Tage der Lehrer, der Führer, der Erlöser der Deinigen: deine Lehre, deine Führung, deine Erlösung, deine Person, deine Liebe und Allmacht ist so ganz für uns, wie für deine ersten Jünger. Du starbst für uns, wie für sie; Du standest von den Todten auf für uns, wie für sie; Du lebest noch jetzt für uns, wie für sie. Du bist unter uns, Du gehest mit uns, Du redest mit uns. Ach! öffne unser Auge, daß wir Dich erkennen; erwärme unser Herz, daß es nur für Dich brenne; sende uns Stärke und Leben, daß wir an deine Auferstehung glauben, wie deine Jünger, die Dich gesehen, gehört, betastet haben. Laß uns dein Wort, dein Beispiel, deinen Willen die einzige Richtschnur unsers Wandels seyn, laß uns an Dich glauben, wie deine Jünger; auf Dich vertrauen, wie deine Jünger; für Dich muthig arbeiten und freudig leiden, wie deine Jünger, und dahin kommen, wo Du bist — wie deine Jünger! Amen.

Osterdienstag.

Von den Todten Auferstandener! Ewiglebender! Todeserwecker! Herr Jesus Christus! wie bete ich Dich an in deinem herrlichen, unsterblichen, belebenden — neuhimmlischen Leben!

Du warst der erste unter allen Menschen, der im Namen der ewigen Gottheit das Menschengeschlecht von der Auferstehung aller Todten so klar, so feierlich, so überzeugend versichert hat, daß nichts kläreres, nichts feierlicheres, nichts überzeugenderes kann gedacht werden. Du warst der eigentliche Lehrer der Auferstehung und des ewigen Lebens. Und Du, der der erste die Auferstehung so klar, so deutlich verkündet und verheißen hat — Du bist nun auch der Erstling der Auferstehung, das Pfand und Siegel der Unsterblichkeit. Du starbst öffentlich, starbst eines gewaltsamen Todes — eines Todes, wo der letzte Tropfen deines Blutes vergossen, wo sogar das Herz Dir durchstochen ward. Und so augenscheinlich todt — stehst Du nach deinem Vorhersagen wieder von den Todten auf. Nicht etwa nur der Geist läßt sich wieder sehen — der verwundete, todte, begrabene, verschlossene, bewachte Körper steht wieder auf, wieder von deiner Seele belebt. Der gekreuzigte, der sterbliche Jesus ist auferstanden. Der Sohn Gottes und des Menschen lebet wieder. O, wie könntest Du deine Lehre von der Auferstehung kräftiger und unwidersprechlicher bestätigen, als dadurch, daß Du, der Herold der Auferstehung, auch der Erstling der Auferstehung geworden bist!

Nicht nur wecktest Du ein verstorbenes Mägdlein von den Todten auf — so leicht, wie vom Schlafe. Nicht nur hießest Du einen todten Jüngling, der eben zu Grabe getragen ward, in seinem Sarge wieder aufstehen, und gabst ihn der weinenden Mutter lebendig wieder. Nicht nur wecktest Du deinen todten Freund, der schon vier Tage im Grabe lag, von den Todten auf. Das alles war Dir zu wenig, um die große Lehre von der Auferstehung außer allen Zweifel zu setzen; denn diese Auferweckten, das Mägdlein, der Jüngling, Freund Lazarus, starben doch wieder — Du wolltest uns einen noch stärkern, ganz besondern, unerhörten Beweis von der Auferstehung der Todten geben. Du selbst starbst, und starbst öffentlich den schmerzhaften, wundervollen Tod eines Mißthäters, um der Erstgeborne von den Todten, und das Ziel des Glaubens und der Hoffnung für Alle zu werden, denen an Auferstehung und Unsterblichkeit etwas gangen ist. Du starbst, standest wieder von den Todten auf, und stirbst nun nicht mehr — um der Erstling der Auferstehung zu werden, auf die kein Tod mehr folgt. Wahrlich nun wissen wir, daß der, so den Herrn Jesum von den Todten auferwecket hat, auch uns auferwecken wird!

Du [illegible] unser Lehrer der Auferstehung, und das Siegel [illegible] Auferstehung. Aber das ist Dir noch nicht [illegible] wolltest nicht nur die Auferstehung lehren; [illegible] die Lehre von der Auferstehung durch deine eigne Auferstehung bestätigen; auch erwerben, erwerben wolltest Du uns unsre Auferstehung durch dein Leiden und durch dein Sterben. Du wolltest selbst den Tod erdulden, selbst auferstehen, um die Todten lebendig, und des ewigen Lebens theilhaftig zu machen. Du wolltest dein Leben für das Leben der Welt hingeben, um die Welt selig zu machen. Aber auch das ist noch nicht Alles. Nicht nur ankünden, nicht nur erwerben wolltest Du uns die Auferstehung und das ewige Leben. Du wirst uns selbst von den Todten auferwecken. Du lebest, und auf dein Wort werden wir Alle wieder lebendig werden. Du bist der Lebendige und der Todtenerwecker; deine Stimme wird in allen Gräbern erschallen; deine Stimme werden die Todten hören; auf dein Machtwort werden die Todten auferstehen. Du lebest und machest [illegible]

[illegible] mag mein Leib immerhin schwächer werden; er, der aus Staub gebildet ist, mag immer dem Staube ähnlicher werden; er mag wieder zurückkehren in die Erde, aus der er gemacht ist; er mag in den Sarg eingeschlossen und in die Erde versenkt werden: ich zittere nicht mehr. Meine Glieder mögen verwesen, und die Winde mögen meinen Staub verwehen. Es ist ein Gott im Himmel, der mir einen unsterblichen Leib bereitet; der mich durch seinen Sohn Jesum Christum, den Erstgebornen aus den Todten, den Erstling der Auferstehung, zum ewigen Leben auferwecken kann und auferwecken wird!

Es ist eine allmächtige, allweise Liebe im Himmel, die mich und alle Todten erwecken; die mich und alle

Gerechte, die vor mir gelebt haben, [illegible] leben, und nach mir leben werden — zum ewigen [illegible] erwecket wird.

Ja! Amen! Halleluja! Gott ist nicht ein Gott der Todten, sondern der Lebendigen. Gott sey Dank, der uns den Sieg durch Jesum Christum gegeben hat! Ja, gepriesen sey Gott und der Vater unsers [illegible] Jesu Christi, der uns nach seiner vielfält[illegible] Barmherzigkeit, durch die Auferste[illegible] von den Todten, wiedergeboren hat z[illegible] lebendigen Hoffnung — zu einem unverga[illegible] lichen, unbefleckten, unverwelklichen [illegible] welches uns in dem Himmel aufbehalte[illegible] Denn wir wissen, wir wissen gewiß, [illegible] so den Herrn Jesum auferwecket hat, [illegible] durch Jesum auferwecken, und mit all[illegible] ligen lebendig und herrlich darstellen [illegible]

Himmelfahrt Jesu Christi.

Man kann an diesem Festtage nichts Herrliche[illegible] freudigeres denken, als was Jesus Christus von seine[illegible] fahrt deutlich vorhergesagt hat. In den letzten [illegible] seinem Leiden war es, als Er sein ganzes liebevolles [illegible] noch nie, vor seinen betrübten Jüngern ausgoß. „E[illegible] werde nicht betrübt, sprach Er, vertrauet auf Gott, [illegible] trauet auf Mich. In meines Vaters Hause [illegible] nungen: und wenn's nicht so wäre, hätt' Ich's [illegible] sagt. Ich gehe hin, euch einen Platz zu bereiten; [illegible] wenn Ich dorthin gekommen seyn und euch einen Platz bereitet haben werde, so werde Ich wiederkommen, und euch zu mir [illegible] daß auch ihr da seyd, wo Ich bin." Christus giebt zwei [illegible] chen an, warum sich die Jünger nicht betrüben sollen: e[illegible] gehe Er in das Haus seines Vaters, um seinen Jüng[illegible] Platz zu bereiten; zweitens werde Er wieder zu [illegible] kommen, und sie zu sich nehmen, daß sie in dem [illegible] Hause beisammen seyn.

Was Jesus Christus zu seinen Jüngern sagte, ist uns gesagt, wenn wir seine Jünger sind: der Auferstehu[illegible] ist also auch für uns ein Freudentag. Denn auch für uns bereitet Jesus Christus im Hause seines Vaters einen Platz zu;

[illegible]gen wird [illegible] wiederkommen, uns und wird [illegible] zu sich hinaufnehmen, wenn wir seine Jünger sind. — O, wenn wir heute diese trostvollen Wahrheiten recht tief in unser Herz legten, dann würde der heutige Tag ein hocherfreulicher Festtag für unsre Seele seyn!

I.

Ich gehe hin, euch einen Ort zu bereiten.

Hingegangen bist Du, Ueberwinder des Todes! Erlöser der Menschen! Sohn Gottes! — Hingegangen zum Vater, um auch mir in dem Hause deines Vaters einen Platz zu bereiten. Du bist auch mein Erlöser; auch für mich hast Du den Tod überwunden. Du bist im Himmel zu Hause; Du weißt am besten, was droben ist. Ich halte mich an dein Wort: In meines Vaters Hause sind viele Wohnungen. Unter diesen vielen Wohnungen bereitest Du auch eine für mich, wenn ich dein Jünger bin. Nicht nur um deinetwillen, auch um meinetwillen kehrtest Du in dein Vaterland zurück! Du giengst voraus, daß ich nachkommen soll; Du giengst voraus, daß Du für mich in der großen Stadt Gottes einen Platz zubereitetest, der meiner Person, meinen Talenten, meiner Tugend, meinem Kampfe angemessen ist. Ich freue mich mit ganzer Seele, daß Du in dein Vaterland zurückgegangen bist. Du wirst für mich einen Ort der Ruhe und des ewigen Friedens aussuchen; Du wirst Anstalten machen, daß ich bei Dir ewig seyn kann. O, jetzt hab' ich einen Freund im Himmel, der im Himmel zu Hause ist, und wegen meiner wieder in den Himmel zurückgegangen ist! Ich habe einen Freund im Himmel, der Alles besitzt, was schön, herrlich, edel und liebenswürdig ist. Ich habe einen Freund im Himmel, der höher ist, als alle Engel, der im Himmel und auf Erden der Herr ist. Ich habe einen Freund im Himmel, der liebevoll auf mich sterblichen Sünder herabschauet, wie ich unter Millionen sterblicher Sünder herumwalle. Ich habe einen Freund im Himmel, der mich auf Erden mehr geliebt hat, als sein Leben — und jetzt noch im Himmel, wie seinen Bruder, und mehr, als ein Freund sei-

[illegible] liebt. [illegible] einen [illegible] Himmel, dem alle Geschöpfe zu [illegible] stehen; [illegible] erhabensten Fürsten des Himmels, anb[illegible] auf dessen Wink Alle hängen. Ich habe einen [illegible] Himmel, der meine Angelegenheiten, meine wichtigsten, ewigen Angelegenheiten, das Geschäft meiner Selig[illegible] mit Liebe, Weisheit und Macht, wie seine eigene An[illegible]heiten besorgt. Darum, o Du unser Freund! müssen wir deinen persönlichen Umgang auf Erden entb[illegible] wir ewig deines Umganges im Himmel ge[illegible] Du hast Dich nur deswegen von deinen Brüdern [illegible]net, um für ihr Bestes zu sorgen. Im Himmel [illegible]mel bist Du meinetwegen, wie Du [illegible] warst. Für mich bist Du König, [illegible] Du Dich für mich zum Knecht [illegible]get hast. Für mich, für mich bereitest Du in [illegible]lichen Wohnstadt aller guten, gottähnlichen [illegible] besondern Platz, ein eigenes Paradies, einen für [illegible] vorzüglich schicklichen Ort. Du kennst mich [illegible] und von Außen auf's Genaueste; Du weißt, [illegible] deinem Reiche seyn kann und seyn werde. Du b[illegible] mir einen Ort, wo ich Dich, mein himmlisch[illegible] Freund! sehen, von Angesicht zu Angesicht [illegible] nimmer aus den Augen verlieren werde [illegible] in der allgemeinen Versammlung der [illegible] der Gemeinde der Erstgebornen, deren Namen [illegible] aufgeschrieben sind, bei den Geistern der vollend[illegible] rechten, bei deinem Vater und meinem [illegible] Seite. Wahrhaft unermeßlich ist deine [illegible] ein Herz, das sich freuen kann, und [illegible] freuen? Wehe mir, wenn dein Hingang [illegible]ter und dein Zubereiten eines herrlichen Platzes [illegible] meine Liebe zu Dir nicht lebendi[illegible] Da[illegible] nicht freudiger, und mein Verlangen nach Dir [illegible]riger macht. Wenn dein Hingang zum Vater mein [illegible] nicht zu Dir erheben kann, so [illegible] mehr [illegible] Himmel und auf Erden zu Dir [illegible]. [illegible] mir dein Hingang zum Vater das Zeitliche und [illegible]bare nicht gleichgültig machen kann, so kann mich [illegible]

[illegible] der Erde hinwegreißen. Wird mir durch deinen Eingang zum Vater die Tugend nicht über Alles angenehm, und das Laster nicht über Alles häßlich, so kann ich wohl nimmer gebessert werden. Du gehst zu deinem Vater, um mir in dem Hause deines Vaters eine Wohnung zu bereiten. Kann mich diese Verheißung nicht ermuntern, so bin ich nimmer zu ermuntern. Du bereitest für mich einen Ort. Verloren, verloren bin ich, wenn ich nicht darnach strebe, diesen Ort einst in Besitz nehmen zu können. Du bereitest einen Platz für mich im Hause deines Vaters, und ich soll nicht wünschen, in diesem auch einen Platz zu bekommen; ich soll nicht wünschen, dieser Hoffnung immer gewisser zu werden? Du hast so viel gethan, mir in dem Himmel deines Vaters eine Wohnung der Ruhe und der ewigen Freude zu verschaffen, und ich soll mich zum Eingang in diese Wohnung nicht geschickt machen? ich soll mich nicht von aller Befleckung des Fleisches und Geistes reinigen? Du gehst mir voran, ebnest mir den Weg, schließest mir den Himmel auf, richtest für mich einen herrlichen Platz zu, und ich soll Dir nicht nachfolgen; soll nicht dessen vergessen, was hinter mir ist; soll nicht jagen nach dem vorgesteckten Ziele; soll nicht suchen, was droben ist — wo Du sitzest zur Rechten Gottes? Soll es mir gleichgültig seyn können, ob ich in das Vaterland Jesu Christi und aller Heiligen komme, oder in den Teich, der vom Feuer und Schwefel brennt?! Soll es mir gleichgültig seyn, ob ich hinkomme zum Lamme, das für uns geschlachtet worden, oder ob ich geworfen werde in's ewige Feuer, das dem Teufel und seinen Engeln bereitet ist? Soll es mir gleichgültig seyn, ob ich den liebenswürdigen, unbefleckten, seligen Geistern beigesellet werde, oder den Hurern, Ehebrechern, Götzendienern, Betrügern, Meineidigen u. s. w.?

Nein, das kann mir nicht gleichgültig seyn. Ich will bei Jesu seyn, im Hause seines Vaters will ich seyn. Den will ich sehen, der für mich geblutet hat, der für mich am Kreuze erblaßt, der für mich aus dem Grabe gegangen, der für mich in sein Vaterland heimgegangen [illegible] dort für mich eine ewige herrliche Wohnung bereitet, der meiner im Himmel nicht vergißt, der alle meine frommen Empfindungen, alle [illegible] alle Thränen zählet, die ich in der Einsamkeit [illegible] in der Mitternachtstunde weine. Den will ich [illegible] bei jeder schönen That, die ich verrichte, bei jeder Ueberwindung, die mich die Tugend kostet — auch meine [illegible]tige Wohnung im Hause meines Vaters schöner und [illegible]licher machen. Den will ich sehen, der mich geliebt, [illegible] Den will ich sehen, [illegible] Leben dafür gab, daß ich ewig dort seyn kann, [illegible] Und damit ich Ihn gewiß sehe, damit ich [illegible] hinkomme, wo Er ist, so will ich meinen [illegible]ten Vorsatz wieder erneuern — lieben, wie Er geliebt; leiden, wie Er gelitten; schweigen, wie Er geschwiegen; beten, wie Er gebetet; kämpfen, wie Er gekämpft; gesinnt seyn, wie Er gesinnt war; [illegible] gehen, den Er gegangen ist. — — Herr! [illegible] durch Leiden zur Freude, und durch Gehorsam zur Herrlichkeit, diesen Weg giengst Du, o Du mein Vorgänger im Leiden und in der Herrlichkeit! Dein Beispiel muntere mich, daß ich Dir als ein treuer Jünger in Huld und Liebe, in Demuth und Ergebung nachfolge. Dein Hingang zum Vater stärke mich, daß ich muthig und hurtig laufe, bis ich das Ziel erreicht habe, und bin, wo Du bist, im Hause deines Vaters — [illegible] auch mir eine Wohnung bereitest! Amen.

II.

Ich werde wiederkommen, und euch zu Mir nehmen.

Wiederkommen wird unser Herr Jesus Christus, [illegible] mit sich in den Ort der Seligkeit, den Er uns [illegible] Himmel zubereitet hat, heimzuführen: Ich komme wieder, und will euch zu Mir nehmen, damit auch ihr seyd, wo Ich bin! Nicht nur einen Ort in Herrlichkeit bereitest Du uns — Du kommst auch wieder zu uns herab, und holest uns ab, und führest uns in das Haus deines Vaters, und setzest uns an den Platz, den Du uns bereitet hast. O diese deine Liebe — wer kann sie erforschen? Es ist mir, als wenn Du uns vom Himmel herab sagtest: „Fürchtet euch nicht, daß ich in den Wohnungen des ewigen Friedens euer vergessen werde. Denkt ja nicht, daß Ich euch auf Erden zurücklassen werde. Nein! wo Ich bin, da soll auch mein Diener seyn. Warum wär' Ich euertwegen vorausgegangen, wenn Ich euch nicht zu Mir heraufholte? Warum hätt' Ich euch eine Wohnung bereitet, wenn Ich euch nicht in diese Wohnungen einführte? Warum hätt' Ich euch so theuer erkauft, wenn Ich nicht ewige Gemeinschaft mit euch machen wollte? Ich liebe euch, und kann nach der Liebe, die Ich gegen euch trage, nicht ohne euch seyn. Wo Ich bin, werdet auch ihr seyn. Hab' Ich euch zu Lieb, da ihr Mich noch nicht kanntet, da ihr verloren, von Gott und der Tugend entfernt waret, den Himmel schon einmal verlassen; euch zu Lieb alles Elend, alle Bedürfnisse der menschlichen Natur versuchet, und an meiner Person erfahren; euch zu Lieb mein Fleisch und mein Blut dahingegeben — hab' Ich das Schwerere mit Freuden übernommen und ausgeführt: was sollte Mich abhalten können, das zweitemal vom Himmel herabzukommen, und euch, die Ich Mir so theuer erworben habe, in den Himmel heimzuholen? Ich werde kommen — wiederkommen werd' Ich, so wie man Mich gen Himmel fahren sah. Entgegen werdet ihr Mir auf den Wolken des Himmels kommen, und dann mit Mir in das himmlische Jerusalem einziehen. — Dort, dort werdet ihr euch mit Mir niederlassen. Dort werden wir Alles miteinander gemein haben. Dort werd' Ich alle meine Gottesfreuden mit euch theilen. Dann werdet ihr mit Mir Eins seyn, wie Ich und der Vater Eins sind. Dann werdet ihr erkennen, daß euch mein Vater liebet, wie ihr Mich liebet. Seyd also gutes Muthes, meine Theuren! und vergesset meine Verheißungen nicht: Ich werde wiederkommen, und euch zu Mir nehmen!“

Ja, wiederkommen wird Er — unser Erlöser! Sehen werden wir Ihn, den wir jetzt noch nicht sehen. Mit unsern eigenen Augen werden wir den schauen, an den wir jetzt glauben — wiewohl wir Ihn nicht sehen. Sichtbar auf den Wolken des Himmels wird Er kommen mit großer Macht und Herrlichkeit — unser Gott, auf den wir vertraut, und unser Herr, auf den wir gewartet haben! Ja, kommen wirst Du, so gewiß Du von uns weggangen bist! Sichtbar werden wirst Du uns, so gewiß Du uns jetzt unsichtbar bist. Kommen wirst Du mit Millionen Engel, mit dem Lichte, wie mit einem Kleide bekleidet, leuchtend wie die Sonne. Kommen wirst Du, und mit Dir Schrecken dem Sünder, und Freude dem Frommen, und ewiges Leben denen, die an Dich glaubten, und Dich liebten, wie Du sie geliebt. Kommen wirst Du, und deine geliebte Erde wieder heimsuchen; [illegible] wirst Du aus dem Schooße der Erde sammeln; die Todtengebeine zusammenfügen, und mit neuem Leben [illegible] Wahrlich, unsre Bürgerschaft ist in dem Himmel! Daher, daher erwarten wir unsern großen Gott-Heiland, Jesum Christum, der unsern schlechten Leib [illegible] verwandeln, und seinem herrlichen Leib ähnlich [illegible] wird. Siehe! Er kommt, und sammelt uns um sich, [illegible] giebt uns öffentlich das Zeugniß, daß wir sein sind, und erhebt sich mit uns hinauf zum Himmel. [illegible] Er kommt, alle Kinder Gottes, die in der Welt zerstreut waren, in Eins zusammenzubringen. Er kommt, uns zu sich zu nehmen, damit, wo Er ist, auch wir sind!

O, wie wird uns seyn, wenn wir Ihm selbst, unserm Herrn Jesus Christus, gleich seyn werden! Wie wird uns seyn, wenn Alles, Alles überstanden ist, wenn wir wirklich da sind, wo Jesus Christus ist! O Du Anfänger und Vollender! O Du Erwerber und Mittheiler aller Seligkeit! bei Dir seyn — mit allen unsern Brüdern bei Dir seyn — ewig bei Dir seyn — wer kann diese Freude aussprechen? Wir bei Dir; Du bei uns. Alle Seligen um mich her, und ich bei allen Seligen, und Du unter uns, wie unser Bruder. Alle Erben Gottes, und deine Miterben; alle Kinder Gottes, und Du, Erstgeborner! Einziger! ewig bei uns und in uns. Wer kann diese Freude nennen? Wir Selige werden alle bei einander in deinem Hause seyn; alle bei Dir und deinem Vater, und Du und dein Vater bei uns allen, und in uns allen. Da wird uns nichts von einander trennen, nichts betrüben. Bosheit, Schwachheit, Unwissenheit, Sünde, Elend wird auf ewig, und unendlich weit von uns entfernt seyn. Engel, Menschen, Christus, Gott werden Eins seyn in Einem Hause.

Wer will diese Seligkeit nicht? Wer will nicht, daß Jesus Christus ihm da einen Ort bereite, und ihn zu sich nehme? Wer will nicht seyn, wo Jesus Christus ist? Wer will seine Wohnung nicht in dessen Hause haben? Wie werd' ich aber dahinkommen, wo Er ist? Der Ausspruch ist schon gethan. Wer seyn will, wo Christus ist, muß sich reinigen, wie Jesus Christus rein ist; wer seyn will, wo Christus ist, muß gesinnt seyn, wie Er auf Erden gesinnt war; wer es in der Ewigkeit mit Christo halten will, muß es auch in der Zeit mit Ihm halten; wer mit Christo herrschen will, muß erst mit Christo und von Christo dienen lernen; wer mit Christo auf seinem Thron sitzen will, der muß zuerst überwinden, wie auch Christus zuerst überwunden hat, ehe Er sich mit seinem Vater auf seinen Thron gesetzt; wer bei Christo dort einen Platz finden will, muß Ihm jetzt in seinem Herzen Platz machen; wer mit Christo seligen Umgang im Himmel haben will, muß jetzt vertraulichen Umgang auf Erden mit Ihm haben; wer Christo in seiner Herrlichkeit gleich werden will, muß Ihm jetzt im Leiden und Gehorsam ähnlich werden!

Diese Lehre ist zu deutlich, als daß ich sie nicht verstehen; zu wichtig, als daß ich sie nicht beobachten sollte.

Nachfolgen, nachfolgen will ich Dir jetzt, erhöhter, verherrlichter Jesus! Eintreten in deine Fußstapfen will ich, daß ich sicher dorthin komme, wo Du bist. Vertraulich will ich zu Dir beten, damit Du einst vertraulich mit mir redest. Fest glauben will ich an Dich, damit ich Dich einst mit Freuden erblicke. Lieben will ich Dich, mit ganzer Seele, weil Du mich zuvor geliebet hast. Lieben will ich alle Menschen, wie Du uns geliebt [illegible] damit ich dorthin komme, wo Du und alle [illegible] Liebe und Freude wohnen. Lieben will ich, [illegible] geliebt hast. Dann wirst Du wiederkommen, [illegible] mich zu Dir nehmen — und ich ewig bei Dir seyn! Amen.

Vermischte Empfindungen.

1) Droben im Himmel ist mein Vaterland, wo Jesus Christus zu Hause ist — in seinem und seines [illegible]ters Hause werd' ich ewig wohnen. Ach, wenn nur meine [illegible]gerschaft bald vollbracht wäre! Wann, wann werd' ich [illegible] nehmen in meinem Vaterlande?

2) Auch für mich ein Ort der Herrlichkeit. [illegible] beneide den Fürsten nicht mehr um seinen Thron: [illegible] als Fürstenthron, und herrlicher als Königspallast ist [illegible] in des Vaters Hause.

3) Auch für mich ein Ort der Ruhe. O, [illegible] wird mir die Ruhe seyn nach saurer Arbeit und harten [illegible]! Warum blick' ich nicht hinauf in den Himmel, wenn [illegible] nach Ruhe und Vergnügen schmachtet? Dort ist Vergnügen ohne Ermattung, Ruhe ohne Trägheit, Genuß ohne Ekel, [illegible]ligkeit ohne Ende.

4) In unsers Vaters Hause sind viele [illegible]nungen. So viele Millionen Geister in Einem Hause! So viele edle, fromme, unbefleckte Seelen! Ich werde sie alle [illegible] und lieben; und sie mich. Ein jeder wird sich an mir [illegible] und ich werde mich an Allen erfreuen. Alle werden [illegible] Christo seyn. Er hat uns Alle erkauft; Er hat jedem [illegible] Platz angewiesen.

5) Jesus wird wiederkommen — in der Herrlichkeit des Vaters wiederkommen — mit Königszierde wiederkommen — mit Richtergewalt wiederkommen — gewiß wiederkommen. Er hat's [illegible]; seinem Worte glaube ich; auf sein Wort harre ich dem [illegible] Tag entgegen — wenn noch so viele dieses Wortes vergessen, oder darüber spotteten.

6) Jesus wird wiederkommen, wie Er gen Himmel gefahren ist. Wie freuten sich die Jünger, da sie Ihn gen Himmel sanft aufsteigen sahen! Wie sehnsuchtsvoll sahen sie Ihm nach! Wie bang ward ihnen um's Herz, als die Wolke Jesum ihren Augen entzog! Seinen Hingang [illegible] haben

[illegible] nicht gesehen; [illegible] wiederkommen werden wir Ihn sehen; sehen werden [illegible] Ihn, wie Er ist, den Herrn, den [illegible], den Richter! — Reinige dich, Seele! auf diesen Tag [illegible] Gerichtes, daß [illegible] nicht zitterst vor seinem Anblick. — [illegible] dich, Seele! auf diesen Tag der Vergeltung, daß Er, [illegible] Vergelter, [illegible] mit Herrlichkeit. Bekämpfe, verleugne, überwinde dich, daß du einst mit Ihm regierest.

7) Jesus Christus, unser Fleisch und Blut, sitzt jetzt auf dem Throne der Gottheit. Das ist [illegible] die Menschheit. An unserm Herrn Jesus Christus [illegible] wir, was aus einem sterblichen Menschen werden kann. Er mußte leiden, und nur durch Leiden kam er auf seinen Thron. O, Wort der Freude: Wenn wir mit Ihm leiden, werden wir mit Ihm verherrlichet werden!

8) Der zur Rechten Gottes sitzt, weiß aus Erfahrung all unser Elend, und kann helfen, und hilft gern.

9) Jesus Christus unser Fürsprecher bei dem Vater, unser Hohepriester. Der Himmel ist sein Heiligthum, unser Heil sein Geschäft. Wer kann uns verdammen? Christus, der für uns starb? Gott, der seinen Sohn für uns gab? Wer soll uns verdammen, der Vater oder der Sohn? Der Sohn ist ja unser Fürsprecher bei unserm Vater.

10) Christus ist aufgefahren in die Höhe, und hat die Gefangenschaft gefangen geführt, und den Menschen Gaben gegeben. Wie mag wohl dem Adam, Abel, Abraham, Moses, David, Daniel, und unzähligen andern zu Muthe gewesen seyn, da sie der Todesüberwinder Jesus Christus mit sich in seine Herrlichkeit einführte! Wie werden [illegible] haben an diesem so lang, so sehnsuchtsvoll erwarteten Tage! Wahrhaft, der Welterlöser bringt die herrlichste [illegible] in sein Reich. Wir warten noch, bis Er auch uns zu sich nimmt. Zum Unterpfand, daß Er uns auch in die ewigen Freuden einst abholen werde, gab Er uns seinen heiligen Geist. Er gieng hinauf zum Vater, und der heilige Geist kam statt seiner herab.

11) Christus unser Haupt: wo das Haupt, da müssen auch die Glieder seyn. Christus unser Hirt: wo der Hirt, da müssen auch seine Schafe seyn? Christus unser Vorgänger: wo der Vorgänger, da müssen auch seine Nachfolger seyn. Christus unser Freund: wo der Freund, da müssen auch seine Freunde seyn.

12) Der hinuntergefahren ist, der ist hinaufgefahren. Jesus Christus hat Alles erfüllt. Er stieg auf die Erde herab, als Er Mensch geworden; Er stieg zu den Gefangenen unter die Erde hinab; Er kam wieder herauf, und stand von den Todten auf; Er fuhr gen Himmel auf am Tage

der Vollendung. Ihm, Ihm müssen [illegible] Himmel, auf der Erde, und unter der Erde [illegible]

13) Er wird wiederkommen, u[illegible] nehmen. Höre es, meine Seele! und ve[illegible] Schmerzen, keiner Krankheit, keiner Anfechtung, [illegible] keiner Versuchung, vergiß es besonders im Tode [illegible] Trostwort des Treuen und Wahrhaftigen:

„In meines Vaters Hause sind viele Wohnungen. [illegible] hin, euch einen Ort zu bereiten: aber Ich komme [illegible] und werde euch zu Mir nehmen, damit, wo Ich bin, [illegible] ihr seyd.“

Kirchengebet.

Allmächtiger Gott! wir glauben, daß dein [illegible] unser Erlöser, am heutigen Tage in den [illegible] fahren ist. Verleih' uns, daß wir auch [illegible] zen im Himmel wohnen, durch denselben [illegible] unsern Herrn! ꝛc.

Am Pfingsttage.

1.

Was ist bei den Christen das Pfingst[illegible]

Pfingsten heißt nichts anders, als der fünfzi[illegible] Die Juden feiern am fünfzigsten Tage nach de[illegible] Gesetzgebung am Berge Sinai. Der Pfingst[illegible] den Juden eine jährliche Feier des alten [illegible] saischen Gesetzgebung. Und gerade am fünfzigsten Ta[illegible] dem Jesus Christus, unser Osterlamm, geschlachtet war, [illegible] auch der neue Bund und das Gesetz Jesu Christi das [illegible] feierlich und allgemein kund gemacht. Diesen fün[illegible] Tag nach Ostern feiert die Christenheit jährlich al[illegible] der Verkündigung des neuen Bundes. So wie d[illegible] Osterfeste die Erlösung ihrer Väter aus der ägyp[illegible] barkeit, und am Pfingstfeste die Kundmachung des alten [illegible] des am Berge Sinai, feierlich begehen: eben so feiern [illegible] sten am Osterfeste die Errettung des Menschenge[illegible] durch Jesum Christum von der Sünde und dem Tode [illegible] am Pfingstfeste die Kundmachung des neuen Bundes. [illegible] Kundmachung des neuen Bundes geschah dadurch, daß [illegible]

[illegible] Christi, [illegible] erfüllet, und mit Kraft [illegible] von [illegible] gerüstet, — die [illegible] Jesu Christi [illegible] und [illegible] verkündigen, und diejenigen, die [illegible] Christ[illegible] und Buße thaten, auf [illegible] den [illegible] ben an [illegible] taufen.

2.

[illegible] der heilige Geist am Pfingsttage in den Jüngern Jesu Christi?

Der heilige Geist ertheilte den Aposteln erstens die große Gabe der Weisheit. Jetzt verstanden sie erst, was ihnen Jesus Christus ehemals gesagt hatte; jetzt war es licht in ihrer [illegible] war auf einmal Unwissenheit, Unglaube, Zweifel, [illegible], sobald der Geist Gottes über sie kam. Wie Nacht und Tag von einander unterschieden sind, so waren die Apostel [illegible] der Ankunft, und die Apostel nach der Ankunft des heiligen Geistes unterschieden. Zweitens ertheilte ihnen der heilige [illegible] die [illegible] Gabe der lebendigen Liebe Gottes und [illegible] Menschen. Gott, Christus und Menschenheil ist ihnen [illegible] über Alles. Nicht Drohungen, Marter, Kerker, Sterben — nichts kann sie mehr abhalten von dem einzigen Vorhaben, Jesum, den Gekreuzigten und Auferweckten, den [illegible] aller Orten zu verkündigen. Drittens ertheilte der heilige Geist den Aposteln die Wunderkraft Jesu Christi. Die Gabe der Sprachen, und die Macht über böse Geister, über [illegible] und Tod wohnte in ihnen. Wenn sie redeten, so [illegible] als wenn Jesus Christus redete; wenn sie handelten, so [illegible] wenn Jesus Christus handelte. Die Apostel waren [illegible] vom heiligen Geiste, und durch die Kraft dieses heiligen [illegible] ausgerüstet, zu verkünden den neuen Bund, und [illegible] gen das Gesetz Jesu Christi, das nicht mehr, wie einst [illegible] alte Gesetz, auf steinerne Tafeln gezeichnet, sondern von [illegible] heiligen Geist in die Herzen eingeschrieben wurde.

3.

Wie müssen wir uns vorbereiten zur Empfangung des heiligen Geistes?

Beten müssen wir, wie die Apostel beteten, und allemal [illegible] Gute thun, als wir in unsern Umständen, mit den gegenwärtigen Kräften thun können. Beten zu Jesu Christo müssen wir; denn Er hat den Tröster versprochen — in seinem Namen [illegible] ihn der Vater herabgesandt. Beten müssen wir mit Vertrauen und Inbrunst; denn gläubig und feurig war das Gebet der Apostel. Beten müssen wir mit fortgesetz-

[illegible] Eifer — harren, [illegible] die Apostel verharr[illegible] Stunde. Wer nicht [illegible] zu su[illegible] Der himmlische [illegible] die [illegible] beste Gabe, die Er geben kann — den heilig[illegible] Gebet ohne That wäre weder rechtes Gebet, no[illegible] tungsmittel zur Empfangung des heiligen Geistes. [illegible] die, wir jetzt haben, müssen wir getreu brauchen, [illegible] nen müssen wir uns [illegible] fen müssen wir, daß sie uns gegeben [illegible] liegen im Beten müssen wir: dann wird uns eine [illegible] Kraft gegeben werden.

4.

Warum kann die Welt [illegible]

Die Welt kann Ihn nicht empfang[illegible] Christus selbst noch vor der Stunde seines Le[illegible] Unfähigen, den heiligen Geist zu empfangen, [illegible] die Schriftgelehrten und Pharisäer, die [illegible] die Hoheit Jesu Christi anfeindeten, [illegible] Alles lästerten, was Er that, sprach, lehrte. [illegible] des Volkes, das die Wunder Jesu nur angaffte, [illegible] Lehre nicht ausübte, konnte den heiligen Geist [illegible] Wer also für die Person, Thaten und [illegible] Jesu [illegible] Hochachtung hat; wer aus Leichtsinn, Bequemlichkeit, [illegible] die Worte Jesu Christi nicht hören mag; wer den [illegible] tes nicht anbetet, wie den Vater; wer nicht bekennt, [illegible] Christus unser Herr und Gott ist — der gehört [illegible] die den heiligen Geist nicht empfangen kann. Und wa[illegible] Ihn die Welt nicht empfangen? Die Welt liebt [illegible] hafte, den Schein, das Fleisch, das Sichtba[illegible] liche: also kann sie den heiligen Geist, [illegible] heit, den unsichtbaren, ewigen Tröster ni[illegible] Blinde kann nicht sehen, weil er blind, [illegible] hören, weil er taub ist. Also kann auch die Welt den [illegible] Geist nicht empfangen, weil sie für das, was geistlich, himmlisch, göttlich ist, weder Auge noch [illegible] hat.

5.

Wie kann man es erkennen, [illegible] der heilige [illegible] uns sey oder nicht?

Wo der heilige Geist ist, da ist kindliche [illegible] Gottes, als des besten Vaters. Denn der [illegible] giebt uns das unverwerfliche Zeugniß, daß wir Gottes [illegible]

[illegible] zu Gott sagen dürfen: Vater! Wie sich ein gutes Kind seines Vaters freuet, auf die Güte seines Vaters vertraut; seinem Vater gern gehorchet; seinem Vater durch Wohlverhalten recht große Freude zu machen sucht — und alle Winke des Vaters [illegible] erfüllet: also freuet sich der Christ, in dem der heilige Geist wohnet, seines Gottes, als seines Vaters, und [illegible] allmächtige Güte, und hält seine Gebote — [illegible] lebt zufrieden mit seinem Gott und allen väterlichen Anordnungen seiner weisen Güte.

Wo der heilige Geist ist, da ist christliche Liebe zum Nächsten. Denn der heilige Geist erinnert uns stets an die Worte Jesu: Geben ist besser als empfangen. Er erinnert uns an die große Wahrheit: daß alle Menschen Kinder Eines Vaters im Himmel sind; daß alle nach Einem Ebenbilde Gottes von Einer Allmacht erschaffen, von Einem Erlöser erlöset, zu Einer Glückseligkeit bestimmt sind, und daß, wer seinen Bruder nicht liebet, Gott, den besten Vater, auch nicht [illegible]

Wo der heilige Geist ist, da ist Geduld in Widerwärtigkeiten. Denn Er ist der Tröster. Er bringt [illegible] in unser Herz; Er läßt uns zur lebendigen Ueberzeugung kommen, daß auf ein augenblickliches Leiden ewige Freude, und auf einen Tropfen Bitterkeit ein ganzes Meer von Seligkeiten unausbleiblich folgen werde.

Wo der heilige Geist ist, da ist Hunger nach dem Worte Gottes. Denn den Willen Gottes erkennen und [illegible] — das ist die Speise des Gerechten, und das [illegible] des Seligen. Hunger nach dieser Speise erwecket der [illegible] Geist. Er sprach durch die Propheten, und predigte [illegible] Aposteln, und öffnete den Zuhörern das Ohr, und [illegible] ihre Seele den Hunger nach dem Worte Gottes, und [illegible] Wahrheit, und mit ihr Lust und Kraft zur Heiligkeit. Das ist sein Thun immerfort. Der Glaube kommt vom heiligen Geist durch das Gehör. Also kommt von dem heiligen Geiste auch Lust zu hören, Lust zu betrachten das Wort des Heils.

Wo der heilige Geist ist, da ist eifriges, ununterbrochenes Gebet. Der vertraute Umgang mit Gott, das größte Glück des Menschen auf Erden, und das höchste Vergnügen im Himmel — kann nur durch das Gebet unterhalten werden. Wer redet nicht gern mit dem, den man liebt? wer klagt ihm, dem Geliebten, nicht die geheimsten Leiden? [illegible] ihm nicht sein Innerste? Der heilige Geist weihet unser [illegible] gleichsam zum Tempel ein, und in diesem Tempel wird [illegible] ewiges Dank-, Lob-, Bitt- und Versöhnopfer geschlachtet. Da ertönt ewiges Preisen der göttlichen Güte. Der heilige Geist lehrt uns beten, und bittet selbst mit unaussprechlichen Seufzern in uns. Wehe ... ekelt! Der Geist Gottes wohnt nicht ...

Nun lege jeder den Finger auf den ... sich, wie vor Gott: lieb' ich Gott, wie ein g... Vater? lieb' ich meinen Nächsten, wie ein guter Bruder? bin ich mit Gott auch im Leiden zufrie... ich starken Hunger nach dem Worte Gottes? hab Freude am Beten? ist Gott meine ... — mein ... über Alles und in Allem?

Kirchengebete durch die Pfingstfe...

Am Pfingstsonntag.

Gott! der Du am heutigen Tage die Herzen ... bigen durch Erleuchtung des heiligen Geistes ... hast, verleih' uns die Gnade, daß wir in ... Geiste verstehen lernen, was recht ist, und ... Tröstung allezeit erfreuen, durch unsern ... Christum, deinen Sohn! ꝛc.

Am Pfingstmontag.

Gott! der Du deinen Aposteln den ... mitgetheilt hast, gieb deinem Volke, um was ... demüthig bittet: daß diejenigen, denen Du ... ben geschenket hast, von Dir auch den ... erhalten ꝛc.

Am Pfingstdienstag.

Wir bitten Dich, o Herr! laß die Kraft des ... Geistes stets bei uns seyn: daß er unsere Herzen ... nige, und uns von aller Widerwärtigkeit besch...

Am Mittwoch.

Wir bitten Dich, o Herr! daß der ... Dir ausgeht, unsern Verstand erleuchte, und ... Versprechen deines Sohnes in alle Wahrheit ... richte ꝛc.

Am Donnerstag.

Wir bitten Dich, allmächtiger und barmherziger Gott! verleihe uns die Gnade, daß der heilige Geist zu uns komme, in uns wohne, und unsre Herzen zu würdigen Tempeln seiner Ehre umschaffe rc.

Am Freitag.

Barmherziger Gott! wir bitten Dich, laß deine Kirche, die im heiligen Geiste vereiniget ist, durch keine feindlichen Anfälle verwirret werden rc.

Am Samstag.

Gieß, o Herr! in unsern Herzen den heiligen Geist [illegible] aus, durch dessen Weisheit wir erschaffen [illegible] und durch dessen Vorsehung wir regieret werden.

Bitte zu Gott Vater, im Namen seines Sohnes, um den heiligen Geist.

(Besonders für die Pfingstwoche, und auch bei jeder andern Gelegenheit, wenn man Lust und Zeit zum Beten hat.)

Ach, Vater! täglich erfahre ich meine Schwachheit, meine Unbeständigkeit, meine Kraftlosigkeit, alles das Gute zu thun, was ich als Mensch und Christ thun soll, und nicht thue. So oft ich über mich selbst nachdenke, muß ich mich allemal vor deinem heiligen Angesicht schämen, daß ich Deiner und meiner so oft vergesse; daß ich so unaufmerksam auf deinen Willen, und so unbesorgt für meine Seligkeit bin. Täglich erfahre ich, daß ich ohne deine Erinnerungen, ohne deinen Antrieb zur Tugend, ohne deine Beihülfe, im Guten matt werde, und zum Bösen mich hinwende. Vater! ich erfahre es alle Augenblicke — und Du weißt es besser, als ich's sagen kann — daß das Licht deines heiligen Geistes mir unentbehrlich sey. Ohne dieses Licht, ohne diese Kraft bin ich blind und ohnmächtig in dem allerwichtigsten Geschäfte meiner Heiligung. Vater! dein heiliger Geist muß mir leuchten, daß ich sehe; muß mich wecken, daß ich wache; muß mich treiben, daß ich fortwa... stärken, daß ich nicht unterliege. Dein heilig... mir Muth, Kraft und Lust zum Guten versch... der Eifer zur Tugend in mir einmal recht lebe... dauerhaft, und mein Wandel rein und unsträflich ...

Vater! Du willst mich ja rein und unsträfli... hilf mir's werden durch die mächtige Gnade ... ligen Geistes. Dein heiliger Geist sey mein Erin... wenn ich Deiner vergessen will — deiner Liebe, de... Warnungen, deiner Verheißungen vergessen will. De... heil. Geist stärke mein Gedächtniß, daß ich mich ... an deine Allwissenheit und Allmacht, an deine ... und Güte, an deine Gegenwart und Nähe, an dein... und Liebe erinnere. Dein heiliger Geist sey mein... munterung, wenn ich träg bin — meine Stärke, ... ich schwach bin — mein Licht, wenn ich mir nicht helfen weiß. Dein heiliger Geist befestige meinen G... ben, wenn mich finstere Zweifel beunruhigen; stärke ... Hoffnung, wenn ich den Muth verliere; entzünde ... Liebe, wenn ich kalt gegen Dich und meinen N... werde. Dein heiliger Geist tröste mich, wenn ... sale über mich kommen; erfreue mich, wenn die ... stunde einbricht. Dein heiliger Geist öffne mir den ... mel, wenn mich die Erde zu sich lockt; zeige ... Hölle, wenn mich das Fleisch zur Sünde reizt; ... mich an Tod, Gericht und Auferstehung, wenn ... Welt und Satan, meine Tugend angreifen!

Wie die Erde der Sonne bedarf, so bedarf ... Herz deines heiligen Geistes. Ohne Sonne ist ... der Erde so finster, so kalt. Vater! so ist mein H... deinen heiligen Geist; Alles ist finster und kalt. Es ... einem oft so zu Herzen, als ob kein Gott, kein ... keine Unsterblichkeit wäre. Es ist einem oft, als ... nicht der Mühe werth wäre, einen Fuß für den ... mel von der Erde aufzuheben. Ohne Sonnenwärme ...

[illegible] Sonnenlicht und keine Sonnenwärme zur Reife kommen: keine Erndte, keine Weinlese, kein zeitig Obst. Vater! ohne deinen heiligen Geist kann keine Tugend aufwachsen, und vollkommen werden. Ohne Sonnenlicht, ohne Sonnenwärme ist Alles matt und erstorben. Aber mit der Sonnenwärme, da kommt Leben und Lust in die ganze Natur. Da singen die lieben Vögelein, und alles ermuntert sich zur Freude. So ist, Vater! mein Herz ohne deinen heil. Geist — und so wird's, wenn er in uns wohnet. Ohne heil. Geist hat man keine Kraft zum Guten: das Herz ist wie todt. Ohne heil. Geist hat man keine hohe Freude an dem Guten. Es ist, als wenn man gar kein Herz hätte. Aber wo dein heiliger Geist wohnet, da ist Leben, Freude, Seligkeit. Ohne Sonnenlicht tappt man im Finstern — ohne den heiligen Geist kann man weder den geraden Weg zum Heil sicher finden, noch darauf muthig wandeln.

Und, Vater! laß deinen heiligen Geist in unser Herz kommen. Er soll uns belehren: Ihn wollen wir allezeit um Rath fragen. Er soll uns warnen: seiner freundlichen Stimme wollen wir allezeit Gehör leisten. Er soll uns trösten: seinen Verheißungen wollen wir allezeit Glauben beimessen. Vater! dein heiliger Geist soll in jeder Noth zu meinem Herzen rufen: „Schau' auf gen Himmel! da wohnet deine Hülfe. Gott ist dein Vater — Er hilft seinen Kindern gern." Vater! dein heil. Geist soll in jeder Anfechtung zu meinem Herzen rufen: „Schau' auf gen Himmel! kämpfe tapfer! dein Vater im Himmel hilft dir streiten — der Himmel ist deines Kampfes werth." Vater! dein heiliger Geist soll in jeder Drangsal zu meinem Herzen rufen: „Schau' auf gen Himmel! dulde, harre aus! dem Ausharrenden ist die Krone schon geflochten." Vater! dein heiliger Geist soll in jeder Verlegenheit mein Rathgeber, in jeder Mattigkeit mein Labsal, und in jeder Hülflosigkeit mein treuer Helfer seyn. Vor Allem aber, Vater! soll dein heiliger Geist die Liebe in meinem Herzen ausgießen. Er ist Liebe, und kann nichts als Liebe hervorbringen. Er ist Freude, und kann nichts als Freude hervorbringen. O, diese Liebe, Freude, Vater! laß mit deinem heiligen Geist in Herz kommen, daß ich Dich liebe über Alles, und alle Menschen liebe, wie mich selbst, und an dieser die höchste Freude empfinde. Dein heiliger Geist gebe meinem Herzen stets das laute Zeugniß, dein Kind bin. „Gottes Kind bist du, — Kind besten Vaters.“ Dieses Zeugniß wird mir alle Bitterkeit versüßen, und alle Traurigkeit in Freude verwandeln. Dein heiliger Geist, Vater! lehre mich schweigen, reden, wirken, leiden, glauben, hoffen, wie Er alle Heiligen denken, reden, schweigen, wirken, leiden, glauben, hoffen und lieben lehrte. Dein heiliger Geist, Vater! lehre mich lieben und leiden, Christus, dein Eingeborner, auf Erden geliebet, und gelitten hat. Er lehre mich beten, wie Christus gebetet, und all deinen Willen thun, wie ihn Christus auf Erden gethan hat. Dein heiliger Geist ist auch der heilige Geist deines Sohnes. Also, Vater! laß deinen heiligen Geist im Namen deines Sohnes über uns kommen. Dein Sohn hat es uns versprochen: Er werde hingehen zum Vater, und der Vater werde den Tröster, den Lehrer, den heiligen Geist in seinem Namen senden. Jesus Christus, dein Sohn, ist hingegangen zu Dir, und Du hast den heiligen Geist über die Apostel herabgesendet: laß mich nun auch an dieser großen Gabe Theil nehmen. Vater! Du hast durch Jesum Christum Allen, die Dich bitten, den heiligen Geist zu geben verheißen. Dein Wort ist Wahrheit, und deine Verheißung ist Ja und Amen. Laß dein Wort auch an mir wahr, deine Verheißung an mir erfüllet, die Kraft deines heiligen Geistes an mir wirksam, deine Gnade an mir siegreich, das Leben Jesu an mir sichtbar, und deine Güte auch an mir offenbar werden!

Den heiligen Geist, Vater!
deinen heiligen Geist, Vater!
den heiligen Geist deines Sohnes, Vater!

[illegible] deiner [illegible] willen, Gott! [illegible] mir, und allen deinen Kindern [illegible] erhalt' in uns und allen deinen Kindern! Amen.

Dreifaltigkeitssonntag.

I. Anbetung.

Vater! Sohn! heiliger Geist! — Einiger Gott! anbete ich Dich heute, Anbetungswürdigster! wie ich Dich noch nie angebetet habe, so lange ich denken und empfinden kann. Dieser Tag ist vorzüglich zu deiner Anbetung geweiht; die Anbetung soll heute mein erstes und letztes Geschäft seyn. Ehrfurchtsvoll blicke ich hinauf zu Dir, ich das Werk deiner Hände — zu Dir, meinem Schöpfer, meinem Herrn, meinem Vater, meinem Erlöser, meinem Seligmacher. In den Staub, aus dem mich deine Hand gebildet hat, möchte ich zurücksinken vor dem Anblicke deiner Herrlichkeit. Wer mag ihn aushalten, den Gedanken, daß Du Alles durch Dich und in Dir bist — und wir ohne Dich nichts sind? Heiliger Schauer ergreift mich, und durchläuft alle meine Gebeine, wenn ich denke, wer Du bist — und was ich bin. Welch unaussprechliche Freude empfinde ich, wenn ich bedenke, daß Du, der Herrliche, der Einzige, der Allerhöchste, unser Herr und Vater bist. Wie bebt oft mein Innerstes vor Ehrfurcht, wenn ich denke: Gott ist! Wie zittert aber mein Herz vor Freude, wenn ich mich gläubig erinnere, daß dieser Gott mein Gott, unser Gott ist!

1) Wer erkennet Dich, und freuet sich nicht Deiner? Ich freue mich, daß Du bist, und der einzige Allmächtige, der einzige Allwissende, der einzige Unendlichwohlthätige bist. Du bist die Allmacht, die Weisheit, die Liebe — und Du allein bist die Allmacht, Weisheit, Liebe ohne Maß und Grenze. Den Abgrund deiner Liebe kann ich nicht ergründen, und kein Geschöpf kann ihn ergrün-

[illegible] die Unermeß[illegible] ermessen und [illegible] sie [illegible] [illegible] einer [illegible] nicht [illegible] Geschöpf kann sie zählen. Ich kann [illegible] freuen, daß Du die unergründliche Liebe, die [illegible] liche Weisheit, die unerschöpfliche Allmacht bist!

O Du [illegible] Allmacht, wie sie ist; Du allein kennest deine Wei[illegible] wie sie ist; Du allein kennest deine Liebe, [illegible] Was nicht Du ist, dem ist deine [illegible] unerm[illegible] und deine Tiefe unergründlich [illegible] und deine Güte [illegible] all mein [illegible] Weisheit über all mein Glauben [illegible] macht über all mein Begreifen [illegible]

(2) Aber ich weiß doch noch [illegible] Christus hat es auch gesagt; [illegible] gelehret; seine Kirche hat es [illegible] Gehet hin, sprach der Herr [illegible] lehret alle Völker, und taufet sie [illegible] des Vaters, und des Sohnes, und des [illegible] gen Geistes! Drei sind, [illegible] die das Zeugniß geben [illegible] das Wort, der heilige Geist [illegible] sind Eins. Ich glaube also, daß [illegible] gen, der Vater, Sohn, und heil. Geist [illegible] sind [illegible] diesen Glauben bin ich getauft, auf [illegible] Alle getauft, die [illegible] [illegible] meine Seele, so lange ich [illegible]

3) Ich glaube an den Vater und den Sohn [illegible] weiß nicht, wie Gott Vater ist; aber daß [illegible] ist, daß Er einen Sohn hat, daß Er einen Einge[illegible] einen Eingebornen, einen [illegible] ich gewiß. Ich weiß nicht, [illegible] Vater [illegible] daß Er seines eigenen Sohnes, der in seinem Scho[illegible] war, nicht geschonet, sondern ihn für die Welt hin[illegible] ben hat — das glaube ich gewiß. Ich weiß nicht, [illegible] Gott Vater ist: aber daß Er die [illegible] geliebt, [illegible] Liebe seinen Eingebornen zum [illegible] der Welt [illegible]

[illegible] hat — das glaube ich gewiß. Ich weiß nicht, wie der Sohn von dem Vater ausgegangen ist: aber daß Er der [illegible] des Vaters, [illegible] ausgegangen [illegible] seinen Jüngern das, was Er bei dem Vater gesehen und gehört, frey erzählet hat — das glaube ich gewiß. Ich weiß nicht, wie der Sohn vom Vater ausgegangen ist: aber daß Er die Gottesgestalt [illegible]t, und Knechtsgestalt angelegt hat — das glaube ich gewiß. Ich weiß nicht, wie der Sohn vom Vater [illegible]: aber daß Er als Mensch unter Menschen [illegible] gewandelt, und das Geschäft vollzogen, das ihm der Vater aufgetragen, und nach vollendetem Geschäft wieder zum Vater heimgegangen — das glaube ich gewiß. Ich weiß nicht, wie der Vater den Sohn zeuget: aber daß der Vater und Sohn an Kraft und [illegible] Eins sind — das glaube ich gewiß. Ich weiß nicht, wie der Vater und Sohn an Kraft und Wesen Eins sind: aber daß der Sohn vor Grundlegung der Welt in der Herrlichkeit des Vaters war, und daß der Vater nach vollbrachtem Werke der Erlösung alle Gewalt im Himmel und auf Erden, und das Richteramt übergeben hat — das glaube ich gewiß. Ich weiß nicht, wie der Vater Vater, und der Sohn Sohn ist: aber daß das Wort im Anfang bei Gott war, und daß Gott war — das glaube ich gewiß. Ich weiß nicht wie das Wort bei Gott war, und wie es Gott war: aber daß der Sohn das Bild des Vaters, der Abglanz seiner Herrlichkeit, der Ausdruck seines Wesens ist, und nun als Mittler, König, Herr und Richter, zur Rechten des Vaters sitzt, und einst wiederkommen wird — das glaube ich gewiß. Ich glaube an den Vater, und Sohn.

4) Ich glaube an den heiligen Geist. Ich glaube, daß Ihn der Vater im Namen des Sohnes herabgesandt; daß Er alle Propheten begeistert; daß Er am Pfingsttage in Feuergestalt über die Jünger des Herrn herabgekommen; daß Er der Geist der Wahrheit und der Tröster ist; daß Er den Jüngern Jesu alle Wahrheit verständlich und angenehm gemacht; daß Er bei ihnen bis

[illegible] Ende der Welt seyn wird; daß er den [illegible] Gottes das Zeugniß giebt, daß sie [illegible] daß man ohne Ihn den Namen Jesu [illegible]g sprechen kann; daß alle wahren Christen [illegible] heiligen Geistes sind; daß Er in ihnen mit [illegible] lichen Seufzern bittet — und daß Er der [illegible] des Vaters und des Sohnes ist. Ich glaube a[illegible] heiligen Geist.

5) Ich glaube an den Allmächtigen, Al[illegible] Alliebenden. O, wie süß ist es mir, an einen zu glauben, der ganz Liebe, Allmacht und Weisheit i[illegible] und mir diese Allmacht, Weisheit und Liebe offenbart; [illegible] mir nichts gebietet, als was mir heilsam ist; der [illegible] Last auflegt, als die mir seine Gnade erleichtert, [illegible] mich retten kann aus allen Drangsalen; der [illegible] allen meinen Sünden mein Bestes herauszuziehen [illegible] der mich mehr liebt, als eine Mutter ihr Kind! [illegible] süß ist es, zu dem Allerhöchsten sagen zu dürfen: [illegible] hilf mir! Wie tröstend ist es, zu meinem [illegible] Richter sagen zu dürfen: Erlöser, Fürsprecher, [illegible]land, Bruder, Freund, sey mir gnädig! [illegible] unaussprechlich erquickend ist es, zu vernehmen [illegible] das Zeugniß des heiligen Geistes: Kind Gottes [illegible] du; harre auf Gott, seine Hülfe ist nahe! [illegible] unendlich lehrreich ist der Gedanke: Vater! dein Kin[illegible] ich: lieben will ich Dich, ewig lieben! Sohn! dein [illegible] kaufter bin ich: dein will ich seyn, ewig dein! He[illegible] Geist! dein Tempel bin ich: Gott eingeweiht [illegible] seyn, ewig seyn!

Vater, dein Kind bin ich! Alles willst Du [illegible] schenken. Erbe des Himmels bin ich: ich hoffe au[illegible] und Alles von Dir. Aller Liebe würdig bist Du [illegible] ganzes Herz schenke ich Dir; sonst hab' ich nichts, [illegible] Dir gefallen kann!

Sohn, dein Erkaufter bin ich! Hingegeben [illegible] mich hast Du Dich: ich gehöre also nimmer mein. [illegible] herzigkeit, Gnade, Verzeihung der Sünden, ewiges Leben [illegible] Alles hast Du mir erworben. Wie undankbar wäre ich, [illegible] Dich [illegible]? [illegible] Dich, wenn [illegible] Beispiel [illegible] nachfolge? [illegible] wie ich [illegible] dein [illegible] und alle Menschen, [illegible] — [illegible] alle [illegible] hast!

[illegible] Heil [illegible], dein Tempel bin ich! [illegible] soll ich, heilig möchte ich seyn, heilig [illegible] werden. [illegible] alle meine Begier[illegible] meine Neigungen, daß ich würdig werde, dein Tempel zu heißen, und zu seyn. Gottes Tempel ist mein Leib; Gottes Tempel meine Seele; Gottes Tempel bin ich: wie viel Achtung und Ehrfurcht bin ich mir schuldig!

[illegible] auf, meine Seele! hinauf mit allen deinen [illegible] und Empfindungen zu dem Allerhöchsten! Ein Einziger Allerhöchster — [illegible] magst du zittern, hin[illegible] in den Staub. Aber sieh'! dieser Einzige Aller[illegible] ist dein Vater, dein Erlöser, dein Seligmacher: [illegible] Freude seyn!

[illegible] Allmächtigen, Unendlichweisen, Unendlich[illegible]tigen dienest du. Er kann dir Alles seyn. [illegible] dir Alles seyn, wenn du an seine Wahrhaftig[illegible] [illegible]heit glaubest, auf seine Güte und Treue [illegible] seine Liebenswürdigkeit liebest.

[illegible] Vater, ich glaube, daß Du Vater bist, Vater [illegible] Herrn Jesu Christi; ich glaube, daß Du auch un[illegible] Vater bist, und ewig seyn willst in Christo Jesu!

[illegible], Sohn, ich glaube, daß Du Sohn bist, Sohn Gottes, Sohn des ewigen Vaters; ich glaube, daß Du [illegible]ser Erlöser bist, und unser Mittler bei deinem Vater, [illegible] König und unser Richter — und unser Alles!

[illegible], heiliger Geist, ich glaube, daß Du der Geist [illegible] Vaters und der Geist des Sohnes bist; ich glaube, [illegible] Du in den Kindern Gottes wohnest, und in ihnen [illegible]liche Liebe ausgießest!

[illegible] diesem Glauben lebe und sterbe ich; auf diesen Glauben [illegible] ich meine Hoffnung, daß ich Gnade, Verzeihung meiner Sünden, Kraft zur Heiligung und ewige [illegible] erhalten [illegible] an diesem Glauben [illegible] meine Liebe zu Gott, der mich erschaffen [illegible] und heilig [illegible] werden wird; [illegible] hängt meine Liebe gegen alle Menschen [illegible] Gott, Einen Erlöser, Eine Bestimmung mit [illegible] an diesem Glauben hängt mein Trost und [illegible] sicht, meine Freude und meine Geduld — und [illegible] Seligkeit, deren ich mich hier fähig und [illegible] der suche, und dort gewiß genießen werde.

II. Vortrag.

„Ehre dem Vater, und dem Sohne, und dem [illegible]
wie im Anfang, so jetzt und [illegible]
in Ewigkeit! Amen.“

Dieser kurze Lobgesang ist besonders [illegible] seiner Allgemeinheit und [illegible] sondern vorzüglich wegen seines vielbedeutenden Inhaltes. In der ganzen katholischen Welt [illegible] jeher in steter Uebung gewesen. Was also die Kirche beobachtet — das soll auch mir wichtig seyn. [illegible] und Schlafengehen, vor der Arbeit und nach der [illegible] Stunden der Freude und des Kummers, in der [illegible] bei Gesellschaften, in der Messe und bei Tische, kann [illegible] stens mein Herz, wo nicht auch mein Mund, mit [illegible] und sinnvollen Lobgesange einige Augenblicke beschäftigen.

Ehre dem Vater! Da soll mir allemal [illegible] ein Kind Gottes zu seyn, zu Sinn kommen — [illegible] dem Augenblicke der Versuchung, wo ich in Gefahr [illegible] Würde, Gottes Kind zu seyn, um eine hinfällige, [illegible] blickliche Wollust zu vertauschen.

Ehre dem Sohn! Da soll mir das Blut, [illegible] einst für mich vergossen, kostbar seyn — kostbar seyn in der Stunde, wo ich zur Sünde [illegible] werde. [illegible] danke soll mich stärken, daß ich [illegible] ungen verachte, und den Stachel der [illegible] keit, überw[illegible]

Ehre dem heiligen Geist! Da soll ich [illegible] den Werth der unsterblichen Seele, die durch die Gnade des heiligen Geistes gottgeweihet, geheiliget, durch die [illegible] aber entehret, und zum Genusse Gottes untauglich wird.

III. Vom

III. Vom Kreuzzeichen.

„Im Namen Gottes des Vaters, und des Sohnes, und des heiligen Geistes!“

Ich darf euch, meine lieben Brüder! nicht zusprechen, daß ihr euch dieses Zeichens öfters bedienet; denn das thut ihr fleißig, ohne irgend einer Erinnerung zu bedürfen. Aber daß ihr es mit einer christlichen Empfindung thut — dazu braucht ihr wohl eine Ermunterung. Saget mir also,

1) was nützen euch die *Worte*, wenn ihr nichts dabei denket und empfindet? Ihr sprecht also: *im Namen des Vaters*, aber was hilft euch das Aussprechen des Wortes, *Vater*, wenn euch das Wort nicht an die Vaterliebe Gottes gegen euch, und an eure Kinderpflichten gegen diesen Vater erinnert? Was nützet euch das Aussprechen der Worte: *im Namen des Sohnes*, wenn euch nicht der Gehorsam, die Demuth, die stille Geduld des sterbenden Jesus zu Sinn kommt? Was nützt euch das Aussprechen der Worte: *im Namen des heiligen Geistes*, wenn es euch nicht einfällt: *Gottes Tempel bin ich?* u. s. w. Worte sind Worte, und taugen zu nichts — wenn sie euch an keine wichtige Wahrheit *erinnern*, und das *Herz* nicht in Bewegung setzen. Saget mir,

2) was nützet euch die Bezeichnung der Stirn, des Mundes, der Brust, wenn ihr mit der bloßen Bezeichnung zufrieden seyd, und in eurer Seele keine Veränderung vorgeht? Ein Zeichen ist kein Zeichen für uns, wenn es auf unsern Verstand gar nichts wirket, und unser Herz leer und kalt lässet. Ein Zeichen ist erst alsdann für uns ein Zeichen, wenn es bei uns etwas zu bedeuten hat — in uns einen guten Gedanken, eine fromme Empfindung erweckt. Laßt es euch also gesagt seyn: *Hand und Mund kann euch nicht frömmer machen; der Verstand, das Herz muß wirksam werden; ihr müßt etwas Christliches dabei denken und empfinden.* Wenn ihr nun in Zukunft das Kreuzzeichen machet: so *bedenket*, was ihr thut; brauchet den Verstand, nicht nur die Hand; brauchet das Herz, nicht nur den Mund — erinnert euch an die Allmacht, Weisheit und Liebe Gottes; stärket euch in dem Vorsatz, nach dem Willen dieses allmächtigen, weisen, liebenden Gottes zu leben; sonst ist es gerade so viel, als wenn ihr das Kreuzzeichen auf den Tisch, oder auf ein Stück Holz hinmachet.

Frohnleichnam[illegible]

(Zum Lesen.)

Es wird heute das hochwürdigste [illegible] sonderer Feierlichkeit umhergetragen. Die Kirche [illegible] polte Absicht in Festsetzung dieser außerordentlichen [illegible] Sie hielt es für schicklich und geziemend, einen Tag [illegible] men, an dem die Gläubigen mit einem besondern und [illegible] Ausdruck die dankbaren Gesinnungen ihres [illegible] meinschaftlichen Herrn und Erlöser [illegible] freudigdankbar sollten wir seyn gegen [illegible] uns dahin gab, und uns in dem Sacra[illegible] so herrliches Denkmal seines Sterbens hinterließ. [illegible] ten wir für diese unaussprechliche Liebe seyn, [illegible] barkeit heute feierlich bezeugen. Dieß ist die er[illegible] Wir sollten uns aber auch freuen, daß uns der [illegible] Glauben an dieß Denkmal seiner Liebe bis auf diese [illegible] ten hat. Dankbar sollten wir unserm Herrn preisen, [illegible] Kirche in dem Glauben an das Altarssacrament be[illegible] gegründet hat. Dieß ist die zweite Absicht der [illegible] freuet sich ihres Herrn und ihres Glaubens. [illegible] sich ihres Herrn, weil Er durch sein Sterben [illegible] Tod und Sünde besieget, und in dem Sacra[illegible] sein Blut zum Trank, und seinen Leib zur Speise [illegible] dadurch ein so göttliches Denkmal seines Sterbens [illegible] Liebe gestiftet hat. Sie freuet sich ihres Glaub[illegible] ihr Glaube an dieses Sacrament der Liebe so [illegible] unwandelbar ist, und so fest, wie auf einem [illegible]

Die heutige Feierlichkeit ist also ein Fest der D[illegible] der Freude. Die heutige Procession ist kein Bittgang [illegible] Freudengang, ein Jubelgang ist sie. Der heutige Tag [illegible] sam ein Triumphtag Jesu Christi, und ein Fre[illegible] seiner Kirche. Ein Triumphtag Jesu Christi, weil [illegible] Andenken seines Sterbens, das heißt, das Andenken [illegible] Sieges über Sünde, Hölle und Tod feiern; ein[illegible] der Kirche, weil ihr Glaube an Jesum Christum und seine [illegible] unerschüttert geblieben ist.

Ein Triumphtag Jesu Christi. Ehe Er sich hi[illegible] die Hände seiner Feinde zum Besten der Welt, nach [illegible] len seines Vaters, stiftete Er das Denkmal seiner Liebe, Gedächtnißmahl seines Sterbens. Sein Fleisch ist wahrhaft unsre Speise, und sein Blut ist wahrhaft unser Trank.

Das Wort Triumph bedeutet den feierlichen Einzug des Siegers in die gerettete Stadt. Bürger und Bürgerinnen, der Hof und das Volk, der Adel und der Landmann, Greise und Kinder, Mann und Weib, Mütter und Töchter — Alles, was rufen kann, ruft mit Einer Stimme: Ehre dem Ueberwinder! Er hat uns vom Feind gerettet. Ehre dem Ueberwinder! Er hat uns Heil gebracht.

Mit ganz gleichen Empfindungen sollen wir die heutige Procession begleiten. Alles, was beten kann, soll mit Einer Stimme beten:

Ehre und Anbetung unserm Herrn! Jesus Christus ist unser Herr. Ehre und Anbetung unserm Erlöser! Jesus Christus ist unser Erlöser. Ehre und Anbetung dem Ueberwinder! Jesus Christus ist der Ueberwinder ohne seines gleichen: Er hat durch seinen Tod den Tod überwunden. Er ist unser heiliges Himmelsbrod: Er hat uns, seinen Brüdern, seinen Leib zur Speise, zum Trank sein Blut gegeben. Ihm sey Anbetung und Dank und Liebe von Ewigkeit zu Ewigkeit! Er, der Ueberwinder der Sünde, des Todes und der Hölle, zieht heute siegreich vor unsern Häusern vorbei. Ehre dem Ueberwinder! Er starb für unser Heil, und erstand von den Todten für unser Heil, und lebet für uns, und lebet unter uns. Ehre dem Ueberwinder! Er hat uns Heil und Unsterblichkeit gebracht.

Der heutige Tag ist aber auch ein Freudentag seiner Kirche. Sie freuet sich ihres Glaubens, und preiset den Anfänger und Vollender des Glaubens dafür. Diese Freude, dieser Jubel offenbaret sich an dem heutigen Freuden- und Jubelgange. Er, der erblasset ist für uns, und vor seinem Erblassen das heilige Abendmahl eingesetzt hat — seine Allmacht und Liebe, seine Allmacht und Gnade, seine Allmacht und Weisheit hat in uns den Glauben an seine allmächtige, weise Liebe, den Glauben an sein heilbringendes Sterben, den Glauben an das Sacrament seines Leibes und Blutes erhalten. Ihm sey Ehre, Anbetung und Dank von Ewigkeit zu Ewigkeit!

So sollen wir uns bei der heutigen Procession betragen, daß es uns Jedermann ansehe, und zu sich sagen müsse: „Wir freuen uns heute, wie Gottes Kinder, an Gottes Herrlichkeit; wir feiern heute dankbar, als theuererlöste Brüder Eines Herrn, den Triumphtag unsers Herrn; wir freuen uns unsers Herrn, der uns sein Blut zum Trank, und zur Speise sein Fleisch gab; wir freuen uns unsers Glaubens an die Liebe unsers Herrn; wir freuen uns unsrer Hoffnung und unsrer Unsterblichkeit. Wahrlich, Gottes Geist ist in uns, weil unser

Glaube so lebendig, unser Gebet so brünstig, unser Flehen so heiß, unser Vertrauen so heiter und unbeweglich, unsre Andacht so fröhlich, unser Eifer so erbauend, unsre Liebe so dankbar, und unser Dank so freudig und jubelvoll ist!"

Christlicher Psalm

unter der Procession.

1.

Wer lieben kann, der freue sich;
Denn unser Gott ist Liebe nur.
Die Liebe kann nur lieben:
Nur lieben kann der Herr, der uns gemacht.
Aus Liebe nur erschuf Er uns.
An uns ist Alles seine Gabe,
Vom Scheitel bis zum Fuß hinab.
Das Herz, das freudig in uns schlägt;
Die Zung', die Schöpfer! sagen kann;
Das Auge, das gen Himmel blickt;
Gehör und Sprach' und alle Kraft —
Der Geist, der unsern Leib beseelt —
Ist seiner Liebe Werk.

2.

Der Vater kann nur lieben.
Er giebt unendlich mehr,
Als unser Herz begehrt.
Er schonte seines Sohnes nicht,
Des Eingebornen schont' Er nicht,
Er giebt den Sohn für uns dahin.
Aus Liebe nur giebt Er den Sohn,
Aus Liebe in den Tod,
Aus Liebe in den Tod am Kreuzesstamm.
Der Vater will uns Vater seyn;
Er will durch seinen Sohn uns Vater seyn.
Wer lieben kann, der freue sich.

3.

Der Eingeborne kann nur lieben.
Er, Jesus Christus, unser Herr,
Ist Liebe nur.
Er kam herab zu uns.
Sein Kommen war nur Liebe.
In Knechtsgestalt erschien der Herr.
Aus Liebe nur erschien der Herr in Knechtsgestalt,
Er that uns, seinen Brüdern,
Des Vaters Willen kund.
Er ward aus Liebe nur der Menschen Lehrer.

4.

Die Allmacht war in Ihm.
Wer fest an Ihn geglaubt, dem ward geholfen.
Die Blinden sah'n, die Tauben hörten,
Die Todten lebten wieder.
Nur Wohlthun war sein Leben.
Er ward uns Bild der Heiligkeit
Aus Liebe nur.

5.

Er litt für uns, Er starb für uns.
Sein Leiden war nur Liebe,
Nur Liebe war sein Sterben.
Er hat uns Kindernamen, Kinderrecht
Und Kindererb' erkauft mit seinem Blut.
Er ward aus Liebe nur der Welt Erlöser.
Er gab uns seinen Leib zur Speise,
Sein Blut zum Trank.

6.

Dann stand Er von den Todten auf,
Und gieng in seines Vaters Haus,
Und sitzt zu seiner Rechten:
Und denkt in seines Vaters Haus
An uns, an seine Brüder, noch.
Er sandt' uns seinen Geist herab,
Und wohnet unter uns.

7.

Aus Liebe nur kam Er herab:
Aus Liebe nur gieng Er hinauf;
Aus Liebe kommt Er wieder einst zu uns herab.
Aus Liebe weckt Er uns von Todten auf;
Aus Liebe nimmt Er uns zu sich hinauf.
Er, Jesus Christus, unser Gott,
Ist Liebe nur, ist Liebe nur.
Wer lieben kann, der freue sich!

Zum Nachdenken und Empfinden in der Frohnleichnams-Octav.

1.

Herr Jesu! laß uns an Dich *glauben*, als wenn wir Dich mit Augen sähen, und deine Stimme mit Ohren hörten; laß uns auf Dich *vertrauen*, als wenn wir deine Allmacht mit Händen umfassen, und den Abgrund deiner Liebe durch und durch empfinden könnten; laß uns Dich *lieben*, als wenn wir Dich und deinen Vater von Angesicht zu Angesicht schauten; laß uns deinen *Willen* so hurtig und freudig vollziehen, wie ihn die Engel im Himmel vollziehen; laß uns dein *Beispiel* wichtig und theuer seyn, wie es deinen Jüngern, wie es deinen vollkommensten Jüngern, Petrus und Paulus, Johannes und Nathanael wichtig und theuer war; laß uns *rein* werden, wie Du rein warst, und *vollkommen*, wie dein Vater im Himmel vollkommen ist! Amen.

2.

Von der öfteren Communion.

Es ist traurig zu bemerken, daß so viele Christen äußerst selten zum Tische des Herrn gehen. Es ist ein Zeichen des schrecklichsten Kaltsinnes in dem wichtigsten Geschäfte. Jesus Christus hat sich für uns in den Tod hingegeben, und uns, seinen Jüngern, das Gebot hinterlassen: *Erinnert euch oft daran, daß ihr Mir lieber, als mein Leben waret.* Das muß nun ein undankbarer Jünger seyn, der sich äußerst selten an das Sterben seines Herrn erinnert. Jesus Christus hat noch dazu das heilige Abendmahl als ein Gedächtnißmahl seines Sterbens eingesetzt, und uns den ausdrücklichen Befehl hinterlassen: das thut zu meinem Gedächtniß. Das muß also ein kalter, liebloser Jünger seyn, der gegen seinen Herrn, und gegen das Gedächtnißmahl seines Sterbens so gleichgültig ist, wie gegen die unbedeutendste Sache, die ihn gar nichts angeht. Jesus Christus giebt sich uns in dem heiligen Abendmahle selbst als Speise und Trank dar; will durch seine Allmacht und Liebe das Leben unserer Seele stärken, nähren, erhalten; will es durch seine wundervolle Gegenwart dahin bringen, daß der Glaube an Ihn lebendiger, die Hoffnung auf Ihn fester, die Liebe zu Ihm feuriger werde; will selbst Eins mit uns werden; will in uns wohnen und bleiben. Das muß also ein eiskalter Jünger, das muß gar kein Jünger seyn, der zu seinem Herrn nicht kommen mag, welcher für ihn sein Leben gab, und ihn freundlich zu sich ladet, an seinem Fleisch und Blut Theil zu nehmen.

Was muß der für einen Begriff von Jesu Christo haben, der die Communion ekelhaft findet, und das Kommen zu seinem Herrn für eine Plage hält?

Glaubet, glaubet es, liebe Christen! Christus, von dem ihr euch nennet, will euch fromm, weise, heilig, selig haben; euer Bestes will Er, und nur euer Bestes will Er. Gehet zu Ihm, vertrauet euch Ihm an, kostet und sehet, wie süß Er sey. So lange ihr an Ihm, und an Allem, was von Ihm ist, und zu Ihm führt, keine Freude habt: so lange seyd ihr in einem elenden Zustande. Sobald ihr aber an Ihm, und an Allem, was Ihn angeht, von Ihm kommt und zu Ihm führt, Geschmack findet, dann freuet euch; ihr habt das ewige Leben in euch, welches darin besteht, daß ihr den Sohn erkennet, und den Vater, welcher Ihn gesandt hat.

3.

Oft stieg der Wunsch in meinem Herzen auf, daß in unsern Pfarrkirchen öfters im Jahre die Pfarrgemeinden sämmtlich zur heiligen Communion giengen, und von den Seelsorgern durch Vorübungen gemeinschaftlicher Gebete, durch kurze Anreden, durch Veranstaltung erbaulicher Kirchengesänge dazu vorbereitet würden. O, es müßte ein rührender Anblick seyn, wenn alle Glieder der Pfarrgemeinde wie mit Einer Seele zu Einem Tisch hingiengen, und nach vollbrachter Communion mit Einem Herzen ihrem Einigen Herrn Jesu Christo Ein Danklied sängen!

4.

Von der unwürdigen Communion.

„Wer dieses Brod und den Kelch des Herrn unwürdig genießet, macht sich seines Leibes und

Blutes schuldig. Darum prüfe sich ein jeder [illegible] er von diesem Brode ißt, und aus dem Kelche t[illegible]. Denn wer unwürdigerweise davon isset und tr[illegible] der macht keinen Unterschied zwisch[illegible] des Herrn (und einer gemeinen Speise); isset also [illegible] trinkt sein Gericht. Deßwegen sind [illegible] euch krank, und nicht wenige wirklich g[illegible]. Wären wir strenge gegen uns selbst, so [illegible] der Herr nicht seyn." 1 Kor. XI, 27—31. [illegible] lus in dieser Stelle sagt, würde alle unwürdigen Com[illegible] nen in der christlichen Welt verhindern, wenn es [illegible] zu Herzen gefaßt würde. Das Wesen und die [illegible] unwürdigen Communion bestehen nach der Lehre des [illegible] darin, daß wir

1) ohne Selbstprüfung und Vorbereitung zum Tische [illegible] Herrn hingehen;

2) den Leib des Herrn von einer gemeinen Speise [illegible] terscheiden;

3) dadurch an dem Leibe und Blute Jesu Christi [illegible] dige werden;

4) uns also das Gericht hineinessen und hineintrinken;

5) und deßwegen von Gott mit Krankheiten und an[illegible] gen heimgesucht werden, weil wir uns nicht selbst [illegible] tet haben.

Liebe Brüder! da, denke ich, sollte die Wahl nicht [illegible] seyn. Entweder prüfet euch zuvor, reiniget euch, und gehet dann mit vorbereitetem Herzen zum Tische [illegible] Herrn hin, und esset euch das Leben, das Heil, die [illegible]: oder, wenn ihr lieber wollt, so lauft mit ungeprüftem, u[illegible] nem Herzen hin, und esset euch das Gericht hinein, und [illegible] euch zu Mitschuldigen an dem Leibe und Blute Jesu [illegible]. Sehet! da giebt es kein Mittelding. Jesus [illegible] auch da noch gesetzt zur Auferstehung und zum Falle, [illegible] ben und zum Tode — wählet!

Richtet euch, Brüder! damit ihr nicht gerichtet wer[illegible] Gehet mit lebendigem Glauben hin zum Anfänger und [illegible] ender des Glauben, damit ihr mit noch lebendigerem Gla[illegible] zurückgehet. Gehet mit festem Zutrauen hin zum [illegible] des Vertrauens, damit ihr reich an Gaben, mit noch [illegible] Zutrauen zurückkehret. Gehet mit zärtlicher, reiner Liebe [illegible] zur Liebe, damit ihr mit noch reinerer Liebe zurückkehret. [illegible] get die Gefäße eures Glaubens, eurer Hoffnung, eurer Liebe zur Quelle der Gnade, und lasset sie voll werden, daß sie über[illegible] fließen, und die dürren Gegenden erfrischen, und überall Heil und Seligkeit verbreiten. Glaubet, damit ihr empfangen könnet; vertrauet, damit ihr recht viel empfangen könnet;

bleibet, damit ihr die empfangenen Gaben nimmer verlieret, sondern immer neuer Gnaden fähig werdet, bis ihr dorthin kommet, wo der Glaube in Schauen, das Vertrauen in Freude, die Liebe in Genuß übergehet.

5.

Vom Meßhören.

Wie ist es möglich, daß ihr glaubet,

Jesus Christus habe sich für uns am Kreuze dem himmlischen Vater geopfert; Jesus Christus fordere von uns, daß auch wir uns dem himmlischen Vater als ein freiwilliges Opfer hingeben; Jesus Christus habe das Sacrament des Altars als ein Denkmal seines Sterbens und seiner Liebe eingesetzt; Jesus Christus sey wahrhaft unsre Speise, wahrhaft unser Trank; Jesus Christus sey wahrhaft in dem Sacramente des Altars zugegen; Jesus Christus opfere sich, durch die Hände des Priesters, dem himmlischen Vater, als der wahre Priester nach der Ordnung Melchisedechs, als unser Mittler, Fürsprecher bei dem Vater; Jesus Christus sey so mächtig, wie Gottessohn, dem der Vater Alles übergeben; sey so liebevoll, wie der Menschensohn, der sich für uns in den Tod hingegeben:

wie ist es möglich, sage ich, daß ihr an diese großen vielbedeutenden Wahrheiten mit redlichem Herzen glaubet, und mit diesem Glauben der Messe beiwohnet — und dennoch nicht frömmer, nicht geduldiger, nicht zufriedener mit dem Willen Gottes, nicht fröhlicher, nicht ruhiger, nicht freigebiger, nicht demüthiger, nicht sanftmüthiger, nicht liebe- und vertrauensvoller — nicht christlichgesinnter werdet? Es bleibt immer und ewig bei dem höchstwichtigen Ausspruche: Wer den Geist Christi nicht hat, der ist nicht sein. Darauf kommt es also an, daß dieser Geist, der Geist der Liebe, des Friedens, der Geduld ꝛc. in uns lebendig werde. Darauf kommt es an, daß wir mit Jesu Christo in Wahrheit sagen können: Wir geben Alles, was wir sind und haben, freiwillig hin, zur Ehre Gottes, und zum Dienste der Menschen.

6.

Von der Anbetung Jesu Christi, wenn das hochwürdigste Gut ausgesetzt ist.

Wer Jesum Christum anbetet; der betet Gott an.

Wenn wir es nicht zu Herzen fassen, daß wir in Gott leben, weben und sind; daß Gott unser nicht bedarf; und daß wir ohne Gott nichts sind, nichts wirken, nichts leiden können: so ist es nicht möglich, daß wir Gott anbeten.

Wenn wir uns nicht freuen, daß Gott der einzige, allerhöchste, unabhängige Herr aller Dinge ist; daß wir von Ihm haben, was wir sind und haben: so ist unsere Anbetung keine Anbetung.

Ohne Erkenntniß Gottes und unser, ohne Freude an Gott ist keine Anbetung.

Wer durch die Anbetung Gottes nicht gottergebener, demüthiger wird, der ist in der Anbetung Gottes noch nicht ...

Wer an Gott nur immer den Herrn, und nie den Vater der Menschen betrachtet, der kommt nicht zur Anbetung Gottes, wie Ihn die Christen anbeten sollen.

Wer seinen Verstand und sein Herz nicht dem Willen Gottes ohne Ausnahme unterwürfig gemacht, der weiß nicht, was wahre Anbetung Gottes ist.

Wer den Vater nicht in dem Sohne anbetet, der betet den Vater nicht an.

Das Niederknieen, das Händefalten, das Wortanbeten kann von der innern Anbetung herkommen, und die innere Anbetung befördern: aber Anbetung Gottes ist das Alles noch nicht.

Die Gebote Gottes treu erfüllen, weil sie Gebote unsers Herrn sind — das ist rechte Anbetung Gottes.

Das Herz des Nebenmenschen nicht richten, weil der Vater das Richteramt dem Sohne überlassen hat — das ist rechte Anbetung Jesu Christi.

Alles dazu beitragen, daß der Name Jesu Christi immer an mehreren Orten genennet; daß der Glaube an Ihn immer befördert werde; daß seine Lehre, sein Beispiel, sein Wandel, seine Gnade, seine Liebe, seine Macht, Er, der Herr, Er, der Sohn des lebendigen Gottes, in uns und in andern, und immer an mehreren Orten, der Inhalt des Glaubens, des Vertrauens, des Flehens, des Nachahmens, der Liebe werde — das ist die rechte Anbetung Jesu Christi. Wer es liest, der merke es!

7.

Von der Begleitung des hochwürdigsten Gutes, wenn man es als letzte Wegzehrung zu einem Kranken trägt.

Es ist eine rechte Herzensfreude, zu sehen, daß, wenn irgend ein Bruder oder eine Schwester in Todesnöthen schmachtet, manche wackere Christen von der Arbeit, vom Tische, von der Gesellschaft wegeilen, und den Priester, oder vielmehr Jesum

Christum in die Hütte des Kranken begleiten. Ich meine, es müßte einem das Stunden noch einmal so [illegible] werden, wenn von dem Hause des Kranken sich die [illegible] seiner Mitchristen und Mitchristinnen vereinigen, und Stärkung für den Kämpfenden, und Labung für den Schmachtenden, und Tröstung für den Sterbenden vom Himmel herabflehen. Ich meine, es müßte einem das kälteste Herz warm werden, wenn er bedächte: Nun ist wieder einer meiner Brüder am Ende des Lebens. So kommt denn der letzte Augenblick von einem zum andern! So verlieren wir denn wieder einen Mitchristen aus unserer Stadt, aus unserer Dorfgemeinde! So trägt man die letzte Wegzehrung bald in dieses, bald in ein anderes Haus! Mein Gott! wie wäre mir zu Muth, wenn ich da drin in dem Bette todtkrank schmachtete; wenn ich die Stimme des Priesters kaum mehr vernehmen, die Zunge kaum mehr bewegen könnte, den Leib Jesu Christi zu empfangen! Jetzt kann ich noch den Priester begleiten, wenn er das heilige Sacrament zum Kranken trägt; jetzt kann ich noch für Sterbende beten: aber wenn man einst den Priester in mein Haus begleitet — — Herr Jesu! erleuchte, reinige, bessere mich jetzt, daß mir in jener Stunde das Gewissen keine Vorwürfe machen kann." Dergleichen Empfindungen können bei denen nicht selten seyn, die das hochwürdigste Gut nicht bloß aus Gewohnheit zu den Kranken begleiten. Da fällt mir wieder ein, was alle Weise zu allen Zeiten gedacht und gethan haben. „Brüder! lasset nichts Gutes unter euch aus der Gewohnheit kommen, und sorget dafür, daß ihr selbst alle Tage besser werdet, und des Guten immer mehr, und des Bösen weniger machet."

Beilage.

Am jährlichen Gedächtnißtage der Kirch[illegible]

Etwas aus der alten Geschichte.

Als der König Salomon den prächtigen Tempel zu [illegible] schon erbauet, und das ganze Volk zur Einweihung die[illegible] zigen Gotteshauses versammelt hatte: ließ er ein[illegible] Stand aus Erz, fünf Ellen lang, fünf breit, [illegible] in den grossen Vorhof stellen. Auf diesen stieg er, [illegible] vor dem Altar des Herrn, im Angesichte des [illegible] melten Israels, seine Hände gen Himmel aus. D[illegible] auf seine Kniee nieder, und betete mit erhobenen Hä[illegible]

(Auszug aus dem Gebete Salomons.)

„Herr! Israels Gott! im Himmel und auf [illegible] kein Gott, wie Du. Barmherzig, barmherzig na[illegible] gnädigen Zusage bist Du gegen alle deine Knechte, [illegible] mit ganzer Seele vor Dir wandeln.

Alles, Alles, was Du deinem Knechte, mein[illegible] David, versprochen, Alles hast Du vollzogen. Der [illegible] tige Tag ist ein Zeuge davon.

Herr! Gott Israels! ist es also glaubbar, daß [illegible] bei den Menschen auf der Erde wohnest? Der Him[illegible] mel mit seinem ganzen Umfange ist Dir zu enge: ein [illegible] Haus von mir gebauet — wie wird es Dich fassen können?

Aber es ist auch nur darum gebauet, daß Du deine Knechte darin erscheinen, und die Gebete deiner Diener vor dein Angesicht kommen lässest.

Sieh' also auf dieses Haus Tag und Nacht mit gnädigen Blicken herab — auf dieses Haus, von dem Du sagtest: Da will ich meinen Dienern gnädig seyn.

Wer immer an diesem Orte betet, der [illegible] nicht un[illegible] er gehe nicht unerhört aus deinem Hause. Sende ihm [illegible] von deinem Wohnorte, dem Himmel, deinen Segen herab.

Wenn einer seinen Nächsten beschädiget, und sagt: er habe ihn nicht beschädiget — und in dein Heiligthum, vor deinem Altare einen Eid zu schwören: Herr! Du wirst es hören droben im Himmel, und richten deine Knechte, und strafen den Schuldigen, und belohnen den Unschuldigen — jeden nach seinem Verdienste.

Wenn dein Volk sich wider Dich versündiget, und von seinen Feinden überwunden — sich zu Dir wendet, und Buße thut, und um Barmherzigkeit in diesem deinem Hause zu Dir hinauffleht: Du wirst dein Volk erhören und vergeben die Sünde, und es wieder in das Land zurückführen, das Du ihm und seinen Vätern geschenket hast.

Wenn der Himmel wegen der Sünden des Volkes verschlossen bleibt, und keinen Regen herabsendet, und dann dein Volk in diesem Orte sich versammelt, und um Vergebung seufzet, und deinen heiligen Namen bekennet, und gebessert durch die Drangsale, seine Sünden verabscheuet: ach, Herr! merke auf das Flehen deiner Diener, und tilge ihre Sünden, und leite sie auf den guten Weg, und laß regnen auf das Land, das Du deinem Volke zum Besitz gegeben hast.

Wenn Hunger, Pest, vergiftete Luft, Brandkorn, Heuschrecken, Mehlthau, oder Feindesmacht die Felder und Menschen verderben; und dann einer von deinem Volk Israel zu Dir um Hülfe schreiet, und in Erkenntniß seines Unvermögens, seine Hände in diesem Hause zu Dir erhebet: so erhöre sein Flehen im Himmel, in deinem hohen Wohnorte; sey wieder gnädig; gieb jedem nach seinem Thun, wie Du sein Herz kennest, Du einziger Herzenskenner! — damit alle Israeliten, so lange sie in diesem Lande leben, das Du unsern Vätern gegeben hast, in Ehrfurcht gegen Dich, und in Beobachtung deiner Gebote verharren.

Ach! wenn ein Fremder,*) der nicht von deinem Volke Israel ist, aufgemuntert durch die großen Wunderthaten deines herrlichen Namens — aus fernem Lande kommt, und Dich in diesem heiligen Orte anbetet: so erhöre auch ihn im Himmel, in deinem ewig fes[illegible]art, und erfülle alle seine Herzenswünsche — [illegible] alle Völker der Erde die Wunderkraft deines Na[illegible] erkennen, und zittern vor deiner Herrlichkeit, und erfahren, daß Du dieses Haus, das ich Dir gebauet habe, deiner besondern Gegenwart würdigest.

Mein Gott bist Du. Dein Auge sey stets offen über Alle, die da in diesem Hause beten. Neige herab dein Ohr auf ihr Flehen. Alles Gebet in diesem Hause finde Gnade bei Dir!**)

So stehe denn auf, o Herr! und erwähle Dir in diesem Orte eine beständige Wohnung. Du und [illegible] Bundeslade wohnen in diesem Hause ewig!

Würdige deine Priester deines Schutzes. Sey ihr Segen Du! Laß alle die, die zu deinem Dienste eingeweihet sind, sich deiner Wohlthaten erfreuen!"

Nach der Einweihung des Tempels, als das vom Himmel gefallene Feuer die Brand- und Friedensopfer aufgezehrt, die Majestät des Herrn sich seinem Volke sichtbar gezeiget, und den ganzen Tempel erfüllet hatte, da erschien der Herr dem König Salomon zu Nachts, und sprach:

Ich habe dein Gebet erhöret, und dieses Haus Mir zum Opferhaus erwählet.

Wenn Ich den Himmel schließen, und keinen Regen herabsenden; wenn Ich den Heuschrecken Befehle geben werde, das Land aufzuzehren; wenn Ich die Pest unter mein Volk schicken werde — mein Volk aber Buße thut, und in diesem Hause um Hülfe flehet: so will Ich den Flehenden gnädig seyn, und ihr Land wieder heilen.

---

*) Sieh! wie alt der Geist der Alles umfassenden Liebe ist.

**) Ohne meine Erinnerung wird der Jünger Jesu hier nicht vergessen; was sein Meister von der Anbetung Gottes im Geiste und in der Wahrheit lehrte.

Mein Auge ruht über dem, der da betet, und mein Ohr neiget sich zu dem, der hier zu meinem Erbarmungsthron seine Zuflucht nimmt. Denn Ich habe diesen Ort mir erwählet und geheiliget, daß mein Name und mein Auge und mein Herz beständig darin wohnen.

Wenn du, wie dein Vater David, alle meine Gebote genau erfüllest, so werde Ich deinen Thron befestigen, wie Ich deinem Vater David versprochen habe.

Wenn ihr aber meine Gebote verachtet, und fremden Göttern anhänget: so werde Ich euch ausrotten von dem Lande, das Ich euch gegeben — und dieses Haus, das Ich zu meinem Dienste eingeweiht, von meinem Angesichte wegwerfen: den Völkern zum Sprichworte, und den Nationen zum Spotte soll es werden — ein schreckliches Beispiel den Vorbeigehenden. Jeder wird stille stehen, und voll Verwunderung fragen: warum ist der Herr mit diesem Lande und mit diesem Hause so umgegangen? Und man wird ihnen antworten: weil sie den Herrn, den Gott ihrer Väter, der sie aus Aegypten geführt hatte, meineidig verlassen, und fremde Götter angebetet haben — darum sind alle diese Uebel über sie gekommen.

Gedanken des Christen am Gedächtnißtage des Kirchweihfestes in der Pfarrkirche.

Was Salomon im Tempel zu Jerusalem am Tage der Einweihung empfunden — das Alles und noch unbeschreiblich mehr soll heute meine Seele empfinden. Heute ist der Tag, an dem dieses Haus, wo ich bete, zum Dienste meines Gottes eingeweihet worden. Haus Gottes! Wie viel liegt in diesen zwei Worten Haus Gottes! Gott hat sich diesen Ort erwählet; da will Er unsre gemeinschaftlichen Gebete anhören. Aber ach! wie nachlässig, wie zerstreut, wie kalt verrichteten wir diese Gebete! Unsre Lippen beschäftigten sich mit dem Namen Gottes: aber unser Herz war fern von Ihm. Haus Gottes! Da will Er uns sein Wort kund werden lassen. Aber ach! wie selten, wie ohne Zubereitung, wie unaufmerk-

[illegible] wir dem Prediger [illegible]! Da [illegible] seinen Samen aus. Aber, wie oft fiel [illegible] herzen, und konnte nicht aufgehen, oder [illegible] hin, und die Vögel fraßen ihn auf! Mein [illegible] sinniges Herz war Ursache, daß das Wort [illegible] in meinem Ohr erschall, aber in's Innerste nicht [illegible] Haus Gottes! Da will mir der barmherzige [illegible] durch seinen Diener, der seine Stelle vertritt, die [illegible] von meinen Sünden ertheilen. Aber [illegible] zerknirscht ist mein Geist, wie ohne Bußzähre mein [illegible] ohne Reue mein Herz, ohne Stärke mein Vorsatz, [illegible] Besserung meine Beicht! Haus Gottes! Da [illegible] mich Jesus speisen mit seinem Leibe und [illegible] Blute. Aber, ach! wie wenig Liebe [illegible] wenn ich auch das Sacrament der Liebe [illegible] schwach bleib' ich immer, wenn ich auch das [illegible] Starken esse! wie unrein, wenn ich auch [illegible] Engel genieße! Haus Gottes! Da wohnt Jesus, der Liebhaber des Menschengeschlechts, [illegible] sich nach dem vertrautesten Umgang mit [illegible] Jesus Christus wohnt unter uns! — [illegible] uns starb am Kreuze, der für uns hingieng zu [illegible] Vater, der zu unserm Besten sitzet zur Rechten [illegible] der ihn gesandt hat — Er, Jesus Christus, hat [illegible] ses Haus zu seiner Wohnung erwählt. Mir ist's, als [illegible] ich seine Stimme, seine freundliche Stimme: „Kommt [illegible] Mir, ihr Alle, die ihr beladen seyd: Ich [illegible] cken; bittet in meinem Namen: ihr werdet [illegible] ten; bittet um den guten Geist: der Vater [illegible] wird euch keinen Stein geben; hoffet, harret [illegible] liebet: ihr werdet nicht zu Schanden werden!“ Jesu! ich komme, getrost auf dein Wort, und bitte [illegible] Alles, was mir heilsam, und Dir gefällig ist. [illegible] mir fehlen, wenn ich an deine Allmacht und [illegible] deine allmächtige Liebe, und an deine liebende Allm[illegible] glaube? Der Vater hat Dir uns Alle als ein Erb[illegible] übergeben — durch dein heiliges Sterben hast Du [illegible] Alle erkauft. Wir, deine Erkauften, auf wen sollen [illegible] bauen, als auf Dich? Dich hat uns der Vater geschenkt [illegible]

und

[illegible] hat Er uns als ein Eigenthum übergeben. Wir sind also dein, dein Eigenthum sind wir — und unser bist Du: was soll uns also noch fehlen?

Voll des Vertrauens also fleh' ich um keine andere Gnade zu Dir, als um die Du vor deinem heiligen Leiden zu deinem himmlischen Vater batest.

„Eins, Eine Seele, Ein Herz sollen wir Christen alle seyn, — wie Du mit deinem Vater Eins bist. So lieben sollen wir alle einander, wie Du uns geliebt hast. Gleichwie wir Einen Gott, Einen Christus, Eine Taufe, Eine Kirche, Einen Glauben, Einen Hirten haben: also sollen wir alle Eines Sinnes, Eines Herzens seyn. Wie wir alle zu Einer Pfarrkirche gehören: also sollen wir alle Eins seyn, und Eins bleiben. Diesen Geist sende Du heute in unser Herz, der Du uns liebtest bis in den Tod. Diese Gesinnung pflanze Du heute in unser Innerstes, damit wir würdig werden, deine Jünger zu seyn, und zu denen, die man daran erkennet, daß sie einander lieben, wie Du sie geliebet hast!"

Kirchengebete.

1.

Gott! der Du unsichtbar die ganze Schöpfung erhältst, und zum Heil des Menschengeschlechtes die Wunder deiner Allmacht sichtbar zeigest — erfülle dieses Haus mit der Herrlichkeit deiner Gegenwart, und mache, daß Alle, die bittweise hieher kommen, in allen ihren Beängstigungen, in denen sie zu Dir um Hülfe schreien, die Wohlthat deiner Tröstung erfahren durch unsern Herrn Jesum Christum, deinen Sohn rc.

2.

Gott! von dem alle Geschenke herkommen, die zu deinem Dienste eingeweihet werden, schütte über dieses Bethaus deinen Segen aus, damit Alle, die darin deinen Namen anrufen, die Allmacht deines Schutzes erfahren rc.

3.

Wir bitten Dich, Allmächtiger! daß Du in diesem Orte, den wir Unwürdige deinem Namen eingeweihet haben, dein Ohr auf unser Bitten allemal gnädig herabneigest rc.

Ueber die Bekehrungsgeschichte des Zachäus. Luk. [illegible]

Jesus Christus, der gekommen war zu [illegible], und [illegible] zu machen, was verloren war, nahm einst auch [illegible] ner Zachäus seine Einkehr. Die scheingerechten [illegible]säer ärgerten sich daran, und murrten, daß Jesus bei [illegible] Sünder einkehrte. Allein, der Sünder Zachäus [illegible] die Liebe Jesu Christi ganz anders zu Nutzen. Sieh! rief [illegible] die Hälfte meiner Güter gebe ich den Armen, und wenn ich [illegible]den betrogen, so gebe ich ihm's vierfach zurück. Da sprach [illegible]sus: Wahrlich, heute ist diesem Hause Heil wide[illegible]!

Also nicht bloß dadurch ist dem Hause Zachäus [illegible]fahren, daß Jesus bei ihm einkehrte, sondern dadurch, [illegible] die Gnade, die ihm Jesus Christus angeboten, mit ganzer [illegible] aufgenommen, sein Herz von den irdischen Gütern [illegible] und zu Gott hingewendet hat. So auch mit uns. [illegible] Jesu Christi ist wahre Besserung des [illegible] auch die Gnade Jesu Christi ohne wahre Besserung [illegible] kann uns niemals heilsam werden. Nicht dadurch [illegible] Christus uns seine Gnade angedeihen läßt, widerfä[illegible] sondern dadurch, daß wir der Gnade Jesu [illegible] kommen, und den Willen Gottes an uns treu erfüllen. [illegible] dadurch, daß wir, bloß dem Leibe nach, [illegible] Kirche kommen, widerfährt uns Heil, sondern dadurch, [illegible] Gott im Geist und in der Wahrheit anbeten, Ihn [illegible] Alles lieben, seinen Willen treu vollbringen, und [illegible] seine Güte mit Zuversicht trauen.

Gebet.

Also, Sünderfreund und Heiland der [illegible]! [illegible] uns in deinem Hause Heil widerfahren. [illegible] alles Vergängliche für vergänglich zu achten, [illegible]igkeit, das Irdische zu verlassen, gieb uns, [illegible]chäus die Hälfte den Armen reichte, und das [illegible] dem Beschädigten vierfach wiedergab. Deine Liebe [illegible] die Menschen, deine Brüder — deine zärtliche Liebe [illegible] das Sündergeschlecht sey auch uns heilsam, sey [illegible] uns gesegnet. Eine Gnade, der unser an[illegible]wöhntes Herz nicht widersteht; ein Licht, [illegible] wir [illegible] Auge nicht verschließen; einen Trieb zum Guten, [illegible] wir willig folgen; eine Kraft, der wir mitwirken[illegible] Hülfe, die uns bessert, solch eine [illegible]ige, Gnade, die uns die Gebote Gottes zur [illegible] und guten süßen Joche Gottes, schenk uns Allen, die wir in diesem Gotteshause zusammenkommen. Dann werden auch wir mit Wahrheit sagen können: Heute ist uns Heil widerfahren — in diesem Hause! Amen.

Schutzengelfest.

(Zum Lesen.)

Wir Menschen sind nicht die einzigen Geschöpfe Gottes. Droben im Himmel giebt es noch andere unzählige, reine, gute, liebevolle, herrliche, mächtige, selige, unsterbliche Wesen. Sie heißen Engel Gottes, Engel des Herrn, Engel des Lichtes, Engel des Friedens, Botschafter des Allerhöchsten, heilige, selige Geister. Sie sind Geschöpfe wie wir, Kinder des Allmächtigen wie wir, Knechte Gottes wie wir. Es muß ihrer eine große Menge seyn. Christus wußte, daß ihm sein Vater mehr als zwölf Legionen Engel schicken könnte. Die Offenbarung sagt uns recht viele herrliche und merkwürdige Dinge von ihnen.

1. Sie sehen das Angesicht Gottes im Himmel. Matth. XVIII, 10. Sie sind Gott näher, als wir jetzt sind. Unser Thun ist jetzt Glauben, und ihre Seligkeit ist das Schauen. Sie wandeln im Lichte, wir im Schatten.

2. Sie sind alle dienstbare Geister, ausgesandt zum Dienste Derer, die die Seligkeit ererben sollen. Hebr. I, 14. Das ist also ihr Beruf, das ist der Wille Gottes an ihnen: sie sind dienstbare Geister. Sieh! wie Gott den Menschen ehrt: Er gieb ihm seine Engel zu Dienern an die Seite. Sie sind Führer, Leiter der Menschen im Namen Gottes; sie unterrichten, erleuchten, trösten, stärken, bewahren, retten uns Menschen im Namen Gottes.

3. Die Engel haben Lust, in die Geheimnisse des Christenthums hineinzuschauen. 1 Petr. I, 12. Und sogar die Fürsten der Engel lernen die Weisheit Gottes erst recht durch die Kirche Jesu Christi auf Erden kennen. Ephes. III, 10. Die Erde ist ihr liebstes Augenmerk. Denn sie ist der Geburtsort Christi und der christlichen Kirche. Sie ist die Pflanzschule der Lieblinge Gottes und seines Gesalbten. Die Kirche Jesu Christi ist gleichsam ein Spiegel, worin die Engel die Weisheit Gottes sehen. Sie sind Diener und ehrfurchtsvolle Anbeter Jesu Christi. Sie sind einst zum Dienste des Sohnes Gottes zur Erde nieder,

und wieder in den Himmel hinaufgestiegen. [illegible] Christi [illegible] haben sie nun auch Ehrfurcht vor den Christen, sie ehren die Christen um desjenigen willen, was Christus [illegible] Christen that, thut, und noch thun wird. Sie freuen sich [illegible] Rathschlusse Gottes, das sündige und sterbliche Menschengeschlecht durch seinen Sohn selig zu machen. Sie haben Acht, wie dieser Rathschluß immer näher zur Ausführung gebracht wird. Sie sehen, was wir nicht sehen. Sie wissen mehr, als was unser kühnster Wunsch wünschen kann. Ein jeder Christ ist für sie ein besonderer Schauplatz der Weisheit, Güte, Allmacht Gottes. Wie uns der weise, gute, allmächtige Vater, einzeln und [illegible]lich, von der Wiege bis zum Grabe, durch Leiden und [illegible] zur Tugend und Seligkeit befördert; wie das Menschengeschlecht von Adam bis auf diese Stunde so wunderbar fortgepflanzet, so weislich regieret, so väterlich geschützet, so [illegible] züchtiget, so wohlthätig ernähret, so herrlich zu [illegible] und Reife hinangeführet worden; wie die große [illegible] Alles durch Christum selig zu machen, was selig [illegible] näher erreicht wird; und endlich, wie der erste und letzte [illegible]schluß des Weltregierers ganz in Erfüllung gehen wird — [illegible]über denken die Engel Gottes nach; davon sprechen [illegible] einander; daran freuen sie sich; dafür preisen sie [illegible] [illegible]digen; dazu tragen sie auch nach ihrem Vermögen das Ihrige bei. Sie nehmen Antheil an allen Tugenden, [illegible]ten, Leiden, Schicksalen, Seligkeiten der Kirche Jesu Christi.

4. Die Engel haben wirklich von Anbeginn der Welt [illegible] auf diese Stunde, als Botschafter des Allerhöchsten und Führer der Menschen, zum Besten der [illegible] wichtige Dienste gethan; haben so manche Absichten Gottes [illegible]führen helfen; und werden bis an's Ende der Welt, [illegible] besonders — zum Besten der Menschen wichtige Dienste [illegible]

Adam, Abel, Seth, Henoch, Noe waren ihnen [illegible]kannt. Sie erschienen dem Abraham; sie begegneten dem [illegible] sie waren mit Moses. Sie standen auf dem Berg Sinai, [illegible] sie ward das Gesetz gegeben. Sie waren vertraut mit [illegible]fern und Propheten Israels. Ein Engel hat die drei [illegible] im Feuerofen unbeschädigt erhalten; einer hat den Daniel [illegible] der Löwengrube behütet; einer hat die Judith bewahrt, daß [illegible] nicht verunreiniget worden; einer hat den jungen Tobias [illegible]derbar geleitet; einer hat die Geburt Johannes, des Vorläufers des Messias, dem Priester Zacharias angekündet; einer erschien Mariä, und that ihr das Wunder kund, daß sie den Sohn Gottes durch die Kraft des heil. Geistes empfangen werde; einer redete mit Joseph im Traume, daß er seine Verlobte nicht [illegible] sollte. Sie, die Engel, verkündeten den Hirten zu [illegible] die Geburt des Heilandes, und sangen dem Allerhöchsten ein Freudenlied. Sie dienten dem Herrn in der Wüste, als [illegible]her, von Ihm gewichen war. Sie waren mit Ihm in den Stunden des heißen Gebetes. Einer stärkte Ihn am Oelberg in seinem Blutkampf. Sie wälzten den Stein vom Grabe, und waren Zeugen und Verkünder seiner Auferstehung. Sie erschienen in weißen Kleidern bei seiner Auffahrt, und verkündeten den Aposteln, daß Jesus, so wie Er jetzt in den Himmel gegangen ist, einst zum Weltgerichte wiederkommen werde. Sie öffneten das Gefängniß, und retteten die Apostel, und leiteten ihre Schritte. Sie werden sich bis an's Ende der Welt das Wohl der Gemeinde Jesu Christi auf Erden angelegen seyn lassen. Sie werden mit dem Richter der Welt kommen, und Absonderer der Guten von den Bösen, Schnitter der Ernte, Sammler der Auserwählten, und Zeugen der allgemeinen Auferstehung von den Todten, des Gerichtes, der Vergeltung seyn. Sie werden zugegen seyn, wann der Sohn Gottes seine treuen Jünger, im Angesichte des himmlischen Vaters, als die Seinigen bekennen, und die untreuen verläugnen wird. Sie freuen sich jetzt schon mit unaussprechlicher Freude, wenn ein Sünder Buße thut. Wie groß muß erst dann ihre Freude seyn, wenn sie alle Heiligen von den Todten erwecket, versammelt, verherrlichet, und zu Mitregenten Jesu Christi erhöhet sehen werden! Wie groß muß ihr Jubel seyn, wenn sie sehen werden, daß die Auserwählten, die ihrer Pflege und Leitung anvertrauet waren, unter ihrer Pflege und Leitung, unter ihrem Schutz das geworden sind, was sie sind — Erben des Himmels, und gute Kinder des allerbesten Vaters.

5. Wenn gleich alle Engel Diener zum Besten der Menschen sind; so ist doch ihr nächster Beruf, ihr Rang, ihre Würde, ihr Geschäft, so wie ihr Name, sehr verschieden. Auf Erden hat Alles seine Ordnung: wie vielmehr im Himmel? Im Himmel ist, die vollkommenste Ordnung, wie die größte Herrlichkeit. Ohne Ordnung wäre das Herrlichste nicht herrlich. Wo Weisheit ist, ist Ordnung. Was vortrefflicher, vollkommener ist, das ist auch Gott näher, als was weniger vollkommen ist. Daher sind unter den Engeln Stufen und Rangordnungen; daher gibt es unter ihnen Kräfte, Erzengel, Herrschaften, Fürstenthümer, Thronen, Gewalthaber. Doch bei aller Verschiedenheit kommen sie darin überein:

1) daß sie alle von Gott durch das Wort erschaffen sind, und daß sie Alles, was sie haben und sind, von Gott haben, und durch Gott sind;

2) daß sie alle den Willen Gottes schnell, freudig, allezeit, überall vollbringen;

3) daß sie das Angesicht des Vaters schauen;

4) daß ihnen, als dienstbaren Geistern, als Anbetern Jesu Christi, und als Dienern des Allerhöchsten, die Menschen lieb sind; weil diese von Gott erschaffen, und ihrer Leitung anvertrauet, und von Christo so sehr geliebt sind. Wer Christo

lieb ist; der ist ihnen auch lieb. Sie [illegible] Christo. Sie sehen im Vater, den sie [illegible] Christus der Geliebte des Vaters ist. Sie [illegible] len mit Christo. Ihnen sind die Seelen [illegible] Sohn Gottes gestorben ist.

(Zum Beten.)

1.

Schöpfer aller Menschen und aller Engel! [illegible] deine Liebe gegen dein Menschengeschlecht! [illegible] im Himmel machest Du zu Dienern deiner [illegible] auf Erden. Sie stehen vor deinem Angesichte, [illegible] deiner Bedienung willen; denn Du schufst so, Engeln, als den Menschenkindern [illegible] stehen um unsrer Erlösung willen vor deinem [illegible]. Sie sind deine Diener, damit sie unsre Diener [illegible]nen; damit sie deinen liebevollen Willen an [illegible]schen, deinen liebsten Kindern, vollziehen. [illegible] unser nicht, und ihrer nicht: aber Du hast [illegible] erschaffen, damit wir alle gut und selig [illegible], und sie an unsrer Seligkeit Antheil nehmen. [illegible]test zwar uns auch ohne deine Engel schützen, bewahren, retten; denn Du bist der [illegible] Himmel und Erde, Engel und Menschen sind [illegible] Aber es gefiel deiner weisen Liebe, Menschen [illegible]gel zu leiten. Wir preisen deine Weisheit, [illegible] deine Macht. Wir freuen uns an deiner [illegible] lieben deine Liebe. Laß uns deine Weisheit, Güte, deine Macht und deine Liebe immer [illegible]nen, immer mehr erfahren, damit uns Jesus Chri[illegible] Eingeborner, unser Herr, einst vor Dir und seinen Engeln, als seine treuen Jünger, bekenne, und keiner [illegible] uns verleugne!

2.

Würdigster! laß mich meine eigne Würde erkennen. Was bin ich? Der Allerhöchste ist mein Vater; sein Eingeborner mein Bruder; seine Engel meine [illegible]. Was edles muß es um meine Seele seyn? Gott[illegible] ist sie; erkauft durch das Blut Jesu Christi ist sie;

anvertraut der Engelsorge ist sie; bestimmt für den Himmel, erschaffen für die Ewigkeit ist sie; unaussprechliche Herrlichkeiten sind ihr Erbgut. Wache auf, meine Seele! erhebe dich von dem Staube, und empfinde, was du bist. Wie kannst du auf der Erde kriechen, Tochter des Himmels? Habe Ehrfurcht vor dir selbst: du bist Gottes Bild. Habe Ehrfurcht vor dir selbst: du bist Gottes Geschlecht. Habe Ehrfurcht vor dir selbst: die Engel des Herrn sind deine Dienerschaft. Nein, ich will meines Adels nimmer vergessen; ich will mich mit keiner Sünde mehr beflecken. Ich wandle in den Augen Gottes. Jesus Christus freuet sich, wenn ich die Lust der Sünde verachte. Die Engel *weinen*, wenn ich unterliege. Nein, ich will nicht vergessen, was ich bin; ich will nicht außer Acht lassen, was ich noch werden kann!

3.

Engel des Herrn! euerm Schutz, eurer Sorge bin ich anvertraut von dem, der auch mich erschaffen hat. Ihr schauet das Angesicht eures und meines Vaters; ihr thut den Willen eures und meines Herrn; traget mich, daß ich nicht anstoße; warnet mich, daß ich nicht falle. Seht! Jesus Christus nahm sich der Menschen an. Er erschien nicht in Engelgestalt. In Sündergestalt, in Menschengestalt erschien Er. Er liebte uns bis in den Tod. Theuer, theuer muß euch meine Seele seyn; sie ist der Werth des Blutes, das der Sohn Gottes vergoß. Was Christo lieb ist, ist auch euch lieb. Darum, ihr lieben Engel! lasset euch meine Seele befohlen seyn, daß ich rein und unbefleckt meine Pilgerschaft hier vollende — und dort in eurer Gesellschaft denjenigen sehen kann, den ihr anbetet als euern König, und dem ich diene als meinem Herrn!

4.

Vater! dein Wille geschehe — *wie im Himmel, also auch auf Erden* geschehe dein Wille. Wie deine Engel mit freudiger Hurtigkeit unaufhörlich deinen Willen thun: so laß auch uns, deinen Kindern auf Erden, deinen Willen das Liebste seyn!

5.

Jesus Christus! Du bist so weit über alle Engel erhaben, als der Name, den Du empfiengst, vor alle Engelnamen erhaben ist.

Zu Dir allein sprach der Vater: mein Soh[illegible]; heute hab' ich Dich erzeuget! Zu den Engeln spra[illegible] Ihm sollen alle Engel Gottes die Kniee beugen!

Zu Dir allein sprach der Vater: setze Dich [illegible] ner Rechten! — Dir allein, und deinem V[illegible], gebührt alle Anbetung im Himmel, und auf [illegible] und unter der Erde — deinen und [illegible] Vater[illegible] men nennen mit Freuden Himmel und Erde, Engel [illegible] Menschen, und Alles, was Odem und Z[illegible] Amen! Amen! Amen!

Kirchengebet.

Herr! wie unaussprechlich liebevoll ist deine [illegible]! Du hast Dich gewürdiget, deine heiligen Engel [illegible] Schutz, als dienstbare Geister, auszusenden; erh[illegible] Flehen, und laß uns allezeit die Macht ihres [illegible] erfahren, und dann auch die Freude ihrer Gese[illegible] ewig genießen, durch Jesum Christum, unsern H[illegible]

Zweite Abtheilung.

Besondere Andachtsübungen

für die

Fest- und Gedächtnißtage der Heiligen.

Gott ist Alles in Allem: Ihm sey Anbetung! Amen.

Von der wahren und falschen Andacht zu den Heiligen.

Unterricht.

Wenn unsre Andacht zu den Heiligen eine wahre Andacht ist: so muß sie uns frömmer, geduldiger, weiser, besser, seliger machen. Was nützt uns unsre Andacht zu dem heiligen Petrus, wenn wir mit der Sünde scherzen, da er sie bitterlich beweinet hat? Was nützt uns unsre Andacht zu dem heiligen Paulus, wenn wir gegen die Stimme Gottes unser Herz je länger je mehr verstocken, da er mit williger Seele gerufen hat: Herr! was willst Du, daß ich thue? Die Andacht zu den Heiligen ist keine wahre, geordnete, nützliche Andacht, wenn sie uns nicht in der Liebe und Anbetung Gottes, in der Sanftmuth und Demuth, Geduld und Mäßigkeit, in dem Mitleiden und in der Wohlthätigkeit gegen unsre Nebenmenschen vollkommener macht. Gott, Christus, Tugend, Seligkeit, sind die Hauptsache unsers Glaubens; die Hauptsache unsrer Hoffnung; die Hauptsache unsrer Liebe; die Hauptsache unsers Denkens und Wollens. Wenn uns also durch die Andacht zu den Heiligen, Gott, Christus, Tugend und Seligkeit immer lieber, theurer, wichtiger werden: so ist sie eine wahre, geordnete, nützliche. Wenn sie aber diese schönen Früchte nicht bringt: so ist sie eine falsche oder ungeordnete, wenigstens unnütze Wortandacht. Das Herz, das Herz muß durch die Andacht gebessert werden. Die Kennzeichen der wahren Andacht zu den Heiligen sind also diese:

1) Wo eine wahre, gründliche und vollkommene Andacht zu den Heiligen ist, da ist wahre Freude des Herzens über die Güte,

Barmherzigkeit, Weisheit und Allmacht Gottes. Wenn wir überdenken, was z. B. Gott durch den heiligen Paulus Gutes gestiftet; wie er aus einem Verfolger der Kirche in einen Apostel Jesu Christi verwandelt worden; wie groß sein Seeleneifer, sein Muth, seine Liebe zu Jesu Christo, seine Demuth, sein Vertrauen auf seinen Herrn gewesen ist: so sehen wir überall den guten Gott, den weisen Gott, den barmherzigen Gott, den allmächtigen Gott. Nicht nur die Wunder, die Gott durch den heil. Paulus gewirket, sind Gottes Werk; auch die Tugenden des Apostels, auch seine Arbeiten sind der Gnade Gottes zuzuschreiben. Und so ist es mit allen Heiligen. Wer kann nun diese Wunder der göttlichen Güte an den Heiligen betrachten, ohne sich dieser Güte zu freuen? Gott lebet, wirket, herrschet in seinen Heiligen — von Gott kommt alles Gute. Wer also zu den Heiligen Gottes eine wahre Andacht haben will, der fängt damit an, daß er sich an der Güte Gottes erfreue, die die Quelle aller Heiligen ist. Wenn wir die Heiligen ehren: so ehren wir Gott, der sie von der Sünde gereiniget und zu seinen heiligen Kindern gemacht hat. Wenn wir uns über die Tugenden der Heiligen verwundern: so beten wir die Allmacht Gottes an, der durch schwache Werkzeuge große Dinge thun kann. Wenn wir über die Wunderwerke, die auf die gläubige Fürbitte der Heiligen geschehen sind, erstaunen: so geben wir der göttlichen Weisheit und Allmacht die Ehre, die sich den Menschen sich so herrlich offenbaret. Wenn wir uns über die Sündenbekehrungen freuen, die auf das Predigen der Heiligen erfolgt sind: so freuen wir uns über den Abgrund der göttlichen Barmherzigkeit, die nicht müde wird, die Sünder zu dulden, und immer geschäftig ist, sie zu gewinnen.

2) Wo eine wahre Andacht zu den Heiligen ist, da ist dankbares Lobpreisen der Güte und Weisheit Gottes. Die Freude ist nicht müßig; sie macht uns dankbar; sie giebt uns ein Loblied in den Mund. Gott hat die Heiligen auf Erden von Tugend zu Tugend fortgeführet; Gott führet jetzt die Heiligen

im Himmel von einer Seligkeit zur andern fort. Gott macht die Heiligen selig, und macht die Seligen seliger. Ihm gehört also das Lob, die Ehre, der Dank und die Anbetung. Wir danken Gott, daß Er uns Speise und Trank zukommen läßt; und dafür, daß Er seine Barmherzigkeit an seinen Heiligen offenbaret, daß Er durch seine Heiligen so viel Gutes auf Erden gestiftet hat — dafür sollen wir Ihm nicht danken? Der himmlische Vater segnet seine unheiligen Kinder durch seine heiligen Kinder: ist ein Dank zu groß für diese seine väterliche Güte?

3) *Wo eine wahre Andacht zu den Heiligen ist, da nimmt der Glaube an Jesum Christum, und das Vartrauen auf seine allmächtige Güte immer zu.* Jesus lebt im Himmel; Jesus ist nicht müßig auf dem Throne; Jesus regiert seine Kirche; Jesus heiliget seine Auserwählten auf Erden; Jesus stärkt, nährt, läutert ihre Liebe, ihre Geduld; Jesus rüstet sie mit den Gaben des heiligen Geistes aus; Jesus verkündet durch sie das Evangelium; Jesus bekehrt durch sie die Sünder; Jesus erfreuet durch sie die Betrübten; Jesus stärket durch sie die Wankenden. Der Glaube und das Vertrauen auf Jesum Christum muß also in uns immer lebendiger werden, wenn wir Ihn in seinen Heiligen leben, wirken sehen. Von der Auffahrt Jesu Christi bis auf unsre Zeiten hat es nie an *auserwählten Seelen* gefehlet, an denen sich die Kraft des auferweckten und lebenden Jesus auf eine außerordentliche, herrliche Weise offenbaret hat. Jesus lebt noch immer; Jesus ist noch immer der wohlthätige, barmherzige, allmächtige Jesus. Diese Wahrheit wird in den glaubwürdigen Lebensgeschichten der Heiligen handgreiflich erwiesen. Wenn wir uns nun von dieser Wahrheit immer mehr zu überzeugen suchen: so werden wir auch im Glauben an Jesum Christum, und im Vertrauen auf Ihn immer mehr gestärkt.

4) *Wo eine wahre Andacht zu den Heiligen ist, da ist lebendiges Verlangen nach der*

ewigen Glückseligkeit. Die Heiligen sind [illegible] Christo. Einst haben sie auf Erden gekämpft, gelitten, geweint, wie wir: aber jetzt ist's ausgekämpft, ausgelitten, ausgeweint. Sie freuen sich mit Christo, [illegible] Christum und in Christo. Wer kann diese Freude, [illegible] keit, auch nur in der Ferne dieses Lebens, und [illegible] Schattenbilde betrachten, ohne in sich ein Verlangen [illegible] eben dieser Freude und Seligkeit zu empfinden?

5) Wo eine wahre Andacht zu den Heiligen ist, da ist ein ernstliches Bestreben, [illegible] schönen Tugendbeispielen der Heiligen [illegible] zuleben. Wären die Heiligen so träge, wie wir, so lieblos, wie wir, so sinnlich, so irdisch gesinnt, wie wir: so wären sie keine Heiligen geworden. [illegible] wir also an ihren Freuden im Himmel Theil [illegible] wollen: so müssen wir auf Erden leben, leiden, schweigen, kämpfen, beten, in allem Guten ausharren — wie sie gelebt, gelitten, geredet, geschwiegen, gekämpft, gebetet und im Guten ausgeharret haben.

6) Endlich können wir die Heiligen [illegible] Freunde Gottes anrufen, daß sie uns die [illegible] de der Nachahmung durch ihre Fürbitte [illegible] Gott erflehen, nicht, als wenn sie selbst helfen [illegible] ten; nicht, als wenn wir sie anrufen müßten; [illegible] als Freunde Gottes, die einst auf Erden gelebt [illegible] wie wir, und jetzt bei Christo sind; bloß um das [illegible] trauen auf unser kraftloses Gebet zu bezeugen, [illegible] in dem Vertrauen auf die Barmherzigkeit Gottes zu [illegible] ken — können und dürfen wir sie anrufen. Sie [illegible] bei Gott, und bitten für uns bei Gott: also dürfen [illegible] auch zum Vater der Menschen mit kindlichem Ver[illegible] sagen:

„Vater! lieber Vater! laß an uns, an deinen bedrängten Kindern, die Fürbitte deiner seligen Kinder gesegnet seyn." Also dür[illegible] fen wir auch sagen: „Liebe Freunde! vergesset unser nicht bei unserm gemeinschaftlichen Vater im Himmel!" Amen.

Die Andacht zu den Heiligen kann aber gar leicht eine falsche, ungeordnete Andacht werden, wenn wir nämlich

1) den Heiligen Gottes Vorzüge, Gaben, Tugenden andichten, die sie nicht hatten, und nicht haben;

2) wenn wir die Wunderthaten, die Gott auf das gläubige Flehen der Heiligen gewirkt hat, ihrer Kraft, ihrem Vermögen zuschreiben: da doch die Allmacht Gottes, die Herrlichkeit Jesu Christi die einzige wahre Quelle aller Wunderthaten ist;

3) wenn wir der Andacht zu den Heiligen einen gleichen, oder gar einen größern Werth beilegen, als dem Glauben an Gott und Jesum Christum; als der Hoffnung auf Gott und Jesum Christum; als der Liebe Gottes, Jesu Christi, und des Nächsten; da doch dieser Glaube, diese Hoffnung, diese Liebe die Hauptsache des Christenthums ausmachen;

4) wenn wir der Andacht zu den Heiligen gewisse Wirkungen zutrauen, die sie nicht hervorbringen kann: z. B. wenn wir glaubten, daß wir nicht in der Sünde sterben könnten, falls wir das Andenken dieses oder jenes Heiligen täglich so und so ehrten;

5) wenn wir die Andacht zu den Heiligen als ein unumgänglich nothwendiges, wesentliches Stück der christlichen Frömmigkeit ansehen;

6) wenn wir uns wegen der Andacht zu den Heiligen für fromme, gute, christliche Leute halten; ob wir gleich ein neidisches, rachsüchtiges, liebloses Herz im Leibe herumtragen, und unsre Berufsarbeiten nachlässig verrichten, und einen Wandel führen, der dem beispielreichen Leben der Heiligen schnurgerade widerspricht;

7) wenn wir die äußerlichen Uebungen der Andacht zu den Heiligen gar sehr vervielfältigen, und deßwegen die wesentlichen Uebungen des Glaubens an Gott,

[illegible] Zutrauens auf Jesum Christum [illegible] unterlassen, [illegible], einschränken;

8) wenn wir bei der Andacht zu den Heiligen stehen bleiben, und sie nicht gleichsam zur Leiter machen, zu Gott und Jesu Christo aufzusteigen;

9) wenn wir in unsern Angelegenheiten gar [illegible] zuerst bei den Heiligen anklopfen, und gar [illegible] Flehen unmittelbar zu Jesu Christo gelangen [illegible];

10) wenn uns die Festtage der Heiligen [illegible] und theurer sind, als die Tage des Herrn, al[illegible] Festtage des Herrn;

11) wenn wir die Andacht zu den [illegible] Heiligen obenansetzen, und deßwegen so sehr, [illegible] weil diese wenige Verehrer haben, und als wenn [illegible] eben darum um unsre Angelegenheiten desto [illegible] nehmen würden;

12) wenn wir lieber von den Tugenden der Heiligen, als von den Vollkommenheiten Gottes; von den Lebensgeschichten der Heiligen, als [illegible] Thaten, Lehren, Leiden unsers Herrn; lieber [illegible] Demuth und Sanftmuth der Heiligen, als [illegible] Demuth, Liebe, Macht, Herrlichkeit und Seligkeit [illegible] Christi reden hören;

13) Kurz, wenn wir die Heiligen Gottes [illegible] anders ehren, als sie selbst zur Zeit [illegible] auf Erden die Heiligen Gottes, die vor ihnen [illegible] geehret haben.

Das

Das Wichtigste aus der Lebensgeschichte der heiligen Jungfrau Maria.

(So viel wir aus den Büchern des N. Testamentes wissen können.)

Indem Er so sprach, erhob ein Weib aus dem Volke ihre Stimme, und sagte zu Ihm:

selig der Leib der Dich getragen hat!
selig die Brüste, die Dich gesäuget haben!
Vielmehr, antwortete Jesus,
sind selig die, die Gottes Wort hören,
und es bewahren.

Luk. XI, 27. 28.

Maria heißt sie — diese zweimal Selige. Zu Nazareth, einer kleinen Stadt in Galiläa, lebte sie unbekannt und stille dahin — und ward mit einem Manne verlobt, der Joseph hieß, und sich mit Zimmermannsarbeit ernährte, obgleich er aus Davids Stamm entsprossen war.

Von den sittlichen Eigenschaften und der Gemüthsart Mariä wissen wir mehr, und mit einer größern Gewißheit, als wir nicht leicht von Jemanden, wenn auch eine Lebensgeschichte in dicken Bänden beschrieben wäre, wissen könnten. Denn wir wissen es aus der treuesten und heiligsten Geschichte, die jemals beschrieben worden — aus dem Evangelium.

Und Alles, was wir wissen, haben wir auf einmal gesagt, und haben zugleich das Größte gesagt, was wir von einer Person ihres Geschlechtes sagen können — wenn wir sagen:

„Maria war so eine edle Pflanze, von Gott in die Welt gepflanzt — war von ihren Eltern zu einer solchen Reinheit des Geistes und Gottseligkeit des Lebens heranerzogen, daß sie vor allen Andern ihres Geschlechtes auserwählet worden, die Mutter des Herrn, des Messias, des Sohnes Gottes zu werden."

I.

Maria die gottgefällige Jun

Um den Werth dieser heiligen Jungfrau ... kennen zu lernen, wollen wir zuerst die Erklärung
mels hören — und dann, um mit ihrer
recht vertraut zu werden, wollen wir sie selbst
hören.

Als der Engel Gottes zu ihr hereinkam,
große Geheimniß kund zu thun, das in ihr
werden sollte, nämlich die Menschwerdung des
Gottes; als er sie grüßte, mit dem seltsamen und
deutenden Gruß; als er sie der Gnade
ganz besonderen Ausdrücken versicherte,
über seine Anrede, und dachte, was dieser
ten möchte.

„Sey gegrüßt, du Gnadenvolle!
Der Herr ist mit dir:
Du bist über alle deines Geschle
segnet!"

Wir wissen nicht, daß irgend einer andern
solche Erklärung des göttlichen Wohlgefallens
mel geschah. Maria erschrack darüber.
hier nicht die zarte Sorgfalt der Unschuld,
unbekannter, und, so zu sagen, verdächtiger
Werth ihrer eigenen Person? Sie dachte na
dieser Gruß bedeuten möchte. Das
über das Gehörte, das ruhige Vergleichen des
dem andern, das tiefe Betrachten und das
Aufbewahren alles dessen, was sie von Gott und
Regierung gehört und gelesen — ist Maria vo
ihres Geschlechtes ganz eigen. Der Engel G
näher zu seinem Auftrage, er sprach: Sey oh
Maria! du wirst schwanger werden, und
Sohn gebären, und Ihm den Namen
geben; Er wird groß seyn, Sohn des
höchsten wird Er heißen; Gott der Herr
Ihm den Thron seines Vaters David ...;

[illegible] über das Haus Jakob in Ewigkeit [illegible], und [illegible] Reiches wird kein Ende [illegible]. Auf di[illegible]tete Botschaft [illegible] die [illegible]te mit [illegible]lem Blicke: [illegible] [illegible]hen, [illegible] bei keinem Manne lebe? [illegible] diese [illegible]niß nahm der Engel von ihrem Her[illegible]: [illegible] heilige Geist wird dich überschat[illegible]; [illegible] wird auch deine heilige Leibes[illegible] Gottes Sohn genennet werden." Da [illegible] in der [illegible] der Hochbe[illegible] der Unschuld war wieder hergestellt. [illegible] die Allmacht des Allerhöchsten fieng an [illegible]ger als jemals zu werden. Der Engel fuhr [illegible] mehr [illegible] Sieh! [illegible]abeth, deine Base, ist noch in ihrem [illegible]; und dieß ist [illegible]te Monat [illegible] ist nichts un[illegible] auf einer Seite mit dem [illegible] Wort des Engels, oder viel[illegible] Wort Gottes, mit der festen Gottergeben[illegible], der andern aber [illegible] Unwürdigkeit [illegible] einfach in diese Worte aus: [illegible] Magd des Herrn; mir ge[illegible] Worte. So spricht die tiefste De[illegible]; so spricht die tiefste [illegible] und die [illegible] mit seinem Willen. [illegible] demüthiger antworten, als so: Sieh! [illegible]ine Magd des Herrn? Konnte der Glaube [illegible] ausdrücken, als so: Mir geschehe nach [illegible] Wort? Konnte sich die Anbetung Gottes [illegible]er offenbaren, als [illegible] Ich bin eine [illegible] Herr ist der Herr: ich die Magd des [illegible] Ergebenheit in den Willen Gottes [illegible]er [illegible], als so: Mir geschehe nach [illegible] Worte; dein Wort ist meine Freude? Die[illegible] des höchsten Ver[illegible] und der tiefsten [illegible]: Ich bin eine Magd des Herrn; mir geschehe [illegible]em Worte des Herrn — ist also wohl würdig, daß wir uns oft, recht oft seiner erinnern; ist wahrlich daß wir ihn oft, recht oft mit warmer Empfindung sprechen — mit mehr Empfindung nachsprechen, als es gemeiniglich geschieht. *)

II.

Der Besuch Mariä.

Nachdem die Botschaft des Himmels vollendet, die unsichtbare Ueberschattung des heiligen Geistes bracht war, gieng Maria mit Eile (der Geist Gottes sie) über das Gebirge in die Priesterstadt Juda so Zacharias und ihre Freundin Elisabeth wohnten. gieng mit Eile: die Freude beschleunigt ih Sie gieng mit Eile: die Liebe zaudert wollte die Freude ihres Herzens in das Herz ausgießen. Die Freude bleibt nicht in Einer fließt von einem Herzen in das andere über, und sich mit, und wird im Mittheilen größer. Sie Hause ihrer Verwandten an. Zacharias und E sieh da! ein Ehepaar, das unsträflich vor Gott und Menschen wandelte, und allen Geboten des Herrn nachlebte! ein Ehepaar, das untadelhaft und unbe mit sich, Gott und den Menschen zufrieden war. kam, ihre Base zu besuchen. Dieß ein schönes,

---

*) Es wird in der katholischen Kirche an allen Orten drei Tages ein Zeichen zum Gebete mit den Glocken ge durch wir uns an die große Wohlthat — an die Men dung des Sohnes Gottes sollten erinnern lassen. Es he jetzt läutet man zum englischen Gruß. Man soll n diese merkwürdige Begebenheit, wie der Engel der Jungfrau den Willen Gottes ankündigte, und wie in Wort Fleisch geworden ist — mit freudiger Seele e und nicht nur die Worte: ich bin eine Magd des H mir geschehe nach deinem Worte: das Wort ist Fleis worden — mit andächtiger Stimme und erbauender G aussprechen; sondern vorzüglich die unermeßliche Güte Gottes in Sendung seines Eingebornen mit gerührtem Herzen dankbar preisen.

[illegible]der, für uns Alle, und dann besonders für das Frauengeschlecht *) lehrreicher Auftritt. Maria erscheint da als die Gesellschafterin, bei einem Besuche in einem Hause, das jedem Eingehenden Ehre machte; das aber dießmal von Maria geehrt, und wunderbar erfreut werden sollte.

Maria grüßte Elisabeth. Kaum war der Gruß in ihren Ohren erschollen, da sprang in ihrem Leibe das Kind auf. Es war dieß die Annäherung des Gottmenschen, den Maria unter ihrem Herzen trug — der Alles, was ruhte, bewegen, und, was Leben hatte, mit Freude erfüllen sollte. Darum sprang das Kind im Mutterleibe auf. Elisabeth sollte aus dieser wundervollen Begebenheit zum Voraus kennen lernen, daß die Leibesfrucht zur Vollbringung eines großen Werkes bestimmet wäre. Der Himmel wollte ihr eine starke Vorempfindung von dem hohen Berufe ihres Kindes geben. Darum sprang das Kind im Mutterleibe auf. Da begegneten sie sich zum erstenmal — der, der einst mit Wasser taufen, und der, der mit dem heiligen Geiste taufen sollte — Johannes und Jesus, beide noch im Mutterleibe — der Vorbote des Herrn, und der Herr selbst — der Zeuge des Lichtes, und das Licht selbst — der Wegbereiter des Kommenden und der Kommende selbst.

In dem nämlichen Augenblicke, da das Kind im Mutterleibe aufhüpfte, ward Elisabeth mit dem heiligen Geiste erfüllet. Der nämliche Geist, der Mariam überschattete; der nämliche Geist, mit dem Jesus taufen sollte — der begeisterte nun auch die fromme Verwandte. Sie rief mit lauter Stimme: „Gesegnet bist du über alle deines Geschlechtes; gesegnet ist die Frucht deines Leibes! Woher mir so viel Ehre, daß die Mutter meines Herrn zu mir kommt? Sieh! sobald ich die Stimme deines Grußes hörte, hüpfte das Kind in meinem Leibe auf. Selig,

*) Die Besuche der Personen aus dem Frauengeschlechte in den Häusern ihrer Verwandten ꝛc. würden an Unschuld, Güte und edler Absicht nichts verlieren, wenn sie sich den Besuch der frömmsten Israelitin zum Muster wählten.

die du geglaubt hast! Was d... die
heißen, alles das wird in Er... ...
So wirkt, so redet der heilige Geist.
voll vom heiligen Geiste ist, segnet die ...
segnet bist du, gesegnet ist dein ...
redet die Sprache der freudigen Demuth: Wo...
so viel Ehre, daß die Mutter des Herr...
mir kommt? und erzählt die Wunder der
Sobald in meinem Ohr dein Gr...
hüpfte im Leibe das Kind auf; und ...
Seligkeit des Glaubens: Selig, die du geg...
und verkündet die Treue Gottes: Was Er ...
sprach, wird Alles erfüllet. Wir se...
sem Ausruf der Freude, daß der Glaube ...
Wort des Herrn eben das gewesen ist, was ...
gottgefällig, und des großen Segens fähig ...
Selig, die du geglaubt hast! Der h...
sprach durch Elisabeth — und der heilige ...
Mariam selig, und pries sie des Glaubens ...
Selig, die du geglaubt hast!. Maria ...
Seligpreisungen ihrer Base, und erstaunt, daß ...
Geist das große Geheimniß, das Er in ihr ...
ihren Verwandten offenbaret hat — hört und ...
mit neuer unaussprechlicher Freude — hört ...
voll Begeisterung in den heiligsten Lobgesang ...
jemals auf Erden gesungen worden. „Mei...
erhebt den Herrn; es jauchzt mein ...
Gott, meinem Heil.“ Wie ein Strom ...
aus ihrem Munde, oder vielmehr aus ihrem H...
Freude an Gott. „Er sah herab auf seine ge...
Magd. Und sieh! selig werden mich all...
schlechter preisen von nun an.“ Gerade ...
sie zu ihrer Freundin sagte: Du hast mich sel...
chen; sieh da! mit deiner Stimme vereinigt si...
me der ganzen Nachwelt. Unsre Freuden sind ...
Freuden der spätesten Zukunft — und unser Fest ...
Nachkommen ein Jubelfest. Seligkeit wird ...
über alle Welt ergossen. Das empfindet ...
darum werden sie alle Kindeskinder segnen. ...

unaussprechlich glücklich: aber sie weiß auch, daß sie es nur aus Gottes Gnade ist. „Weil Der große Dinge an mir gethan, der mächtig ist — heilig ist sein Name.“ Sie ward von Gott geehrt, und gibt nun auch Gott allein die Ehre wieder. Welche Demuth bei Ihrer Hoheit! „Seine Barmherzigkeit geht von einem Geschlechte auf das andere fort gegen die, die Ihn fürchten.“ Das mußte Maria recht tief empfunden haben. Gott ist barmherzig gegen seine Verehrer, und ist es immer — von Geschlecht zu Geschlecht. Das mußte ihr liebster Gedanke gewesen seyn: Fürchte Gott! denen, die Ihn fürchten, ist Er gnädig. Ihr Herz gab ihr das Zeugniß, daß sie gottesfürchtig war. Nun hat sie es an sich erfahren, wie die Gottesfurcht über alle Erwartung gesegnet wird. „Mit seinem Arm hat Er mächtige Dinge ausgerichtet; hat die Hochmüthigen auseinander geworfen; hat Fürsten gestürzt von den Thronen; hat Geringe darauf erhoben; hat die Hungrigen gesättiget; hat die Reichen leer fortgeschickt.“ All dieses sah, erforschte, empfand Maria, und betete es an, und bewahrte es tief in sich, und theilte es hier ihrer Freundin mit. So vertraut mit den liebevollen Wegen der göttlichen Weisheit war die Gesegnete aus dem Weibergeschlechte. Und diese mit Gott vertraute Seele war es, die ihren Gesang so enden durfte: „Nun nahm Er sich Israels an, seines Knechtes — eingedenk der Gnade, die Er den Vätern verhieß, dem Abraham und seinen Kindern ewig fort.“ Da kommt Maria mit ihren hohen Gedanken auf die Vorwelt zurück. Abraham und das große Versprechen, das ihm Gott gethan: In deinem Samen werden alle Völker der Erde gesegnet werden; der große Abkömmling selbst, den sie jetzt unter ihrem Herzen trägt; die Treue Gottes und seine Verheißungen; die Erwartungen der Welt und die nahe Erfüllung dieser Erwartungen — all dieses, und noch weit mehr, als wir sagen, und wohl auch empfinden können, liegt vor ihren Augen. Ihr

Herz ist voll davon, und der Mund kann nur das Allerwenigste aussprechen.

Dieß ist der Lobgesang Mariä. So [illegible] die Herrlichkeit der Erbarmungen Gottes, und [illegible] Freundin die ganze Reihe derer vor, die nun [illegible] lieder singen, und sie selbst selig preisen wer[illegible] sieht den Arm Gottes, wie ihn etwa Isaias [illegible] Schicksale der Königreiche lenken, erniedrigen und [illegible] ersättigen und leer fortschicken, zerstreuen [illegible] Sie sieht, was David auch sah, daß kein Gott[illegible] noch verlassen war, und keiner von der grenzenlose[illegible] herzigkeit werde verlassen werden. Endlich sieht [illegible] David nicht sah, und was kein Prophet so [illegible] das volle Maß der Gotteserbarmung; sie [illegible] tend, und schweigt.

Dieß geschah bei dem ersten Eintritt in das [illegible] war der erste Gruß und Gegengruß bei diesem [illegible] gen Besuche. Wie müssen sich diese zwei edlen Gese[illegible] rinnen, Maria und Elisabeth, die der Himmel beide [illegible] ordentlich gesegnet hatte — die ganze Zeit ihres [illegible] seyns beschäftiget haben! Maria blieb drei Monate [illegible] dem Hause ihrer Base. Wer mag den Inhalt ihrer [illegible] che, ihre Gebete, ihre gemeinschaftlichen Gottpreisun[illegible] ihre Ahnungen alles dessen, was in Zukunft geschehen [illegible] beschreiben? O, wer kann die Freude nennen, die zw[illegible] tesfürchtige Seelen miteinander genießen, wenn sie di[illegible] rungen der Vorsehung, ihre Schicksale, ihre Freuden [illegible] Leiden, ihr Frohlocken und Erschrecken, ihr Hoffen [illegible] nen mit vollem Herzen einander mittheilen! Und da[illegible] die Freude, die diese zwei auserwählte, und so wun[illegible] gesegnete, und mit dem heil. Geiste erfüllte Seelen [illegible] ander theilen, wenn sie die herrlichen Wunder der [illegible] Weisheit und Allmacht Gottes, die an ihnen geschehen [illegible] und noch geschehen werden — vergleichen!

Nach drei Monaten *) kehrte Maria wieder nach Hause.

---

*) In diesem Besuche finden wir nichts von der leeren, zei[illegible] den und herzverderbenden Visitensprache, die zu unser[illegible]

XII.

Etwas statt der Jugendgeschichte Mariä.

Diese edle, gottgefällige Jungfrau, die wir zuerst bei der Botschaft des Engels, und dann bei dem Besuche ihrer Base bewunderten — was mag sie für Eltern gehabt haben? Dieß ist gemeiniglich eine der ersten Fragen, die wir an uns thun, wenn wir eine außerordentlich edle, sanfte, liebenswürdige Seele kennen lernen. Diese Frage ist natürlich; sie ist auch bei Maria natürlich, da schon ihr Gott noch so edle Gaben auf die Welt mitgegeben hatte. Denn muß man nicht auch schon die fleißigen Wärter *) einer kostbaren Pflanze werthschätzen? Und dieß sind fromme Eltern. Die Eltern Mariä (eine alte, glaubwürdige Sage nennt sie uns Joachim und Anna) mußten ihr Kind schon frühzeitig und genau in all dem unterrichtet haben, was die Israeliten von Gott und seinen Verheißungen wissen konnten. Die Offenbarungen Gottes, wie wir sie in der Natur und in den Büchern des alten Bundes sehen, mußten schon früh-

---

in den Besuchen und Zusammenkünften herrscht. Zwar ist in diesem Besuche gar Alles außerordentlich — die Personen, ihre Lage, die Absicht des Besuches, die Begebenheiten u. s. w. Und dieses Außerordentliche kann Niemand von unsern gewöhnlichen Besuchen fordern. Aber so viel darf man mit allem Rechte behaupten:

„Die Besuche der Christen sind meistentheils auch für Heiden zu niedrig."

Entweder ist die Rede von Tändeleien, von Putz, Kleidung, Frisur, oder vom Wetter, oder von Freundschaft, Liebe, Komplimenten, fremden Fehlern, Verbrechen u. s. w. Die vernünftigen, und eines Menschen würdigen Gespräche sind unter Menschen und Christen so selten — das unvernünftige, leere, beleidigende, verführende Geschwätz unter Menschen und Christen so allgemein, daß man den Menschen selten, den Christen fast gar niemals reden hört.

*) Die die Pflanze erziehen, ihren Wachsthum befördern.

zeitig die Aufmerksamkeit und das Nachdenken [illegible] beschäftiget haben. Nur diese herrlichen Erfahrungen Gottes und das lebendige Beispiel der Eltern, [illegible] Umgang der Eltern,) und die unsichtbare Allmacht [illegible] mels, welche die Wirkungen ihrer Werkzeuge [illegible] bar zu verstärken weiß, konnten in ihr eine [illegible] Andacht entzünden, daß die ganze Christenheit [illegible] in dem hohen Lobgesang (Magnificat) [illegible] wie ein Funke gewesen ist, kann mit zu [illegible] Es mußte also Maria, ohne Zweifel, schon [illegible] esten Jugend an, im vertrauten Umgang mit Gott [illegible] liche Freude empfunden haben: wie hätte sonst diese [illegible] an Gott nachmals so starker Hebel, so [illegible] werden können?

Dieß hohe Gebäude muß einen tiefen Grund, [illegible] gute Frucht einen guten Samen, diese rege Flamme [illegible] lebendigen Funken zu ihrem Entstehen gehabt haben. [illegible] hätte sonst ihre Andacht so lebendig, ihr Lobge[illegible] feurig, ihr Besuch bei ihrer Base so geistvoll, [illegible] Herz so mittheilend seyn können? — Frühe [illegible] Maria an dem nur, was gut, schön und gottgef[illegible] Und was die Jungfrau jetzt thut, das that [illegible] frühe schon. Sie mußte von Jugend auf in sich [illegible] und nur für ähnlichfromme Seelen offen gewesen seyn. Schon öfters muß sie ihr Herz in das Herz ihrer [illegible] ausgegossen haben. Denn ihre Stimme ist schon [illegible] bekannte und vertraute Stimme in Elisabeths [illegible]. Ihr Herz muß schon lange die Flamme der [illegible] Freundschaft genähret haben, weil es dießmal [illegible] entbrannte. Sie eilte über das Gebirge, ihre Base zu besuchen.

„Das Haus muß aber rein,
Die Seelen ohne Haber seyn."

Maria hatte sich eine alte Freundin gewählt. [illegible] nur dieser konnte sie Alles mit der Vertraulichkeit [illegible] Tochter offenbaren. Sie hatte sich ihre Verwandte zu ihrer Vertrauten gewählt. Denn diese war auch [illegible] Regierung der göttlichen Vorsehung besonders [illegible]t, und zur Gott so geweiht und wohlgefällig, daß sie nicht nur auf eine wunderbare Weise die Mutter des Vorläufers des Messias wurde, sondern auch den Geist der Weissagung bekam. Recht tief hat sie die Seligkeit Mariä, und die Hoheit des Berufes ihrer Leibesfrucht empfunden. Besonders in ihren letzten Worten, die sie zu Maria sprach, scheint sie die Größe des Weltheilandes und den Segen der erlösten Nachkommen sehr lebhaft gefühlt zu haben: Alles, was dir der Herr verheißen hat, wird in Erfüllung gehen.

Ach, wenn wir noch weit weniger von Maria wüßten, als was wir wirklich wissen: was für große Begriffe müßten wir uns doch von ihr — bloß aus dem untadelhaften Wandel und herrlichen Lobspruch ihrer Freundin Elisabeth machen?

IV.

Die Mutter des Herrn.

Maria war wieder daheim. Um dieselbe Zeit ergieng vom Kaiser August ein Befehl, daß das ganze Reich beschrieben werden sollte. Ein jeder zog in seinen Stammort, sich aufzeichnen zu lassen. Auch Joseph zog aus Nazareth in die Geburtsstadt Davids, die Bethlehem hieß, um sich mit Maria, seiner Verlobten, aufschreiben zu lassen. Die Zeit ihrer Schwangerschaft ward erfüllet, während sie zu Bethlehem war. Maria gebar also ihren (und der Welt) Erstgebornen. Sie wickelte Ihn in Windeln ein, und legte Ihn in die Krippe — weil sie in der Herberge keinen Platz fand. In eben der Gegend waren Hirten, die die Nachtwachen hielten, und ihre Heerde hüteten. Da schwebte plötzlich der Engel des Herrn über ihnen. Hellleuchtende Klarheit Gottes umgab sie. Sie erschracken darüber sehr. Der Engel ermunterte sie: „Fürchtet euch nicht, sprach er; ich verkünde euch eine große Freude: diese Nacht ist euch in der Stadt Davids der Heiland geboren — der Messias, der Herr. Daran könnt ihr Ihn erkennen: ihr werdet ein in Windeln eingewickeltes Kind in der Krippe liegen sehen.“ Die

Hirten gingen in Eile hinweg nach der [illegible]
Engels, und, da sie Maria und Joseph [illegible]
angetroffen hatten, erzählten sie Alles [illegible]
und Herzensfreude, was ihnen von dem Eng[illegible]
dieses Kindes halber, offenbaret worden. [illegible]
kehrten zurück voll Lobpreisungen Gottes. Mari[illegible]
alle diese Worte, und bewahrte sie tief, und vergl[illegible]
erwog sie in ihrem Herzen. Dieß Bewahren, [illegible]
Vergleichen und Erwägen der Hirtenerzählungen [illegible]
uns gar schön, was bei der Geburt des Herrn [illegible]
Herzen seiner Mutter vorgegangen ist. Maria lie[illegible]
nicht leicht etwas von den Wegen der göttlichen [illegible]
sehung unbemerkt, das sie bemerken konnte: [illegible]
stand immer den Regungen der Gnade Gottes [illegible]
dießmal lebten in ihr ganz außerordentliche [illegible]

„Mein Kind der Erretter — der Messias — [illegible]
Sohn des Allerhöchsten, dem Gott den Thron [illegible]
vids geben wird — der ewig im Hause [illegible]
herrschen wird — der das Volk von den [illegible]
erlösen wird — der durch Ueberschattung [illegible]
ligen Geistes empfangen ward — von dem
Engel, die Hirten, Joseph, Elisabeth so große [illegible]
verkündeten" —

Dieß war beiläufig der Gedanke, der die Mutter [illegible]
Herrn bei Tage und Nacht beschäftigte, erfreute, und [illegible]
Andacht entzündete. Da mochte sie wohl ein noch [illegible]
licheres Magnificat gesungen haben, wenn wir [illegible]
gewesen, als bei dem Besuche ihrer Base. Da [illegible]
ihr Herz in Anbetung, Glauben, Ahnung, Liebe, Freude,
Dank, Zärtlichkeit ganz aufgelöset worden seyn. [illegible]
mochten ihr die Worte Gabriels: „Sey gegrüßt, G[illegible]
volle! der Herr ist mit dir: fürchte dich nicht! Du [illegible]
Gnade bei Gott gefunden; du bist die Gesegnete [illegible]
dem Weibergeschlechte; du wirst empfangen und ge[illegible]
einen Sohn — und das Heilige, das aus dir wird [illegible]
boren werden, wird Gottes Sohn genennet werden,"
am lebhaftesten vorgeschwebt haben. Wer da nicht [illegible]
dem bloßen Gedanken — was wird die Mutter des Herrn

bei der Krippe in Ansicht ihres Kindes empfunden haben? Nahrung genug zur dankbaren Mitfreude und freudigen Lobpreisung Gottes findet: wo wird der Nahrung zum freudigen Danke fehlen?

V.

Der Name Jesu.

Als acht Tage vorbei waren, da ward der Knabe beschnitten, und Ihm der Name Jesus gegeben, wie Ihn schon der Engel vor seiner Empfängniß genannt hatte. Der Engel hat Ihn zweimal genannt: einmal, da er zu Maria hineintrat, und ihr den Willen des Allerhöchsten ankündete: Du wirst schwanger werden, und einen Sohn gebären, und Ihm den Namen Jesus geben; hernach, als er dem Joseph im Traume erschien, und die Angst wegen der Schwangerschaft seiner Verlobten in Freude verwandelte. Sie wird, sagte er, einen Sohn gebären, und du sollst seinen Namen Jesus heißen. Denn Er wird das Volk von den Sünden erlösen. Daraus können wir auf die Gesinnungen schließen, die in dem Herzen Mariä aufleben mußten, als sie ihrem Kinde den Namen Jesus — Erlöser, Heiland, Helfer gab. Sie war also die Mutter des Herrn, und ist nun die Mutter Jesu, des Helfers, des Erlösers, des Heilandes.

VI.

Die Weisen aus Morgenland.

Maria und das Kind Jesus waren noch zu Bethlehem, als die Weisen aus Morgenland über Jerusalem nach Bethlehem kamen; vor dem göttlichen Kinde ehrfurchtsvoll auf die Kniee niederfielen; Ihm, als dem gebornen Könige der Juden, Geschenke brachten, und nebst Weihrauch, Myrrhen und Gold, das herrlichste gottgefälligste Geschenk — ihr Herz opferten. Sie erzählten der horchenden Mutter Jesu, wie sie im Aufgang den Stern des Judenkönigs erblicket, der Leitung dieses Sterns gefolget, und nun durch Hülfe des Sterns, der über dem [illegible], wo sich das göttliche Kind [illegible] [illegible], die Mutter und das Kind [illegible] Sie erzählten ihr auch, daß der König [illegible] Bethlehem, als dem Geburtsorte des Kindes [illegible] und daß er sich ganz geneigt angestellet habe, [illegible] Person den neugebornen Judenkönig anzubeten. Ehrbezeigungen gelehrter, [illegible], gott[illegible] tiger Fremdlinge vor dem Kinde [illegible] [illegible] von der Wegweisung des Sterns, und [illegible] sinnungen des Herodes — waren nun wieder [illegible] [illegible]che Nahrung für die nachdenkende, vergleichende [illegible] Seele der Mutter Jesu.

VII.

Die Darstellung Jesu im Tempel.

Als die Zeit ihrer Reinigung zu Ende gieng, [illegible] nach der Verordnung Moses mit dem Knaben [illegible] salem, damit sie Ihn dem Herrn darstellte, und [illegible] Vorschrift des göttlichen Gesetzes ihr Opfer bri[illegible] ein Paar Turteltauben, oder zwei junge Tauben [illegible] ist denn die Mutter des Herrn immer die fromme [illegible] litin, die mit freudigem Gehorsam jeden Wink des [illegible] tzes ohne Ausnahme vollzieht! — Da war zu [illegible] lem ein Mann, der Simeon hieß, ein rechtschaffener [illegible] ehrer Gottes, voll Verlangens nach dem Troste [illegible] In Ihm war der heilige Geist, von welchem er die [illegible] sicherung hatte, daß er nicht sterben würde, er hätte zuvor den Gesalbten des Herrn gesehen. Eben jetzt [illegible] er aus Antrieb des heiligen Geistes in den Tempel. [illegible] nun die Eltern Jesu den Knaben dahin brachten, n[illegible] er Ihn freudenvoll auf seine Arme, lobte Gott, und [illegible] kündigte die große Bestimmung des Knaben. Die [illegible] Israels, das Licht der Heiden, und [illegible] der Welt erblickte er an Ihm, und weissagte [illegible] Ihm. Nun, rief er voller Entzückung aus, [illegible] entlässest Du deinen Diener nach deinem W[illegible] im Frieden; denn mit meinen Augen habe [illegible] gesehen dein Heil, welches Du für alle [illegible] bereitet hast — ein Licht zur Erleuchtung der [illegible] und eine Zierde deines Volkes Israels. [illegible] und Joseph wurden voll Verwunderung über die Aussprüche [illegible]. Sie beide wurden von [illegible] ne gesegnet. — Jetzt wandte er sich zu [illegible] und sprach zu ihr:

„[illegible] dieß Kind ist gesetzt, vielen in Israel zum Fall und vielen zur Auferstehung. Ein Ziel des Widerspruches wird Es seyn. Deine eigene Seele wird [illegible] durchdringen, daß [illegible] Herzens Gedanken [illegible] kommen." —

Das war also wieder eine in allem Betracht liebevolle und höchstweise Anstalt der göttlichen Vorsehung, nicht nur zum Besten des frommen Greises, der den Trost Israels mit Augen sah, [illegible] nicht nur zum [illegible] Augen, [illegible], und [illegible] sondern auch zum Besten der Mutter Jesu. Zuerst wurde ihr Verlangen, das [illegible] des Himmels, mit ihrem Kinde immer deutlicher kennen zu lernen, immer mehr befriediget. Dieß dein Kind ist

„das Heil, bereitet vor dem Angesichte der Völker,
ein Licht zur Erleuchtung der Heiden;
die Ehre Israels;
gesetzt zum Fall und zur Auferstehung vieler;
ein Ziel des Widerspruches!"

Diese Aussprüche wird Maria bedächtlich gesammelt — genau erwogen — tief bewahret haben. Was für bittere, süße, vermischte Empfindungen mußten in ihrem Herzen [illegible] werden seyn, wenn sie manchmal, um sich eine gute Stunde zu machen, hinsaß vor ihrem Erstgebornen — und das, was Er einst Alles vollbringen sollte, so lebendig [illegible], als wenn sie Ihn sähe,

[illegible] und Freude in Israel allgemein verbreiten;
[illegible] ene Herzen aufrichten;
den [illegible] zum Aergerniß, zum Fall —
den Frommen zum Segen, zur Anbetung werden!"

[illegible] welcher Herzenslust, [illegible] mit welchem [illegible] sie oft ganze Nächte an [illegible] einst nach dem Verkünden der Engel, [illegible]ungen der Hirten, nach dem Sagen [illegible] Morgenländer, nach den Vorhersagungen der [illegible] nach dem Weissagen Simeons, *) die Ehre I[illegible] Ziel des Widerspruchs, [illegible] Fall werden sollte!

[illegible]ens wurde das [illegible] die künftigen Schläge [illegible] Simeon hat ihr's nicht verborgen, daß [illegible] mal ein gewaltiger Zank, und [illegible] zusammenschlagen werde.

Er ist gesetzt zum Fall [illegible]

Er wird das Ziel des [illegible]

Simeon hat ihr's nicht verborgen, [illegible] an ihrem Sohn sehen wird, ihr Mutterhe[illegible] Schwert [illegible] werde.

[illegible] dur[illegible]

O dieß Wort des Schreckens, dieß Wort [illegible] angst[illegible] Wort der bangsten Wehmut[illegible]

---

*) So viel Maria aus diesen Wundern [illegible] aus ihrem Kinde werden würde, [illegible] ihr doch noch Alles so dunkel, als man sich's [illegible] kann. Alles, was erst geschehen soll [illegible] über das Zukünftige, wenn es noch so klar [illegible] liegt noch allemal ein dichter Schleier. [illegible] schieht, ist so ganz bestimmt — geschieht [illegible] die[illegible] nem andern Ort, zu dieser [illegible] andern [illegible] diese und keine andern Personen, [illegible] dieser [illegible] dern Absicht — daß man es [illegible] unmöglich [illegible] schieht, so, wie es geschicht, vorstellen kann. [illegible] bei all dem, was sich mit ihrem Kinde ereignet, [illegible] voll Verwunderung — weil das Zukünftige bei all[illegible] gungen, Offenbarungen, immer noch sehr dunkel [illegible] nißvoll bleibt.

[illegible] in [illegible] Macht [illegible] haben!
[illegible] den [illegible] Wehmuth, [illegible]
[illegible] Schmerz [illegible] vor [illegible] Schwert
[illegible]
[illegible]t, [illegible]

VIII.

Die Flucht nach Aegypten.

[illegible] schon angeſtri- [illegible]. Freude und Kummer theilten ihr Herz auch damals, als Jo- [illegible] mitten in der Nacht vom Schlafe weckte, und [illegible] und [illegible] nach Aegyp- [illegible] Kummer auf Kummer nahm mit jedem [illegible], als sie hörte, daß Herodes [illegible]. Freude lebte wie- [illegible], als sie bedachte, daß der Hüter Israels, [illegible] schläft noch schlummert, so väterlich für [illegible]ung des Kindes sorge. Bangigkeit und Freude, [illegible] die Verheißungen Gottes und Ahnungen schreck- [illegible] Trübsale, Vertrauen auf die wachende Vorsorge [illegible] Unsichtbaren und angstvolle Empfindungen des [illegible] Mutterherzens — beschäftigten sie bald wechsel- [illegible], bald miteinander. Mit diesen Gesinnungen [illegible] nach der Anzeige des Engels nach Aegypten; [illegible] Gesinnungen kam sie in Aegypten an; mit diesen Gesinnungen blieb sie in Aegypten; mit diesen Gesinnungen kehrte sie auf die Anzeige des Engels [illegible] Aegypten zurück, und ließ sich zu Nazareth nieder. [illegible] die Vorsehung an, die die Freuden und Schmer- [illegible] Lebens so weislich und liebevoll aneinander [illegible]pfet und ineinander vermenget. Sie bemerkte das [illegible]erbare in den Begebenheiten mit dem Kinde Jesus: wie z. B. das Heil der Welt bei dem Eintritte in [illegible] Welt keinen Platz für sich, außer in der Krippe fand; wie das Heil der Welt schon in den [illegible] Kindheit in ein fremdes Land mußte [illegible] um den Nachstellungen eines herrsch-

[illegible] [illegible] zu [illegible] wie [illegible] etwas wider den [illegible] Gottes [illegible] Engel Gottes dazu bestimmt [illegible] höchsten zum Besten der Menschen zu [illegible] bald durch Winke und Warnungen [illegible] durch deutliche und ausführliche Unterredungen. [illegible] auf die offenbaren und geheimen Wege Gottes [illegible] freute sich an der Güte des Weisesten, [illegible] die Treue des Gütigsten, und [illegible] [illegible] des Mächtigsten und [illegible] [illegible] des Weisesten, Gütigsten und Mächtigsten [illegible]

IX.

Die Mutter Jesu zu Jerusalem.

Maria und Joseph zogen jährlich [illegible] Jerusalem. Wie Jesus nun zwölf Jahre alt [illegible] sie nach Gewohnheit auf's Fest nach Je[illegible] waren, und jetzt am Ende der Festtage [illegible] kehrten, sieh! da blieb der Knabe Jesus zu [illegible] Seine Mutter wußte nichts davon — Joseph [illegible] Sie glaubten, Er wäre unter ihren Reisege[illegible] und legten, ohne Ihn aufzusuchen, eine Ta[illegible] Wie sie aber bei ihren Verwandten und Be[illegible] fragten, und Ihn nirgends fanden, so giengen [illegible] nach Jerusalem, und suchten Ihn da.

Endlich nach drei Tagen fanden sie Ihn [illegible] pel, wo Er unter den Lehrern saß, ihnen [illegible] sie auch fragte. Alle, die Ihn hörten, [illegible] seine Weisheit im Fragen und Antwortgeben. [illegible] nun seine Eltern hier sahen, waren sie herzlich [illegible] wieder gefunden zu haben — doch nicht o[illegible] Schmerz darüber, daß Er ohne Anzeige zurück[illegible] Seine Mutter sagte zu Ihm:

„Mein Sohn! warum hast Du uns das [illegible] dein Vater und ich haben Dich mit [illegible] sucht!“

Warum, erwiederte Er, habt ihr Mich gesucht? [illegible] ihr nicht denken, daß Ich in dem Dienste [illegible]

Geschäfte? — Sie verstanden nicht, was Er ihnen mit diesen Worten sagen wollte. Auch Maria verstand ihn nicht. Sie war zu sehr von dem Kummer über den Verlust des Sohnes, und von der plötzlichen Freude des Wiedersehens eingenommen, als daß sie hätte daran denken können, wie Ihn der Vater im Himmel schon wegrufe von der Mutterseite. Sie konnte nicht vermuthen, daß ihr Sohn sich schon jetzt im Tempel üben müsse, um sich zu dem großen Werke — zur Vollendung des Auftrages vorzubereiten, mit dem Ihn der himmlische Vater in die Welt gesandt hatte.

Maria verstand die Worte ihres Sohnes nicht: aber, wie der heilige Geschichtschreiber beisetzt, sie bewahrte sie wohl in ihrem Herzen. Diese ununterbrochene Aufmerksamkeit auf Alles, was ihren Sohn betraf — wer muß sie nicht hochschätzen? wer nicht liebenswürdig finden? Was ist edleres an dieser Menschenseele, als diese stille, ruhige Bedachtsamkeit, die hören, und das Gehörte bewahren kann? *Wahrlich selig, der hören, und das Gehörte bewahren kann!* Jesus Christus, die Weisheit des Vaters, hat nachmals selbst diejenigen selig gesprochen, die das Wort Gottes hören und bewahren. *Selig, die meine Worte hören und bewahren!* Er hat hiedurch vorzüglich seine Mutter selig gesprochen. Denn, wer hat jemals alle Worte Gottes, sie möchten von Engeln oder Propheten gesprochen worden seyn, so lernbegierig angehört, so rein aufgefaßt, so treu bewahrt, als die Mutter Jesu?

X.

Die gottgefällige Familie zu Nazareth.

Jesus reisete mit Maria und Joseph von Jerusalem ab, und kam nach Nazareth, war ihnen unterthan, und nahm zu, wie an Jahren, so an Weisheit und Gnade, an Liebenswürdigkeit vor Gott und den Menschen. — Das ist wohl die einzige Familie, die keine ihres gleichen hat, so lange die Welt gestanden hat — und keine ihres gleichen haben wird, so lange die Welt noch stehen wird:

„Maria, die [illegible]
Joseph, der Gerechte, [illegible]
Jesus, der gehorsame Sohn und [illegible]

Die Freude der Mutter, die sie daran [illegible] Kind unter ihren Augen an Alter, Weisheit [illegible] vor Gott und den Menschen zunahm; ihre [illegible] dessen, der ihr diese gute Gabe geschenkt [illegible] gen auf den, der den Heiden Licht, und [illegible] Heil bringen sollte; ihre stillen Dankgebete zu dem allein alles Gute kommt — wer mag sie [illegible]

Indeß, so wenig wir von dieser Familie [illegible] wissen wir doch genug, wenn uns nur die [illegible] Sinn kommen, das einmahl [illegible]

„Maria, die Auserwählte, mit [illegible]
Joseph, der Rechtschaffene, mit dem [illegible]
Jesus, der zunimmt an Alter, Weisheit und [illegible] würdigkeit vor Gott und den Menschen.“

XI.

Jesus auf der Hochzeit zu Kana.

Von dem zwölften Jahre des Knaben Jesu [illegible] dreißigsten, schweigt die Geschichte von Ihm und [illegible] Mutter stille. Zu Kana bei einer Hochzeit [illegible] sie das erstemal wieder. Jesus und seine Jün[illegible] auch dabei. Es gebrach an Wein. Die [illegible] bemerkte gleich den Abgang des Weines, und ihre[illegible] thätigen Herzen war es sehr angelegen, daß die Freude des Gastmahls nicht gestöret würde; sie wollte [illegible] Ihr Glaube an die Wunderkraft ihres Sohnes [illegible] mals schon sehr lebendig, und ihr Vertrauen [illegible] geradenwegs an Ihn: „Sie haben keinen Wein.“ [illegible] schien ihr eine harte Antwort zu geben: „[illegible] was an? meine Stunde ist noch nicht da.“ „Das [illegible] trauen Maria ließ sich durch diese abweisende [illegible] nicht abweisen; sie sprach voll Zuversicht zu den [illegible] wärtern: „Was Er euch sagen wird, das thut.“

[illegible] und [illegible] zu [illegible] geschieht, [illegible] be[illegible]geschah, was [illegible]glaubte. Das [illegible] ward in [illegible]verwandelt. Die [illegible]ige Jesu [illegible] erste Wunder.

XII.

Veranlassung einer wichtigen Lehre.

In der Fo[illegible] Maria nicht [illegible] Augenzeugin der [illegible], die Jesus überall, wie seine Fußstapfen, zurückließ — und Hörerin seiner göttlichen Lehren. [illegible] einmal durch ihre Gegenwart eine der [illegible] Lehren Jesu veranlasset. Als nämlich einer zu [illegible] sagte: Deine Mutter und deine Brüder sind draußen, und möchten mit Dir sprechen; so erwiederte der Weltlehrer:

„[illegible] ist meine Mutter?
wer sind meine Brüder?“

[illegible]tete mit ausgestreckter Hand auf seine Jünger, und [illegible]gte:

„[illegible] Da [illegible] Mutter und meine Brüder!
denn, wer den Willen meines Vaters thut —
der ist mir Bruder und Schwester und Mutter.“

[illegible] gewiß wird die Mutter Jesu durch diese herrliche Lehre in der wahren Weisheit gestärkt worden seyn. Es [illegible] ihr ganz natürlich eingefallen seyn, daß sie mehr wegen ihrer Ergebung in den Willen Gottes, als wegen der Mutterwürde des Messias, vor Gott gelte.

XIII.

Maria unter dem Kreuze.

[illegible]kam die Stunde des Schmerzens. Maria be[illegible] Jesum mit Johannes auch da noch, wo seine [illegible] Jünger davon flohen, oder nur in der Ferne [illegible] — in den bittersten, [illegible] Augenblicken seines Leidens. Sie stand bei dem Kreuze, woran ihr Sohn

unter den allerheftigsten Schmerzen [illegible]
Sie sah Ihn hangen, [illegible] den Unschuldigen [illegible]
thäter, den Sohn des Allerhöchsten, [illegible]
letzten Worte des Sterbenden. Sie [illegible]
Kreuze. Das Schwert durchstach ihr Herz [illegible]
verstand sie die vielsagenden Worte Simeons:

„Er wird ein Ziel des Widerspruches seyn."

Sie hörte das Hohngelächter der blinden [illegible]
empfand sie die Wahrheit der Weissagung:

„Deine Seele wird ein Schwert durchdringen."

Doch der Glaube an die Verheißungen [illegible]
tes ließ sie in keine trostlose Verzweiflung [illegible]
stand bei dem Kreuze. Ihr [illegible]
laut, was einst ihr Mund gesagt hatte:

„Ich bin eine Magd des Herrn;
mir geschehe nach deinem Wort."

XIV.

Das letzte Vermächtniß des sterbenden [illegible] seine Mutter.

Noch unter den äußersten Schmerzen wandte [illegible] seinen liebevollen Blick auf seine Mutter herab. [illegible] sie mitleidend in ihrer künftigen Verlassenheit [illegible] herunter sah, sammelte Er noch einmal seine [illegible] sprach zu Maria, die neben Johannes stand:

„Weib! sieh' da deinen Sohn!"

und zum Jünger:

„Sieh' da deine Mutter!"

Bald darauf ließ Jesus das Haupt sinken, und [illegible]

Jesus mußte mit dem Winke auf Johannes, [illegible] auf Maria gewiesen haben, daß ihnen seine letzten [illegible] verständlich seyn konnten. So besiegelte Jesus die [illegible] nesliebe gegen seine Mutter. Er hatte ihr bisher [illegible]

Mutterliebe gezeiget; nun geht Er zum Vater, und sieh! Er stiftet ein ewiges Denkmal seiner treuen Liebe. Er empfiehlt sie, in die Arme des Geliebtesten aus seinen Jüngern — desjenigen, der Ihm selbst an Unschuld, Herzensgüte und Weisheitssinn am nächsten kam, und vor allen im Stande war, Mariä die treueste Sohnesliebe und zärtlichste Treue zu erweisen. — Und Johannes nahm sie zu sich.

XV.

Maria in der Gesellschaft der Apostel.

So wie Maria bei dem Leiden Jesu am meisten mitgelitten hat, so wird auch ihr Herz bei seiner Auferstehung ganz gewiß mit Freuden überströmet worden seyn. Da galt es auch: Wer mitleidet, wird sich mitfreuen; wer mehr mitleidet, wird sich mehr mitfreuen. Nach der Auffahrt Jesu war sie in dem Gemache des Hauses bei den Aposteln. Sie betete mit ihnen einmüthig; sie war Eines Sinnes mit ihnen. Sie war dabei, als der zwölfte Apostel an die Stelle des Judas erwählet ward; sie betete auch mit, als das Wahlgebet von hundert zwanzig Personen verrichtet ward, und das Loos den Matthias traf. Am Pfingsttage, als das Haus erschüttert wurde, und der versprochene Tröster in Gestalt zerstreuter feuriger Zungen herabkam, war sie auch dabei. Alle wurden voll des heiligen Geistes — sie auch. Maria, die Hochbegnadigte, die Auserwählte, die Gottesfürchtige, die Israelitin ohne Falsch, die Mutter des Herrn, ward also durch den heiligen Geist feierlich zur Christin eingeweihet.

(Jetzt schweigt die heilige Geschichte.)

Litanei
von der Lebensgeschichte Mariä.

(An den Festtagen der heiligen Jungfrau.)

Maria, du Gnadenvolle,
Du Auserwählte aus dem Weibergeschlechte,
Du Gesegnetste unter den Müttern und Jungfrauen,
Mit der der Herr war,
Die der Ewige von Ewigkeit zur Mutter seines Sohnes erwählet,
Die der himmlische Bote Gabriel belehret, daß dich der heilige Geist überschatten werde,
Du Unbefleckte,
Die der Engel durch die Nachricht von der Fruchtbarkeit deiner Base, im Glauben an die Allmacht Gottes gestärket,
Die du dem Worte des Engels geglaubt,
Du stille, gottesfürchtige Israelitin ohne deines gleichen,
Die du vom heiligen Geiste empfangen,
In der das Wort Fleisch geworden,
Die du auf Anregung des heil. Geistes deine Base besucht,
Die du Freude daran hattest, deine Freude mit deiner Freundin zu theilen,
Deren segensvolle Schwangerschaft deine Base durch Offenbarung des heiligen Geistes erkannte,
Bei deren Eintritt in das Haus deiner Verwandten — das Kind Johannes im Mutterleibe aufhüpfte,
Der Elisabeth in göttlicher Begeisterung entgegen rief: Gesegnet bist du über alle deines Geschlechtes,
Die du bei diesem wundervollen Besuche dem Gott Israels den herrlichsten Lobgesang gesungen,

Heilige Jungfrau! bitt' für uns, daß der Vater im Himmel durch unsern Wandel auf Erden gepriesen werde!

Du Anbeterin Gottes, voll Freude, voll Dankes, voll Begeisterung,
Die du den allergrößten Segen aller Welt, aller Völker aller Zeiten, unter deinem Herzen trugest,
Die du drei Monate bei Elisabeth bliebest, und deine Herzensfreude an den Erbarmungen Gottes, durch fromme Unterredungen nährtest,
Du Gesellschafterin ohne deines gleichen,
Die du mit Joseph, deinem Verlobten, nach Bethlehem hinaufzogst, um dich bei der allgemeinen Schätzung einschreiben zu lassen,
Du Gottgefällige, die du Gott gabst, was Gottes ist, und dem Kaiser, was des Kaisers ist,
Die du zu Bethlehem deinen Sohn gebarst, in Windeln einwickeltest, und in die Krippe legtest, weil du in der Herberge keinen Platz fandest,
Der die Hirten Alles erzählten, was sie von dem Engel gehört,
Die du die Erzählungen der Hirten in deinem Herzen treu bewahrtest, und sorgsam erwogest,
Die du deinem Kinde bei der Beschneidung den Namen Jesus gabst, den dir der Engel zuvor genennet hatte,
Mutter Jesu,
Mutter des Herrn, des Messias, des Erwarteten,
Mutter des Weltlehrers, des Todtenerweckers,
Mutter des Allerheiligsten, der sagen durfte: wer kann Mich einer Sünde beschuldigen?
Mutter des Welterlösers,
Mutter des Sohnes Gottes, der bei Gott war, und Gott war,
Mutter Jesu Christi, unsers Herrn und Gottes,
Du Hochbegnadigte, aus der die Sonne der Gerechtigkeit hervorgegangen,
Die du mit Verwunderung sahest, wie die Weisen aus Morgenland vor dem Kinde niederfielen, und ihre Geschenke opferten,
Die du nach vollbrachten Reinigungstagen das Kind Jesus in den Tempel brachtest, und dem Herrn darstelltest,

Heil. Jungfrau! bitt' für uns, daß der Vater im Himmel durch unsern Wandel auf Erden gepriesen werde!

Die du aus dem Munde Simeons vernahmst, was der Geist ihm eingab: Sieh! dieß Kind ist gesetzt Vielen zum Fall, und Vielen zum Auferstehen: Ein Ziel des Widerspruches wird Es seyn,

Der Simeon große Leiden weissagte: Deine eigene Seele wird ein Schwert durchdringen,

Die du mit dem Kinde nach Aegypten flohst, um Es vor den Nachstellungen des Königs Herodes zu retten,

Du Vertraute des Himmels,

Die du mit dem Kinde wieder in das Land Israel zurückzogst, und dich in Nazareth niederließest,

Mutter des Nazareners,

Die du herzliche Freude daran hattest, daß der Knabe Jesus unter deinen Augen an Weisheit, Gnade und Liebenswürdigkeit, wie an Jahren, zunahm,

Die du den zwölfjährigen Jesus nach Jerusalem auf's Fest mitnahmst,

Die du den verlornen Knaben nach drei Tagen in dem Hause seines Vaters wiederfandest,

Der Jesus, wie ein gemeines Menschenkind, und weit mehr als ein gemeines Menschenkind, gehorsam war,

Die du auf der Hochzeit zu Kana, sobald du den Abgang des Weines bemerktest, vertrauensvoll zu Jesu sagtest: Sohn! sie haben keinen Wein,

Die du durch das erste Wunder, das Jesus zu Kana verrichtete, im Glauben an die Hoheit und Wunderkraft Jesu gestärket wardst,

Die du von den Thaten, Lehren, Wundern Jesu täglich neue und merkwürdigere Nachrichten hörtest,

Die du selbst oft das Wort des Lebens aus dem Munde Jesu vernahmst,

Du Hörerin des göttlichen Wortes ohne deines gleichen,

Die du durch deine Gegenwart bei einer Predigt Jesu die wahrhaftgöttliche Lehre veranlaßtest: Wer den Willen meines Vaters thut; der ist Mir Bruder, Schwester und Mutter,

Heil. Jungfrau! bitt für uns, daß der Vater im Himmel durch unsern Wandel auf Erden gepriesen werde!

... dem ... Jesu ...
gesehen hast, und das durchdringende Schwert des
Schmerzens in deinem Innersten empfandest,
Mitleidende mit dem Sohne, ohne deines gleichen,
... nicht verges-
...
... in den letzten Augenblicken seines Lebens seinem geliebtesten Jünger ...
...
... Jesu mit Augen sehen konntest,
... Gekreuzigten,
... dich nach drei Tagen an der Auferstehung
Jesu mit seinen Jüngern erfreutest,
... nach der Himmelfahrt Jesu dich zu den Aposteln ... mit ihnen betetest,
... am Pfingsttage mit dem heil. Geiste erfüllet
wurdest, als Er über alle versammelte Jünger
... Angesicht des Herrn herunterkam,
... bei deinem Lebensende zu deinem Sohne
... unserm Herrn aufgenommen wardest,

Heil. Jungfrau ... Vater im Himmel
durch ... Wandel auf Erden gepriesen werde!

* * *

O Jesu! die Lebensgeschichte deiner Mutter erinnert uns nothwendigerweise an die Geschichte deines Lebens auf Erden. Wir freuen uns, daß wir Dich auf allen Wegen finden, und deiner Liebe, deiner Weisheit, deiner Macht nimmer vergessen können. Laß uns, wir bitten Dich, das Andenken an dein Leben auf Erden heilsam, und die Fürbitte deiner Mutter an uns gesegnet seyn! Laß uns so gläubig, so demüthig, so liebevoll, so gehorsam, so geduldig werden, wie Maria war, damit wir dadurch deiner Heiligkeit immer ähnlicher, zum Genuß deiner Seligkeit immer reifer, immer gottgefälliger, immer mit dem Willen deines Vaters zufriedener, immer geschickter werden, an deiner Herrlichkeit Theil zu nehmen, die Du denen gibst, die an Dich glauben, auf Dich vertrauen, und Dich über Alles lieben! Amen.

[illegible]

[illegible]

Gehen wir nur in jene Zeit [illegible]
ter des Herrn, das Tageslicht erblickt hat. [illegible]
zu Nazareth in Galiläa gelebt, und diese [illegible]
[illegible]
es nicht, wie es kein Sterblicher wissen k[illegible]
[illegible] mit ihr vorhatte. Wenn wir dabei gewe[illegible]
als sie Maria mit Joseph verlobte: [illegible]
[illegible] dürfen, was aus ihr werden [illegible]
selbst nicht [illegible]
und Gott und dem Engel [illegible]
Mutter des Herrn werden sollte, in ho[illegible]
blickt hätten: hätt' es uns einfallen [illegible]
das [illegible] unter ihrem Herzen trage? [illegible]
bald [illegible] nach Bethlehem hätten gehen [illegible]
[illegible]et, diese niedere, dürftige Frau sey [illegible]
dem Weibergeschlechte? Wenn wir zu Beth[illegible]
[illegible] gewesen wären, und gehört hätten: [illegible]
Weib in der Krippe mit einem Knäblein [illegible]
hätt' es, geglaubt, [illegible]
Mutter des Messias geworden? Nur Gott, [illegible]
offenbarte — die Engel, die Hirten, die Weisen [illegible]
land, Maria und Joseph wußten es. [illegible]
in Aegypten gewohnt, und gesehen hätten, wie [illegible]
mit ihrem Kinde und Manne dahinflüchte: [illegible]
fallen, dieß Weib sey die Mutter des Herrn, und [illegible]
der Herr? Wenn wir im Tempel zu Jerusalem [illegible]
gen gewesen, als Maria ihren Erstgebornen [illegible]
aus dem Munde Simeons die Weissagung gehört hät[illegible]
Herz wird ein Schwert durchbohren: [illegible]
uns einbilden können, dieß herzdurchbohrende Schwert [illegible]
daß Maria unter dem Kreuze ihres Sohnes [illegible]
erblassen sehen werde? Und wenn wir Maria etwa [illegible]
und dreißig Jahren unter dem Kreuze ihres Geliebten
hätten stehen sehen: wär' uns ein Gedanke daran [illegible]
daß sie den Gekreuzigten nach drei Tagen werde [illegible]
dem Grabe hervorgehen sehen? [illegible] so war, [illegible]
tritte Mariä in die Welt bis zum [illegible]ritte, Alles so [illegible]
dervoll, Alles vor dem Ereigniß jeder Begebenheit so [illegible]
und doch durch die Begebenheit so genau bestätigt. [illegible]
sehung leitete Alles zu ihrem Besten — und sie wirkte [illegible]
daß ihr Alles zu ihrem Besten dienen konnte. Der Vater [illegible]

[illegible] wählte sie [illegible] Mutter des [illegible] und führte [illegible] manche [illegible] Sie, aber [illegible] durch [illegible] Demuth, Glauben, Gehorsam, Gebet und Vertrauen [illegible], mit der Vorsehung in allen ihren Fügungen [illegible] treu [illegible] zu können. [illegible] es [illegible] im Kleinen und im Großen mit [illegible] sehen [illegible] Führungen, nicht hartnäckig widerstreben [illegible] Alles zu seinem Besten, wenn er sie [illegible] nicht hindert. Wir sehen nicht, wo die [illegible] bis wir am Ende sind. Aber [illegible] hen können [illegible] glauben, bis wir es sehen werden. Jetzt [illegible] in der Nacht: aber am Morgen werden wir erfahren [illegible] der Herr denen, die Ihn fürchten, unaussprechlich [illegible] Der Herr ist gut; Er hat es verheißen: Er werde [illegible] zum Besten leiten, wenn wir Ihn lieben. An dieser Verheißung müssen wir uns festhalten: Er wird sein Wort treu erfüllen. Die Wege der Vorsehung sind ein gewölbter unterirdischer Gang mit Handleitern. Die Gänge sind finster: aber [illegible] Ausgange ist Alles licht und helle. [illegible] wie uns diese oder jene Trübsal zum [illegible] werden könne; aber genug, der Herr hat es gesagt [illegible] der Verheißung, an diesem Handleiter müssen wir uns festhalten, und [illegible] fortwandeln: am Ende werden wir es erfahren, [illegible] das Wort des Herrn Wahrheit, und sein Versprechen Treue und Allmacht sey. Glauben müssen wir, als wenn wir es sähen, daß Gott Alles regiere, alle Uebel nur aus Liebe über uns kommen lasse. Hoffen auf Ihn müssen wir, als wenn wir die Verheißung, daß am Ende Alles zu unsrer Seligkeit mitwirken werde, schon in Erfüllung gehen sähen. Ihm anhangen, dem Unsichtbaren; Ihn lieben, den Liebenswürdigsten; Ihn preisen durch Wohlthun, oder Bösesleiden müssen wir: Er wird es recht machen. Der Allwissende weiß Alles, was uns begegnet, und wie es uns zum Besten werden könne. Der Allmächtige kann die Begebenheiten so lenken, daß sie denen, die Ihn lieben, die Erde zum Himmel machen. Der [illegible] wird nicht müde, uns zu züchtigen, fortzutreiben, zu reinigen, zu [illegible], bis wir am Ziele sind. Maria war selig, weil sie geglaubt hat: wir werden auch selig, wenn wir glauben, [illegible] Maria war selig, weil sie dem Worte des Herrn treu [illegible] wir werden [illegible], wenn wir thun, was der Herr [illegible], und Ihn mit uns machen lassen, was Ihm gefällt.

(Zum [illegible] n.)

Anbetungswürdiger! was Du [illegible], ist das Beste; was Du ordnest, das Weiseste. Dein Wille ist Seligkeit, und [illegible] tief in [illegible]

[illegible] selig haben [illegible] wir [illegible]

[illegible]

[illegible] Gott der Weisheit! [illegible] Du [illegible]

[illegible] bringe Du uns [illegible]

[illegible] Weisheit [illegible]

[illegible] gegen [illegible]

[illegible]

Mariä Verkündigung.

[illegible]

Wenn wir [illegible] wollen: so müssen wir [illegible] nicht [illegible] lassen, [illegible] hat. Wir sollen [illegible] Augenblick, [illegible] die nächste [illegible] ist [illegible] unsern [illegible] feiern wir die Empfängniß Jesu Christi [illegible] weiblichen Leibe seiner Mutter [illegible] jenen Augenblick äußerst wichtig [illegible] der [illegible] dem Schooße [illegible] Jungfrau Fleisch [illegible] hatte:

[illegible]lichen Augenblick will uns die Kirche zurückführen; denn [illegible] Augenblick [illegible] uns alle drei [illegible]engebete, die der [illegible] im Namen [illegible]ntlichen Kirche [illegible] hat. [illegible]

Als [illegible]te Zeitpunkt herannahete, [illegible] Engel Gottes [illegible] Jahr[illegible] sieben [illegible] von vor Ja[illegible] Daniel [illegible] Messias [illegible] zur Jungfrau Maria, die bereits mit Joseph [illegible] war, gesandt. Sey gegrüßt, du Gnadenvolle, sprach [illegible] Engel zu ihr — der Herr ist mit dir. Die Gesegnete [illegible] Weibern bist du. [illegible] sittsame, gottesfürchtige, [illegible]thige [illegible] erschrak [illegible] dem Anblicke des Engels, und [illegible] was dieser außerordentliche Gruß bedeuten möchte. [illegible] nicht, sprach der Engel zu Maria — fürchte dich [illegible] Gott Gnade gefunden. [illegible] Leibe empfangen, und einen Sohn gebären [illegible] Ihm den Namen Jesus. Groß wird Er seyn; den Sohn des Allerheiligsten wird man Ihn nennen. Den Thron Davids, seines Vaters, wird Ihm Gott geben. Ueber [illegible] ohne Ende herrschen; sein Königreich wird immer [illegible].

[illegible] jungfräuliche Schamhaftigkeit [illegible] geräth durch [illegible] in eine [illegible] und Schamhaftigkeit fragt sie den Engel: Wie kann das seyn? ich kenne keinen Mann. Der göttliche Gesandte [illegible]erte: Der heilige Geist wird über dich kommen, und die Allmacht des Allerhöchsten wird dich überschatten; [illegible] darum wird dein heiliges Kind Gottessohn heißen.

[illegible] ihrem Glauben an die Allmacht Gottes noch mehr [illegible], und ihrem Verstande noch mehr Licht zu geben, [illegible] fort: „Sieh! sprach er, Elisabeth, [illegible] Base, die im Rufe der Unfruchtbarkeit war, hat [illegible] in ihrem Alter einen Sohn empfangen. Und dieß ist schon der sechste [illegible] ihrer Schwangerschaft. Gott ist nichts unmöglich." [illegible] wird Maria im Glauben an die Allmacht des Allerhöchsten fest gegründet, und von [illegible]. Als eine fromme, gottergebene Israelitin [illegible] mit vollkommenem Vertrauen: „Ich bin, [illegible] Magd des Herrn: was Er will, das geschehe." [illegible] Engel — und [illegible] Fleisch geworden!

Zum Betrachten.

Wie merkwürdig ist Alles in dieser B[illegible]t! [illegible] unschuldsvoll und jungfräulichschön ist das [illegible] cken Maria an dem Anblicke des Gesandten Go[illegible] unschuldsvoll und sittsam ist ihre erste Antwort [illegible] kann das geschehen? ich kenne keinen Mann. [illegible] dem ihr der Engel die Absicht näher erklärt; na[illegible] ihr an der Schwangerschaft ihrer alten [illegible] auffallenden Beweis der Allmacht Gottes aufge[illegible] voll von Demuth, von Ergebenheit in den [illegible] von dem Glauben an die Allmacht, ist diese Antwort: Ich bin des Herrn Magd [illegible] Wille geschehe!

Wahrlich, selig bist du, Maria! [illegible] du hast! O, dieser Glaube, diese Demuth, diese Er[illegible] benheit — wie groß machen sie dich vor den [illegible] tes und der Menschen! Ich bin des Herrn [illegible] ich lasse mir Alles gefallen, was Gott [illegible] mir geschehe nach seinem Willen. So sie[illegible] dem Maria, diese stille, bescheidene Israelitin, a[illegible] höchste Staffel der Ehre über alle ihres Ge[illegible] erhoben! ist Mutter des Messias, Mutter des [illegible] Königs auf dem Throne Davids, Mutter des [illegible] sohnes, Mutter durch Ueberschattung des heiligen [illegible] Mutter ohne Zuthun eines Mannes, Mutter und Ju[illegible] frau zugleich. O, wie verschwindet da aller gewöh[illegible] Begriff von Hoheit und Würde!

Sey gegrüßt, du Gnadenvolle! Gnade hast du ge[illegible] funden bei Gott. Mutter seines Sohnes — die [illegible] segnete unter allen Weibern — Mutter des ewige[illegible] nigs bist du!

Wahrlich, wenn Gott seinen Eingebornen [illegible] Welt hineinführen wollte: so konnte Er es auf [illegible] würdigere Art thun.

Nur eine so reine, unbefleckte, makellose Jun[illegible] sollte die Mutter des Unbefleckten werden. Der [illegible] erlöser, dessen Geburt den allergrößten Segen für [illegible]

Welt

[illegible] verspricht, [illegible] von einer [illegible] geboren wer- [illegible] die keusche jungfräuliche Seele war, und die [illegible] Reinigkeit des Leibes und die höchste [illegible] Sitten [illegible] verbunden. Nur durch Ueberschattung des heiligen Geistes, nur durch die Kraft des Aller- [illegible] derjenige in die Welt kommen, dessen Leben [illegible]n, Auferstehung und Himmelfahrt nichts an- [illegible] als Ein fortgesetztes Wunder, aller Wunder seyn [illegible]

[illegible] da Alles so herrlich, so gottesfürchtig! Der [illegible] ewigen Vaters nimmt Fleisch an. Wer sollte [illegible]ben, wenn es uns die Gesandten Gottes, wenn [illegible] uns Gottes Wort nicht selbst verkündigte?

Aber, wenn das Wort Fleisch wird: wie konnte Es [illegible] würdigere Art Fleisch annehmen, als auf diese [illegible] einer Jungfrau, die unbefleckt an Leib und [illegible] Leib und Seele dem Willen Gottes als ein [illegible] opfert — und in dieser Jungfrau durch die [illegible] Wirkung des Allerhöchsten!!

[illegible] ist göttlich in diesem Augenblick. Der Engel [illegible] — der heilige Geist überschattet — die Jung- [illegible] empfängt — das Wort ist Fleisch!

Zerstreute Gedanken über diese Begebenheit.

1) Das Wort des Vaters erschien in Knechtsgestalt. Wahrlich, das gehört mit zur Knechtsgestalt, daß der Herr aus einem so niedrigen und unbekannten Hause, wie das Haus Mariä war — und aus einem so dunkeln Orte, wie Nazareth, herkam. So hat sich der Herr erniedriget, so hat sich der Herr entäußert.

2) Es war der Rathschluß des Vaters, den Sohn [illegible] Alles zu erniedrigen, und Ihn wieder über [illegible] zu erhöhen. Daß nun der Sohn des Vaters a[illegible] niedern, bürgerlichen Hütte hervorgieng — das [illegible] Erniedrigung dessen, der jetzt über Alles erhöhet ist. Wer sich erniedriget, wird erhöhet werden.

3) Bei Gott ist kein Ding unmöglich. Maria glaubte es — und empfieng den Sohn des Höchsten. Maria glaubte es — und gebar den Sohn des Höchsten. Selig, die du geglaubt hast! Selig [illegible] die glauben!

4) Maria war die Gnadenvolle. Ein himmlischer Bote hat sie besucht; sie ist die Gesegnete [illegible] Weibern. Aber das hätte ihr, dem äußerlichen [illegible] nach, Niemand so leicht angesehen. Armuth und [illegible]keit sah man an ihrem Aeußerlichen — und d[illegible] sie die Auserwählte. Sie hat Gnade bei G[illegible] funden — und war unbekannt, nichtgeachtet, [illegible] verachtet vor der Welt. Was klein ist vor [illegible] Menschen, ist groß vor Gott.

5) Maria und Elisabeth mußten eben mitein[illegible]wandt seyn, damit das, was Gottesmacht an [illegible] gethan, auch Maria im Glauben stärkte und er[illegible], und das, was Maria erfuhr, wieder eine Wo[illegible] Elisabeth werden könnte. So kann nur Gott er[illegible], nur Gott ermuntern, nur Gott segnen. Was Gott Einem giebt, ist niemals dem allein gegeben. Die W[illegible] Einem ist Segen für mehrere. Wie Gott, so [illegible]mand. So sey denn auf Gott allein unser ganzes Vertrauen gerichtet!

Mariä Heimsuchung.

Geschichte.

Maria besuchte ihre Base. Sobald Elisabeth den [illegible] Maria hörte, so hüpfte ihr das Kind im Leibe auf, [illegible] ward vom heiligen Geiste erfüllt. Gesegnet bist du, [illegible] sie, über alle deines Geschlechtes, und gesegnet [illegible] die Frucht deines Leibes. Woher mir so [illegible] Ehre, daß die Mutter meines Herrn zu mir ko[illegible]? Sieh! sobald ich die Stimme deines Grußes [illegible], hüpfte das Kind in meinem Leibe auf. Selig, [illegible]e [illegible]geglaubt hast! Alles, was dir vom Herrn versprochen ward, Alles wird in Erfüllung gehen! [illegible] Maria:

(Erklärung des Magnificat.)

1.

Meine Seele erhebet den Herrn, und mein Geist ist voll Jubelfreude in Gott, meinem Heil. Wenn das Herz voll von Gott ist, so ist es auch der Mund. Wer kann die Freude in sein Herz verschließen? und die reinste Freude an Gott, die allerlebendigste Freude — wer kann sie verbergen! Freude an Gott war im Herzen, und Lob Gottes im Munde Mariä. Wie könnte es anders seyn? Sie hat noch nie lebhafter empfunden, was Gott an ihr gethan, als jetzt, wo sie sieht und hört, was Gott an Elisabeth gethan hat. Sie wird vom Erstaunen über die Güte Gottes fortgerissen: ihr Herz möchte ihr vor Freude an Gott zerfließen. Sie hört aus dem Munde Elisabeth, was diese nur von dem heiligen Geiste erfahren konnte. Elisabeth grüßet sie, wie sie der Engel vor kurzem gegrüßt hatte: Du bist die Gesegnete unter dem Weibergeschlechte. Ihre Base demüthiget sich vor ihr, als der Mutter des Herrn. Sie wird selig gepriesen, weil sie geglaubt hat, wie sie zuvor der Engel zum Glauben an die Allmacht Gottes ermunterte. Die Freude läßt sich nicht mehr unterdrücken — sie bricht in lauten Lobgesang aus: Meine Seele macht groß den Herrn. Die ganze Seele ist voll Freude an Gott; die ganze Seele will nichts anders, als reine Lobpreisung Gottes seyn. Mein Herz ist voll Jubelfreude in Gott, meinem Heil. Dankbar preiset sie ihren Helfer: sie weiß, wem sie ihren großen Segen zu danken hat. Von oben kam die Hülfe, von oben kam der Segen. Sie sieht an Gott nichts anders, als den Helfer, den Retter, den Heiland. Mein Herz ist voll Jubel in Gott, meinem Heil.

2.

Hernieder sah Er auf seine geringe Magd. Selig werden mich alle Geschlechter preisen von jetzt an. Sie kann nicht mit Lobpreisungen Gottes beschäftigen, ohne an ihre Niedrigkeit und an ihre Würde zu denken. Wer sich seines Gottes freut, kann seiner eigenen Niedrigkeit nicht vergessen. Denn eben dadurch zeigt sich die Güte Gottes recht, daß Er gerade die Niedrigen aus dem Staube erhebt.

Hernieder sah Er auf seine geringe Magd. Demuth, Selbsterkenntniß, Empfindung der eigenen Dürftigkeit geht ... er der Freude an Gott, als ein ... Begleiter der Seite. Gott erkennen und sich erkennen ... die Hoheit ... tes und seine Niedrigkeit erkennen — das ist ... schenfreude. Wer den guten Gott dankbar preiset ... Gute der Güte Gottes zu, und freuet sich ... Gott, weil seine Güte auf die Niedrigkeit so gn... Wer Alles in Gott findet, suchet nichts in sich ... Gott Alles ist, der ist sich nichts.

Selig werden mich alle Ges... Maria bleibt nicht bei ihrer Niedrigkeit ... an ihre Niedrigkeit führt sie auf den Gedanken ... verdienten Würde, von der Güte Gottes, der ... weiß gar wohl, was sie ist; sie weiß gar wohl, da... ter des Herrn ist: aber sie weiß auch, durch ... was sie ist. Sie weiß, wer die ... des Herrn gemacht. Sie weiß ... ter selig preisen werden: aber diese Selig... eine Folge von dem, an, was der Herr an ... kennt ihre Würde: aber eben diese ihre ... Gottes Geschenk an. Sie freuet sich, daß ... lich gesegnet worden: aber sie freut sich nur ... unaussprechlich gesegnet hat.

3.

Denn große Dinge that an mir der ... An mir — der Mächtige — große Dinge. ... das ist das ewige Nachdenken gottesfürchtiger ... war ich? was bin ich geworden? was hat ... mir gethan? Ich bin eine geringe Magd: Er ... Ich war klein: aber Er hat mich groß gemacht, ... ich Ihn mit ganzer Seele erheben; denn große ... mir der Mächtige. Nur der Mächtige, nur der ... kann an uns große Dinge thun. Wer etwas Großes ... oder an Andern erblickt, und nicht dankbar ... ist das Werk des Allmächtigen — der ... große Dinge gethan; wer nicht bei allem Guten, ... sieht und hört und genießt, dem Allmächtigen die Ehre ... dem sie vor Allen gebührt — der kann nie zur Freude ... Kinder Gottes gelangen.

4.

Heilig ist sein Name: seine B... gegen die, die Ihn fürchten, geht ... schlechte auf das andere fort: ... sein Arm. Die großen Dinge, die Gott an ... sind ihr ein überzeugender Beweis von der Größe ... gerade als wenn sie sagte: Der Größte that ... mir; der Heilige that große Dinge an mir ...

that große Dinge an mir; der Mächtigwirkende that große Dinge an mir. An mir hat Er bewiesen, was Er ist — der Heilige seine Heiligkeit, der Barmherzige seine Barmherzigkeit, der Mächtigwirkende seine Macht. Darin besteht die wahre Würde der Gottesfürchtigen, daß sie aus Erfahrung kennen, daß der [illegible], die Ihn fürchten. Sie erfahren an sich, was sie glauben, und sie glauben, was sie erfahren. Sie glauben und erfahren, daß sein Name heilig sey, daß seine Erbarmungen von einem Geschlechte zum andern fortgehen, daß sein Arm mit Allmacht wirke. Ein jeder Gottesfürchtige erfährt, was alle Gottesfürchtige erfahren haben, mehr oder weniger. Seine Erbarmungen, die von einem Geschlechte zum andern fortgehen, sind auch bei mir eingekehrt.

5.

Zerstreuet hat Er die Anschläge der Hochmüthigen. Gewaltige hat Er vom Throne gestürzt, die Niedrigen darauf erhoben. Erfüllt hat Er die Hungrigen mit seinen Gütern; die Reichen gehen leer fort. Maria hatte schon vorher hohe Begriffe von der Regierung Gottes. Aber die Umstände, in denen sie sich jetzt befindet, geben ihrem Glauben an die Vorsehung Gottes und seine großen Verheißungen, die allergrößte Stärke. Jetzt sieht sie die tröstlichste Wahrheit im hellsten Lichte, wie Gott die Hochmüthigen demüthiget, die Gewaltigen erniedriget, die Niedrigen erhöhet, die Armen bereichert, die Reichen entblößt. Alles, was sie in den heiligen Büchern von der Regierung Gottes und von dem versprochenen Messias gelesen, gehört, betrachtet hat; was sie zuvor vom Engel, und jetzt von ihrer Base gehört — schwebt ihr so lebhaft vor Augen, daß sie in ihrer Begeisterung und Entzückung weit in die Zukunft hineinblickt, und wie mit Augen sieht, was Alles aus ihrer gesegneten Leibesfrucht werden wird. In dieser seligen Ahnung beschließt sie ihren Lobgesang:

6.

Israels, seines Dieners, nahm Er sich an — eingedenk der Barmherzigkeit, die Er den Vätern verhieß, dem Abraham und seinen Kindern immer und ewig. Sie ist zwar die Gnadenvolle, die Gesegnete: aber sie sieht die Gnade Gottes, den Segen Gottes nicht bloß als eine Wohlthat für sich, sondern als eine Wohlthat für Alle — und als eine längst verheißene, allgemein erwartete Wohlthat an: Israels, seines Dieners, nahm Er sich an. Der Lobgesang fängt mit den Lobpreisungen der Güte Gottes an, und schließt mit dem Lobpreisen der Treue Gottes: Eingedenk der

Barmherzigkeit, die Er den Vätern verhieß, d
Abraham und seinen Kindern immer und ewig!

(Zum Empfinden.)

Also, Gott, Gottes Allmacht, Gottes Er
tes Verheißung, Gottes Treue, Gottes Seg
Gott, der segnet und erfreuet, was zu Ihm
und Freude flehet; Gott, der erhöhet
bereichert und entblößet, auf den Thron setzt
Staub herunterstürzet — Gott war der
heiligen Gesanges.

Wie voll mußte das Herz dieser Sängerin
seyn! Sie sieht auf das Gegenwärtige: Er
sich seines Dieners Israels an. Sie
Zukünftige hinaus: Selig werden mich
schlechter preisen. Sie blickt auf das
zurück: Eingedenk der Barmherzigkeit
den Vätern verhieß, Abraham und
men. Sie sieht auf ihre Niedrigkeit und auf
Er sah auf die Niedrigkeit seiner Ma
lig werden mich alle Geschlechter prei
beschäftiget sich mit allen Vollkommenheiten
eine Menschenseele überdenken kann — mit
macht: Große Dinge that an mir der M
sein hoher Arm hat große Macht bewies
mit seiner Weisheit: Er stürzt die Ge
vom Throne, und hebt die Niedrigen
Er demüthiget die Stolzen, und erhöh
Geringen; Er macht die Armen
schickt die Reichen leer fort; — mit seiner
Barmherzigkeit: Seine Barmherzigkeit gegen die
die Ihn fürchten, geht von einem Ge
zum andern fort; — mit der Heiligkeit
mens: Heilig ist sein Name; — mit sei
Eingedenk seiner Barmherzigkeit, die E
Vätern verhieß, dem Abraham und sei
dern. Was für eine edle Seele muß sie ge
da die Vergangenheit, Gegenwart und Zukunft
vor ihren Augen lagen! Was für eine edle

sie gewesen seyn, da sie ihre Herzensfreude an Gott und am Lobpreisen Gottes fand! Wie muß ihr Gott über Alles gewesen seyn, da sie an dem, was Er an ihr gethan, den Allmächtigen, den Heiligen, den Barmherzigen, den treuen Helfer so lebhaft erkannt, und so inbrünstig dankbar gepriesen hat! O, wie würden wir in der Gottesfurcht, in der Erkenntniß und Liebe Gottes gestärkt werden, wenn wir diesen herrlichen Lobgesang öfters aufmerksam und ruhig überdächten, und bei jeder Zeile die paar Fragen an unser Herz thäten: Was wird Maria, die Auserwählte, die Gottergebene, die Demüthige, die Gnadenvolle in ihrem Herzen empfunden haben, wie sie dieses Wort ausgesprochen hat! Und warum bin ich so kalt, so ohne Empfindung, wenn ich an Gott denke? Warum finde ich meine Freude nicht an Gott? Hat der Mächtige nicht auch an mir große Dinge gethan? Ist der Barmherzige nicht auch gegen mich barmherzig? Ist der Vater nicht auch Vater für mich?

Ach, Vater aller Menschen! reiß Du deine Kinder aus diesem elenden Zustande des Kaltsinnes heraus. Oeffne Du ihnen die Augen, daß sie deine Vaterliebe erkennen. Erwärme Du ihr Herz, daß sie anfangen, Dich mit kindlicher Liebe zu lieben. Erfreue Du ihr Innerstes, daß sie Freude an Dir haben. Laß Du sie erfahren, daß die Freude an Dir die reinste und höchste Freude aus allen Menschenfreuden sey! Amen.

(Zum Nachdenken.)

1) Warum gieng Maria *ungesäumt* zu ihrer Freundin?

Antwort: sie konnte die Freude allein nicht ertragen; sie suchte eine Seele, der sie das große Geheimniß mittheilen konnte. Wo lautere Freude ist, da ist allemal *Verlangen*, auch Andere zu erfreuen — und dieses Verlangen zaudert nicht. Die Freude *will* sich mittheilen und *eilet*, sich mitzutheilen. Wenn wir an Gott Freude hätten, so würden wir diese Freude auch Andern mittheilen.

2) Warum gieng Maria zu Elisabeth?

Antwort: diese war die stille, fromme, gleichgesinnte, von Gott erwählte Israelitin, die [illegible] von Besuch der Mutter des Herrn sollte erfreuet, [illegible] werden — und die hinwieder die Freude der [illegible] Herrn vergrößern sollte.

3) Was muß Maria unterwegs wohl [illegible] haben?

Antwort: sie war noch voll von der [illegible] gebenheit, die sich mit ihr ereignet hatte: sie [illegible] an nichts anders denken, als was Gott mit ihr [illegible] seinem Volke vorhatte. Wie könnte sie des [illegible] vergessen, der ihr kurz zuvor die unvergeßl[illegible] gebracht? wie könnte sie des Grußes [illegible] dem sie der himmlische Vater gegrüßet? wie [illegible] der großen Verheißungen vergessen, die [illegible] Kinde gemacht worden? wie könnte sie der Ba[illegible] gessen, die sie zu besuchen gieng, und von der [illegible] Engel so eine erfreuliche Nachricht gebracht [illegible] könnte sie ihres Gottes vergessen, der sie vor [illegible] zur Mutter des Herrn erwählet? wie des heil. [illegible] stes, dessen Kraft sie umschattet hatte? Ihre [illegible] eigentlich nur eine Nachempfindung dessen, [illegible] bei der himmlischen Offenbarung empfunden hatte — eine Nachfreude, oder vielmehr eine fortdauernde [illegible] an Gott, ein fortdauerndes Dankgebet, ein fortdau[illegible] Vertrauen auf die Allmacht Gottes.

4) Wie ward dieser Besuch für Maria [illegible] reich?

Antwort: sie wird erstens im Glauben an die Allmacht und Wahrhaftigkeit Gottes gestärkt. Der Engel hatte ihr gesagt: ihre Base sey schon im [illegible] Monate schwanger — und so findet sie es: [illegible] der sechste Monat. Zweitens wird sie im Vertrauen auf die Güte und Menschenfreundlichkeit Gottes gestärkt, da sie voll Verwunderung sieht, daß der [illegible] Geist das Geheimniß, das sie ihrer Freundin [illegible] wollte, eben dieser ihrer Freundin schon zum voraus geoffenbaret habe. Wie muß ihr gewesen seyn, da sie von ihrer Base als Mutter des Herrn begrüßet wurde! Drittens geräth sie in eine neue, noch nie gefühlte Begeisterung. Der heilige Geist kommt über sie mit neuer Kraft — und sie spricht, was ihr Herz noch nie empfunden — und betet, wie sie noch nie gebetet hat. Sie wird von der Erde gleichsam zu Israels Gott fortgerissen, vergißt alles Sichtbare um sich her, und erblicket, was in der fernsten Zukunft lag. Viertens hat sie drei Monate mit ihrer Freundin über die nahen Hoffnungen Israels gemeinschaftlich nachdenken, gemeinschaftlich mit ihr dem Geber alles Guten für den Segen der Welt, den sie unter ihrem Herzen trug, danken, gemeinschaftlich alle Freuden, Leiden, Hoffnungen, Ahnungen mit ihr theilen können.

5) Warum wurden beim bloßen Hineintreten der Mutter des Herrn in das Haus des Priesters, drei Personen mit dem heiligen Geiste erfüllet: Elisabeth nämlich, der Sohn in ihrem Leibe, und Maria, die Mutter des Herrn?

Antwort: der Herr wollte beim ersten Eintritt in die Welt schon den heiligen Geist mit sich bringen. Er, der nachmals mit Feuer und Geist getaufet, hat im Mutterleibe mit Ausgießung des heiligen Geistes zum voraus beweisen, daß Er Kraft habe, Leben, Geist und Seligkeit um sich her zu verbreiten.

Mariä Reinigung.

Von der Darstellung, Opferung des Kindes Jesus im Tempel.

Ich weiß nicht, wo ich bei dieser feierlichen Begebenheit mit meinen Gedanken stille halten soll.

1) Die Mutter Jesu bringt ihr Kind in den Tempel, um Es dem Herrn darzustellen. Ja, dieses Kind gehört dem Herrn: dem Herrn soll Es geopfert seyn! Wie dieses Kind, so gehört keines dem Herrn. Der Herr hat Es gegeben. Dieß Kind ist das herrlichste Geschenk des himmlischen Vaters: dem Vater soll Es geopfert seyn!

2) Alles Erstgeborne, spricht der Herr, ist mein. Vater! ist etwa dieser erstgeborne Gottes- und Menschensohn nicht dein? O! was ist dein, wenn Jesus nicht dein ist? Dem Herrn gehört dieses Kind, wie kein anderes: dem Herrn soll Es geopfert seyn!

3) Herr! deine Hand hat dein Volk einst aus Aegypten, aus diesem großen Diensthause, herausgeführt; darum wird Dir alle Erstgeburt geheiliget. Und dieser ist Eingeborner und Erstgeborner — Er wird das ganze Menschengeschlecht aus der Sklaverei der Sünde und des Todes erretten. O, wie muß dieser Jesus ganz dein seyn, wenn Er in deinem Namen so unaussprechlich große Thaten verrichten kann! Dem Herrn dieses Kind, wie kein anderes: dem Herrn soll Es geopfert seyn!

4) Der Messias hat, wie Paulus sagt, beim Eintritt in die Welt sich ganz dem Herrn eingeweihet, dem Herrn geopfert. Er sprach: Opfer und Gaben willst Du nicht: aber einen Leib hast Du Mir bereitet. Brandopfer und Sündopfer gefallen Dir nicht: da erklärte Ich Mich: sieh! im Anfang des Buches steht von Mir geschrieben, daß Ich, Gott! deinen Willen thue. Dieser Sohn Gottes in Kindesgestalt, dieser Erwartete in Knechtsgestalt wird nun dem Herrn dargestellt. — Dem Herrn gehört dieses Kind, wie kein anderes: dem Herrn soll Es geopfert seyn!

Simeon nimmt das Kind auf die Arme, und preiset Gott, und erkennet an dem Kinde das Licht der Welt, das Heil der Völker, die Ehre Israels. Er hatte lange auf die Troststunde gewartet; nun ist sie da. Nun will er gerne sterben, weil sein Auge das Licht der Welt [illegible]en. Der Herr erhörte sein Flehen, und erfüllte seine Hoffnung. Wer auf den Herrn wartet, wartet nicht umsonst.

6) Anna, die heilige Wittwe, kommt auch dazu. Ihr Gebet, ihr Fasten, ihre Wittwentrauer ist nun reichlich gesegnet; sie sieht den **Heiland der Welt.** Ihr Herz ist voll Seligkeit, und ihr Mund voll Lobpreisung Gottes. Selig sind die Trauernden, denn sie werden getröstet werden.

7) Maria und Joseph verwunderten sich über die **Weissagungen** Simeons und Anna. Wie viel haben sie damit gewonnen — die Mutter und der Pflegevater Jesu, daß sie das Gesetz Mosis buchstäblich erfüllt haben!

Wie viel Hohes, Vielbedeutendes haben sie von dem Berufe und der Person des Kindes Jesus aus dem Munde des Propheten gehört! wie viele Freuden haben sie bei den redlichen Gottesverehrern dadurch veranlasset, daß sie Jesum in den Tempel brachten! **Gehorsam ist besser, als Opfer.**

8) Die eine Hauptperson bei dieser Darstellung Jesu war unsichtbar: der **Herr** nämlich, dem der Sohn, der **Gott Israels**, dem der Erstgeborne dargebracht wurde, war unsichtbar. Aber Er zeigte seine Gegenwart sichtbar genug — zeigte sie dadurch, daß Er den Greis Simeon zu rechter Stunde in den Tempel hineinführte, und ihm Weissagungen in den Mund legte; dadurch, daß Er die Erwartungen der Frommen mit Trost heimsuchte; dadurch, daß Er den Glauben, die Hoffnung, die Liebe der Redlichen segnete, stärkte, lebendiger machte. Wo Glaube an Gottes allmächtige Hülfe ist, da ist Gott mit seiner allmächtigen Hülfe zugegen — oder in der Nähe.

Von der Kerzenweihe.

Die katholische Kirche gebraucht bei ihrem öffentlichen Gottesdienste brennende Wachskerzen. Das Licht der brennenden Kerzen soll uns nach der Absicht der Kirche an die großen Wahrheiten erinnern:

1) daß Jesus Christus das Licht der ganzen Welt sey — das Licht der Juden und Heiden, das Licht aller Menschen;

2) daß das Licht des Glaubens an Jesum Christum in unserer Seele, und in unserm Wandel vor den Menschen leuchten solle;

3) daß das Feuer der Liebe zu Gott und seinem [illegible] Christo, in unserm Herzen immer brennen solle, [illegible] wir uns eine Freude daraus machen sollen, von der [illegible] zu Gott, in dem Dienste Gottes und [illegible] zehret zu werden. *

Damit wir nun diese Absicht der Kirche nicht so [illegible] Acht lassen, so will sie uns jährlich daran erinnern, in[illegible] Kerzen jährlich, am Mariä Reinigungstage, zu dieser he[illegible] Bestimmung feierlich eingeweihet werden. Die Wa[illegible] zwar immer Wachskerze, sie mag zu [illegible] Gebrauche bestimmt werden. Allein, wie ein ne[illegible] Kirchengebäude durch gewisse Feierlichkeiten zum G[illegible] eingeweihet wird: eben so sondert die Kirche Wa[illegible] Gottesdienste aus, und weihet sie zum heiligen Ge[illegible] zum Erinnerungszeichen an Jesum Christum, an [illegible]ben und an unsre Liebe ein. Wir sind sinnliche Me[illegible] und es ist uns gut, daß wir recht oft durch sinnliche [illegible]rungszeichen an unsern Erlöser, als das Licht der Welt, [illegible]nert werden. Aus eben dieser Absicht wird in unsern [illegible]häusern das sogenannte ewige Licht gebrannt, um Alle, die [illegible] die Kirche kommen, beim ersten Eintritt daran zu [illegible] daß Jesus Christus das ewige, wahre Licht der Welt sey, daß unsre Liebe Gottes feurig und beständig seyn [illegible].

Alles, Alles, was wir sehen, was wir hören, [illegible] reden, was wir thun, soll uns und unsre Mitbrüder und [illegible]stern in Jesu Christo — auf Jesum Christum zurückführen. [illegible]sus Christus soll uns Allen Alles in Allem werden. [illegible] soll sich stets unser Herz, und recht oft unser Mund [illegible]gen. Zur Ehre Gottes und Jesu Christi sollen unsre [illegible] ewig leuchten, wie die Lampe ewig brennt, und die [illegible] Kerze Licht umher verbreitet.

„Herr Jesu Christ! an deine Liebe nur
Erinnert uns die Kirch' und die Natur.
Des ew'gen Lichtleins stiller Schein,
Das Kerzenlicht [illegible] Dich [illegible]!

* Lieber Freund! ich möchte dich [illegible] auf all[illegible] Gott führen: soll dieses Sün[illegible]?

An dem Gedächtnißtage der Leiden Mariä.

(Das heißt, am schmerzhaften Freitage.)

Kirchengebet (erweitert.)

Herr! da Du den Kelch deines Leidens austrankest, ward die Vorhersagung Simeons erfüllet; die wehmuthsvolle, zarte Seele deiner Mutter hat das Schwert des Schmerzens durchstochen. An dieses ihr Leiden erinnern wir uns heute, und stärken uns durch das Andenken ihrer Schmerzen zur Geduld in den unsrigen. Wir ehren Dich in dem Andenken an das Leiden deiner Mutter. Darum laß uns, Herr! die gesegneten Wirkungen deines Leidens erfahren. Die Heiligen, die einst unter deinem Kreuze standen, bitten für uns. Erhöre, erhöre ihr Flehen, und laß uns ihre Fürbitte heilsam seyn, damit wir die Kraft deines Leidens stets an uns empfinden! Amen.

Zum Empfinden.

1.

So traf denn auch die Mutter des Herrn ein Leiden! So war denn auch die Auserwählte aus dem Weibergeschlechte von der Zahl der Leidenden nicht ausgenommen! Wie könnte sie aber auch ausgenommen seyn, nachdem der Herr der Herrlichkeit leiden mußte, und nur durch Leiden seine Herrlichkeit erringen konnte? O, wenn wir es glaubten, was wahr ist, und wahr bleibt — wir mögen es glauben oder nicht glauben! Glauben sollten wir es doch einmal, daß jedem Menschen sein Maß Leiden, seinen Antheil Trübsale weislich zugewogen ist. Der Vater, der seine Kinder liebt, und aus Liebe mit Bitterkeiten tränkt, hat für jede Schulter eine Last, für jedes Menschenherz eine Bangigkeit, für jede Seele ein Leiden bestimmt. Der Sohn hängt am Kreuz! *Auf dieß Wort soll verstummen jeder Mund, der über Leiden klagt.*

2.

So erfährt denn jetzt die Mutter des Herrn, was ihr Simeon längst geweissaget hat! Kein Gotteswort fällt auf den Boden; es geht in Erfüllung, heute oder morgen — unerfüllt bleibt keines. [illegible] ist kein Mensch, der nicht mehr weiß, was Er geredet, oder sein Wort wieder zurücknimmt. Was Gottes Geist weissaget, lehret, drohet, verheißet — ist Wahrheit. Himmel und Erde mögen vergehen: Gotteswort kann nicht vergehen!

3.

So war denn das Leiden, das die Mutter des Herrn jetzt verwundet, schon von [illegible]keit bestimmt, genannt, nach Ort und [illegible] und Art festgesetzt, geschrieben im Buche [illegible]tes, wo Alles geschrieben ist! So ist [illegible] Leiden, das uns überraschet, dem Vater im Himmel [illegible] neu. Er wußte die Stunde, ehe sie kam; Er hat [illegible] gerufen, daß sie kommen sollte — und sie sprach: ich bin da. Vater! Du sendest die Stunden des Leidens, und die Tage der Freude. Dein Name sey hochgelobt von allen Leidenden und Frohlockenden!

4.

Die Mutter des Herrn traf ein schweres Leiden! Sie stand neben dem Kreuze — und am Kreuze hieng ihr Sohn, der Unbefleckte, den sie vom heiligen Geiste empfieng; bei dessen Geburt die Engel sangen, und die Hirten anbeteten, und die Weisen aus Morgenland auf ihre Kniee niedersanken. Durchstochen mußte ihr Herz werden — durchstochen von dem Schwerte des Schmerzens, als sie den verheißenen Thronerben Davids, den erwiesenen Gottessohn, am Schandpfahl erblassen sah. Ein schweres Leiden! Aber sie konnte es nicht herrufen und nicht zurückschieben. Und es war ihr [illegible] nicht zu schwer. Der unser Herz gemacht, sendet Labung und Beklemmung, Erleichterung und Bangigkeit für unser Herz — einem viel, dem andern wenig — keinem mehr, vertragen kann. Er verwundet und heilet, betrübet und erfreuet!

5.

Die Mutter des Herrn harrte im Leiden geduldig aus! Wie konnte sie mit Gott unzufrieden seyn, nachdem sie an ihrem Sohne in seinen äußersten Leiden nichts als himmlische Lammsgeduld, heldenmüthiges Schweigen und göttlichschönes Ausharren in den allerbittersten Todesschmerzen erblickte? Wie könnte sie an Gott glauben, und mit Gottes Fügungen unzufrieden seyn? Wo Glaube ist, da ist Geduld.

6.

Die Mutter des Herrn erfreute sich an der freudenvollen Auferstehung Jesu, wie sie an seinem Leiden Theil nahm. So leitet der, welcher das Leiden sendet, alles Leiden allezeit zu unserm Besten, wenn wir es nur aus seiner Hand mit zufriedenem und gläubigem Herzen annehmen. Jedes Leiden ist ein Vorbote einer neuen Freude dem, der schweigen und dulden, dulden und glauben, glauben und lieben kann. Jedes Leiden ist bittersüß: bitter, weil es ein Leiden ist, und süß, weil es eine Quelle des Segens wird. Wer den Segen will, koste die Bitterkeit!

7.

Die Mutter des Herrn war Gott eben so lieb und wohlgefällig, da sie unter dem Kreuze stand, als da Gabriel mit der frohen Botschaft zu ihr kam. Gott hat uns lieb — Er mag Gutes oder Böses über uns kommen lassen. Er meint es gleich gut mit uns — Er mag die Sonne scheinen lassen, oder die Nacht heraufrufen. Alles dient zu unserm Besten!

8.

Die Mutter des Herrn wird nach der Auferstehung Jesu, und besonders nach dem Pfingsttage, wo der heilige Geist [illegible] auf das Leiden Jesu, und ihr [illegible] mit Herzensfreude zurückgesehen haben. Wahrlich, das Leiden muß vorausgehen, damit die Freude nachkommen kann. Wie süß muß das Andenken [illegible] verübergegangene Leiden seyn, wenn uns das Leisam eine Leiter geworden ist, worauf wir [illegible] aufsteigen konnten! Und solch [illegible] das Leiden für Alle, die Gott lieben [illegible] ausharren im Leiden, damit wir mit F[illegible] die Tage des Leidens zurücksehen kön[illegible]

9.

Die Mutter des Herrn konnte [illegible] keit ihres Glaubens an Gottes [illegible] ihres Vertrauens auf seine Ver[illegible] durch Leiden bewähren! Diese [illegible] zuverlässigste, die sicherste für alle Men[illegible]

10.

Die Mutter des Herrn hat [illegible] den nichts verloren, nur gewonnen [illegible] sprechlich viel gewonnen! Es gibt [illegible] etwas, das nur die Geduld geben kann! [illegible] Leidenden; denn die Freude wartet ihrer!

Mariä Himmelfahrt.

Nach dem Kirchengebet.

Gott! unser Thun ist nicht im Stande, dein [illegible] fallen zu erwerben. Sieh! die Gebärerin [illegible] bittet für uns: laß ihre Fürbitte zu uns [illegible] Deine Barmherzigkeit kann doch nicht müde [illegible] dig auf uns herabzublicken: darum vergib [illegible] Sünden. Du bist der Reinste und Heiligste: [illegible] und heilige auch uns, damit wir selig [illegible] sum Christum, unsern Herrn! etc.

Empfin-

Empfindungen.

1.

Die der einst das Wort des Vaters Fleisch ward, die ist jetzt bei dem Herrn! Die einst als Jungfrau den Weltheiland gebar, die ist jetzt bei dem Herrn! Die einst den Sohn Gottes dem Vater im Tempel opferte, die ist jetzt bei dem Herrn! Der einst Simeon herzdurchdringende Schmerzen weissagte, die ist jetzt bei dem Herrn! Die einst unter dem Kreuze stand, und ihren Erstgebornen erblassen sah, die ist jetzt bei dem Herrn! Die am Pfingsttage mit dem heiligen Geiste erfüllet ward, die ist jetzt bei dem Herrn! Die Johannes einst wie seine Mutter zu sich nahm, die ist jetzt bei dem Herrn!

2.

Selig bist du, denn du glaubtest an das Wort des Herrn. Selig bist du, denn du warst eine treue Magd des Herrn. Selig bist du, denn du bliebst standhaft und gottergeben im Leiden. Selig bist du, denn das Schwert des Schmerzens durchbohrt dir nicht mehr dein Herz. Selig bist du, denn du bist bei deinem Sohne, unserm Herrn. Selig bist du, denn deiner Freude ist kein Ende!

3.

Selig sind auch wir, wenn wir glauben an das Wort Gottes, wie du. Selig sind auch wir, wenn wir im Leiden ausdauern, wie du. Selig sind auch wir, wenn wir zum Herrn hinkommen, wie du. Und gewiß, gewiß werden wir hinkommen zum Herrn, wie du — wenn wir den Willen des Herrn thun, wie du!

4.

Dreimalselige! den du einst am Kreuze hangen sahst, den siehst du jetzt sitzen auf dem Throne Gottes, zur Rechten des Vaters. Den du einst in der tiefsten Erniedrigung sahst, den siehst du jetzt in der höchsten Herrlichkeit. Einst hörtest du das tolle Gespött und die Lästerstimmen der Juden über deinen Sohn: [illegible] hörest du [illegible] Jubelgesang der Engel, die Ihn anbeten, [illegible] sich [illegible] freuen. Einst sahst du Ihn zertreten, wie [illegible] hingerichtet, wie einen Missethäter: jetzt siehst [illegible] den König aller Welten, den Herrn aller [illegible] Erhöhten über Alle. Einst sahst du auf Erden, [illegible] sein Haupt neigte und starb: jetzt siehst du, wie [illegible] Kniee im Himmel vor Ihm beugen. [illegible] in einem Meere von Leiden, da du Ihn [illegible] jetzt lebest du in einem Meere von Freuden, [illegible] herrschen siehst. Hochbegnadigte! Flehe für [illegible]nem Sohne, der dich zu sich nahm — flehe, [illegible] daß Er auch uns zu sich nehme! Brüder! [illegible] laßt uns ringen nach dem Ziele; laßt [illegible]den, hoffen, glauben, lieben, daß wir dahin [illegible] Jesus Christus ist!

Uebung an den übrigen Festtagen [illegible] als der Empfängniß, Opferung [illegible]

Der Gruß des Engels (erweitert.)

Sey gegrüßt, Maria! Im Namen des [illegible]sten kam der Engel zu dir, und brachte dir den [illegible]gruß. Der Name des Allerhöchsten werde [illegible] Allem verherrlichet! Voll der Gnaden [illegible] Die Gnadenvolle, die Gesegnete, die Auserwählte [illegible] Ja, die Gnade des Herrn wohnte in deinem [illegible], bereitete dem ewigen Worte eine würdige Wo[illegible] dir. Rein mußte der Tempel seyn, in dem [illegible] des Vaters Fleisch annahm, und sich in [illegible] kleidete, und neun Monate verborgen lag. [illegible]pel bist du. Wie groß mußte deine Freude [illegible] du erkoren wurdest aus Millionen, Mutter [illegible] zu werden! Empfangen hast du vom heiligen [illegible] und geboren den Erlöser der Welt. Ausgegangen von dir ist das Heil der Welt, und der Trost Israels, und [illegible] der Heiland — Jesus Christus, unser Alles. Mutter meines Erlösers! der Mächtige hat große Dinge an dir gethan. Ich preise Ihn dafür; ich freue mich [illegible] Gottes [illegible] die Gnade gefunden!

Der Herr ist mit dir! Der Gute, Weise, Allmächtige ist mit dir. Wenn es uns auch der Engel nicht sagte — deine unschuldsvolle Seele, deine inbrünstige Andacht, deine stete Ergebenheit in den Willen Gottes, deine jungfräuliche Reinheit an Leib und Seele, dein fester Glaube und deine tiefe Demuth hätten es uns genug bewiesen, daß der Herr mit dir ist. Er war mit dir, da du in die Welt eintratst. Er bereitete in dir die Gebärerin des erwarteten, ewigen Königs. Der Herr ist mit dir! Mutter des Herrn bist du, und der Herr sollte nicht mit dir seyn? Gesegnet unter den Weibern bist du! Du trugst den größten Segen der Welt unter deinem Herzen, und du solltest nicht die Gesegnete über alle deines Geschlechtes seyn? Wo ist die Seele, die Jesum Christum anbetet, und dich nicht selig spricht? Du selbst hast es vorhergesagt, als du, vom heiligen Geiste begeistert, das hohe Loblied sangst — daß dich alle Völker von Jahrhunderten zu Jahrhunderten selig sprechen werden! Mitten unter den Stimmen, die an allen Orten in den christlichen Gemeinden erschallen, und dich selig sprechen, erhebe auch ich mein Freudenlied, und grüße dich, wie dich der Engel grüßte:

Gegrüßt sey mir, du Gnadenvolle!
Er ist mit dir, der Herr, der Einzige,
Du bist die Hochgesegnete aus allen Weibern,
Die Mutter deines Herrn,
Die Mutter unsers Herrn!
Ihm, Ihm, dem Herrn, sey Ehr' und Dank!
Und Freude dir!
Und Herzensbesserung uns Allen — Amen!

Noch eine Andachts-Uebung für Alle, [illegible] das Andenken an die heilige Jungfr[illegible] heilig ist.

Heilige Jungfrau! Mutter unsers Herrn, [illegible]
rers, unsers Tugendbeispiels, unsers Erlös[illegible]
Tod und Sünde, unsers Gottes, der da ist [illegible]
in Ewigkeit, und den keine Zunge würdig [illegible]
ter Jesu Christi!

Groß war einst dein Glaube an die [illegible]
tes, groß deine Demuth, groß deine Geduld.
Verheißungen Gottes waren dir das The[illegible],
bote Gottes das Liebste, der Gehorsam de[illegible]

O, daß alle Menschen so lebendig [illegible]
wie du, so zuversichtlich auf Ihn vertrauten [illegible]
unerschütterlich im Leiden aushielten wie du, so [illegible]
horsamten wie du!

Herr Jesu, der Glaube, das Vertrauen, [illegible]
sam, die Geduld deiner Mutter erinnern mich a[illegible]
allerheiligsten Wandel auf Erden.

Deine Liebe, deine Geduld, dein Ge[illegible]
Heiligkeit ist die vollkommenste aus allen, [illegible]
kommenste Ebenbild des höchsten, besten Wesens.

Laß uns — wir bitten Dich, wir, deine [illegible]
bitten Dich — laß uns das Andenken an [illegible]
auf Erden heilsam, laß die Fürbitte aller fro[illegible]
sten auf Erden — die Fürbitte aller Heilig[illegible]
Dir im Himmel sind — die Fürbitte deiner [illegible]
an uns gesegnet seyn; damit wir deiner Heili[illegible]
mer ähnlicher, zum Genusse deiner Seligkeit immer
fer, immer gottgefälliger, immer mit dem Willen
Vaters zufriedener, immer geschickter werden, an
Herrlichkeit Theil zu nehmen, die Du denen
an Dich glauben, auf Dich vertrauen, und Dich
Alles lieben! Amen.

Von den Aposteln Jesu Christi.

(Zum Lesen.)

1.

[illegible]postel heißt ein Gesandter, Botschafter. Christus wird [illegible] genannt. Er ist der Großgesandte, Großbotschafter des [illegible] Vaters. Wie nun Ihn sein Vater gesandt hat, den Sündern die fröhliche Botschaft des Heils zu verkünden, und selig zu machen, was verloren war: so hat auch Er — der Gesandte des Vaters, aus seinen Jüngern Zwölfe gesandt, das Evangelium in seinem Namen zu predigen. Diese Zwölfe heißen [illegible], Boten, Botschafter, Apostel des Herrn. Sie [illegible] dieser Benennung vorzüglich werth: erstens, weil [illegible] sie unmittelbar erwählet, und zum Apostel[illegible]; zweitens, weil Er sie als allgemeine Welt[illegible] Welt ausgesandt, und an keinen Ort, und an [illegible] hat; drittens, weil sie Augenzeugen und [illegible] alles dessen, was Jesus Christus gethan und [illegible] — und besonders, weil sie Ihn nach seiner Auferstehung so oft, und auch noch bei seiner Himmelfahrt gesehen [illegible]; viertens, weil Jesus Christus sie selbst unterrichtet, [illegible] oben mit dem heiligen Geiste, mit Weisheit und [illegible]kraft ausgerüstet hat.

2.

[illegible] Boten Jesu Christi hatten also von ihrem Sender, [illegible] die überzeugendsten Beglaubigungs[illegible] und die bestimmtesten Verhaltungsbefehle erhalten. Die [illegible] Wunder zu thun, war der Beglaubigungsbrief — und [illegible] Geist, der in ihnen wohnte, gab ihnen ein, was [illegible] sie lehren sollten. Was Johannes der Täufer, und [illegible] gelehrt, das war auch ihre Lehre: Thut Buße, und [illegible] an das Evangelium! Sie machten ihre Zuhörer, [illegible] der Wahrheit willig unterwarfen, zu Reichs[illegible] Jesu Christi. Daß Jesus von den Todten auferstanden, [illegible] Er der [illegible], der Messias, der Gesalbte Gottes sey; [illegible] an [illegible] den Herrn glauben, und den Willen seines [illegible] thun, Vergebung der Sünden, und ewige Seligkeit [illegible] das war ihre Hauptlehre. Nach dieser Lehre [illegible] diese Lehre litten sie, was zu leiden war, mit [illegible]; zur Bestätigung dieser Lehre thaten sie im Namen [illegible] viele Wunder — heilten Kranke, trieben Teufel aus,

[illegible] Todte auf; für diese Lehre endlich [illegible]
hin. Sie waren also gültige und würdige [illegible]
1) weil sie [illegible], was Jesus [illegible] und [illegible]
sehen, selbst gehört hatten; 2) weil sie das, was [illegible]
gehört hatten, unerschrocken und unermüdet der [illegible]
deten; 3) weil sie das, was sie verkündigten, mit [illegible]
keit ihres Wandels bestätigten; 4) weil sie das [illegible]
Wort und Beispiel predigten, durch Wunderwerke [illegible]
und endlich 5) weil sie ihre Predigt, ihre [illegible]
Wunderwerke mit ihrem Blute versiegelten. [illegible]
und würdige Zeugen Jesu Christi, weil Jesus [illegible]
predigte, in ihnen Wunder that, und ihnen Kraft [illegible]
Wort freudig zu leiden, und muthig zu sterben.

— [illegible]

Eben diese Apostel Jesu, diese [illegible]
würdigen Zeugen werden in den heiligen [illegible]
denen vielbedeutenden Namen belegt, [illegible]
nannt: 1) Grundsteine der Kirche, weil [illegible]
digen den Grund zu den ersten kirchlichen [illegible]
und ihr Wort bis an's Ende der Welt in [illegible]
Christi fortwirket. Sie predigten nicht sich, [illegible]
sie gesandt hatte. 2) Menschenfischer, [illegible]
dem Fischerhandwerke zur Ausbreitung des [illegible]
gerufen, und ausgesandt hat, Menschen[illegible]
3) Freunde Christi, weil Er sie zu seinen [illegible]
wählt, und alle Geheimnisse, die Er aus dem [illegible]
Vaters mitgebracht, ihnen mitgetheilt. 4) [illegible]
Christi, weil Jesus mit ihnen so liebevoll, so [illegible]
gieng, wie kein Hausvater mit seinen Hausgenossen. [illegible]
ten als seine Schüler das nämliche Schicksal [illegible]
ches ihrem Hausvater begegnet ist. Den [illegible]
zebub gescholten, seine Hausgenossen [illegible]
tes und Christi, weil sie in dem [illegible]
lebten und starben; weil sie nicht in ihrem [illegible]
Namen ihres Herrn predigten, wirkten u. s. w. [illegible]
Christi, weil sie ihren Herrn als [illegible]
Sender als treue Gesandte verherrlichten. 7) [illegible]
des Bräutigams, theils, weil sie sich an [illegible]
Christi vor seinem Leiden [illegible], wie [illegible]
freunde an der Seite des Bräutigams; theils, [illegible]
nächsten Freunde des Bräutigams den [illegible]
Hochzeitgäste zum großen Königsmahle ein[illegible].
Salz der Erde, und das Licht der Welt, [illegible]
Beruf hatten, das Sündergeschlecht vor dem [illegible]
wahren, und das Licht des Glaubens überall zu [illegible]
das Salz vor Fäulniß, Verwesung bewahrt, und das [illegible]

[illegible]. 9) Schafe mitten unter den Wölfen. Als [illegible], die mit [illegible]duld den Mund wider ihre Verfolger aufthun, hat [illegible] Jesus Christus gesandt, so wie Er [illegible], wie ein [illegible], schweigend zur Schlachtbank hingieng. [illegible] Schnitter im Weinberge des Herrn, weil sie ein[illegible]en, [illegible], und was sie auch nicht gesäet hatten. [illegible] ernteten, [illegible] Moses und die Propheten gesäet hatten. 11) Haushälter über Gottes Geheimnisse, weil sie [illegible], was verborgen war, nämlich den Rathschluß [illegible] die Menschen selig zu machen — und an dieser Selig[illegible]arbeiten, Mithelfer Christi waren. 12) Botschafter [illegible] Versöhnung, weil sie die Vergebung der Sünden im [illegible] predigten, und ertheilten. 13) Einfältig wie Tauben, klug wie Schlangen, weil sie mit Tau[illegible] und Schlangenklugheit, das heißt, einfältig und vor[illegible] redlich und klug, göttlich und menschlich das Evangelium [illegible]eten.

(Zum Beten.)

[illegible], Gesandter des himmlischen Vaters, Jesu Christe, wir preisen heute mit dankbarer Seele deine [illegible] Güte, daß Du deine Jünger zu der Absicht, und mit der Gewalt gesandt hast! Du gabst ihnen Kraft, [illegible] zu lösen und zu binden, daß ihr Lösen und Binden auf Erden, auch im Himmel als gültig anerkannt wurde. Du gabst ihnen Kraft, Sünden zu vergeben, und Kranke zu heilen, wie auf dein Machtwort die Sünder an Leib und Seele gesund wurden. Als deine Stellvertreter, als Verkünder deines Evangeliums, als Ausspender der Geheimnisse deines Vaters, als Haushälter in deinem Hause, als Grundsteine deiner Kirche, als deine Mithelfer und deine Mitarbeiter an der Seligkeit der Menschen — so sendest Du sie in alle Welt aus. In deinem Namen [illegible]ten sie dein Wort; in deinem Namen tauften sie [illegible] Gläubigen. Deine Auferstehung von den Todten, und deine Herrschaft im Himmel und auf Erden offenbarten sie. Mit deinem und deines Vaters Geist ausgerüstet — vollendeten sie ihre Gesandtschaft. Dir führten sie die Menschen zu. Du warst ihr Wissen, dein Name, ihre Ehre, und die Verbreitung deiner Ehre ihr Geschäft. Daß Du lebest, bewiesen sie in ihrem Predigen, Wunderthun, Leiden, Leben, Sterben. Dein Werk ist Alles, was sie gethan und gelehrt [illegible]ben. Di[illegible] ewig Ehre, uns Freude und Seligkeit! [illegible]men.

An den Apostel, dessen Gedächtnißtag ge[illegible]

O du, den mein Herr und Seligmacher in sein[illegible] auf Erden zu seinem Jünger, Gefährten, Fre[illegible] Apostel erwählet hat, von seiner Taufe an bis [illegible] Tag seiner Himmelfahrt warst du sein [illegible] warst ein Augenzeuge seiner Thaten, ein Ohrenz[illegible] ner göttlichen Lehren. Du warst als Augenzeuge [illegible] als Er dem Aussätzigen mit den Worten: Ich wil[illegible] werde rein, die Gesundheit gab. Du warst als A[illegible] zeuge dabei, als Er den Schlagflüssigen mit de[illegible] Sohn, dir sind deine Sünden vergeben! erst [illegible] Gewissen — und dann mit dem Wort: Steh auf, [illegible] dein Bette auf, und wandle! auch am [illegible] heilte. Du warst als Augenzeuge dabei, als [illegible] Lahmhändigen mit dem Wort: Strecke deine [illegible] aus! den Gebrauch dieses nützlichen Gliedes [illegible] Du warst als Augenzeuge dabei, als Er den Knec[illegible] Hauptmanns, zur Belohnung des Zutrauens seines He[illegible] wiederherstellte, und Tags darauf den Sohn einer [illegible] den man eben zu Grabe trug, wieder lebendig [illegible] Du warst als Augenzeuge dabei, als Er den La[illegible] der schon vier Tage im Grabe lag, mit dem Wort[illegible] zarus, komm hervor! zum Leben erweckte. Du [illegible] als Augenzeuge dabei, als Er nach seiner Aufers[illegible] durch die verschlossene Thür durchdrang, und sich [illegible] seinen geliebten Jüngern sehen, fragen, betasten ließ; [illegible] Er mit ihnen sprach und aß; als Er sichtbar gen [illegible] mel auffuhr, und durch eine Wolke dir und deinen Aposteln entzogen wurde. Du warst dabei, als [illegible] Pfingsttage der Geist Gottes im Sturmwind, und [illegible] fürchterlichen Erschütterungen, vom Himmel kam; du [illegible] dest selbst voll von Ihm; du empfiengst mit den übrigen Mitaposteln den Geist der Weisheit, der Liebe, [illegible] Stärke, der Wunderkraft, die Gaben der Sprachen, [illegible] Alles, was der heilige Geist geben konnte. Du, [illegible]

[illegible] von [illegible] Namen [illegible] einzigen Namen [illegible] ten, [illegible] lle, [illegible] der Seg[illegible] [illegible] Christus, [illegible] [illegible]! Nicht [illegible] [illegible] Jünger [illegible] warst, [illegible] [illegible] der Liebe [illegible] dem Leben für [illegible] starb. — Jetzt ist dein Lauf [illegible] der [illegible] dein Meister ist. [illegible] der [illegible], [illegible] Mitgenoß seiner Herrlichkeit, [illegible] [illegible] Mitgenoß seiner Leiden [illegible]. [illegible] Jesus Christus, im Himmel unser [illegible] [illegible] so wenig [illegible] deine [illegible] Brüder auf Erden [illegible] bist jetzt noch gesinnt, wie Christ[illegible] [illegible] Leben gesinnt warst, wie Er. — [illegible]; was Er haßt, hassest du [illegible] Herrn, du bist auch unser Freund! [illegible] deinem und unserm Herrn, was [illegible] von Ihm empfangen können. Erbitte uns von [illegible] unserm Herrn die [illegible]tige Gnade, daß wir [illegible] an Ihn glauben, wie du an Ihn [illegible] hast; daß wir mit freudigem Gehorsam den [illegible] seines Vaters thun, wie Er ihn gethan hat; daß [illegible] in Demuth und Geduld und Liebe unsern Lauf voll[illegible], wie Er ihn vollendet hat — und daß wir uns [illegible], wie Er uns geliebt hat, noch liebt, und [illegible]! Amen.

Timotheus.

[illegible] wurde zu Lystra in Lycaonien geboren. Er hatte [illegible] Vater und eine jüdische Mutter, Eunice [illegible] als [illegible] Großmutter [illegible]. Die Sorgfalt seiner [illegible], und die Frömmigkeit seiner [illegible] hatten ihn [illegible] vereinigten Kräften in der wahren Gottseligkeit erzogen, von Kindheit auf in der heiligen Schrift unter[illegible] Als [illegible] heilige Paulus nach Lystra kam, fand er den [illegible] [illegible] theus stark in ungeheuchelter Tugend, und von [illegible] in Lystra und Ikonien allgemein geschätzt. Alle [illegible] ausnehmenden Frömmigkeit das schönste Zeugniß. [illegible] ihn für fähig, sein Gefährte und Mitarbeiter zu seyn, le[illegible] die Hände auf, und weihete ihn hiedurch zum apostolischen [illegible] digtamt ein. Um aber den schwachen Juden [illegible] nis zu geben, ließ er ihn beschneiden, weil es [illegible] kannt war, daß sein Vater ein Heide gewesen. Ti[illegible] sich alle Mühe, ein würdiger Mitarbeiter des großen [illegible] zu seyn, und zog mit ihm von Stadt zu Stadt, und ri[illegible] sich in Allem nach dem Winke seines Lehrers. [illegible] darin steht sein wahrer Ruhm. Was müssen wir von [illegible] denken, von dem Paulus an die Philipper schreibt: [illegible] keinen, als den Timotheus, der so ganz nach sei[illegible] Sinn wäre, und dem das Wohl der Gemeinen [illegible] sehr am Herzen läge? Timotheus war also am [illegible] so gesinnt wie Paulus, so eifervoll für das Chri[illegible] Paulus, so wachsam für das Heil der Kirche wie [illegible] Was muß Timotheus für eine edle und gottergebene [illegible] wesen seyn, wenn er Eines Sinnes war wie Paulus! [illegible] kann ich begreifen, warum Paulus von ihm niemals anders, [illegible] mit den zärtlichsten Ausdrücken sprechen kann, ihn [illegible] Bruder, seinen Mitarbeiter, seinen vielgeliebten Jünger, [illegible] lieben, rechtschaffenen Sohn nennt. Gar schön steht der [illegible] des geliebten Timotheus gleich bei dem Namen des großen Paulus, wenn er an seine Gemeinden mit warmem Vaterherzen schreibt: z. B. in dem Briefe an die Korinther, Philipper, [illegible] losser und Thessalonicher. Als der Apostel in Mace[illegible] sete, ließ er seinen Timotheus zu Ephesus zurück, und [illegible] ihn zum Bischof und Hirten dieser Gemeinde. Er schrieb [illegible] Briefe an ihn, worin er sein liebevolles Herz gegen [illegible] Jünger, und gegen die Gläubigen reden läßt.

Im ersten Briefe wiederholt er den Unterricht, den er ihm mündlich ertheilt hatte — wie er sich den falschen Lehrern [illegible] setzen; die eiteln Wortmachereien und unnützen Fragen aus [illegible] Gemeinde verbannen; die öffentlichen Andachten erbaulich [illegible] richten; die allgemeinen Fürbitten für Könige und alle Große anordnen; Bischöfe und Diakonen weihen, und bei der Wahl dieser wichtigen Personen auf den untadelhaften Wandel, und das Zeugniß der Gläubigen Acht haben; wie er auf wahre Frömmigkeit dringen, und als ein guter Diener Jesu Christi den Gleißner und Volksbetrüger zurechtweisen soll — daß er ja Niemanden Gelegenheit gebe, ihn wegen seiner Jugend zu verachten; daß er im Vorlesen, Ermahnen und Unter[illegible]

[illegible] mit seinen [illegible] er die [illegible] denen [illegible] Ehre und [illegible] Vertrauen auf [illegible] guter [illegible] daß er [illegible] Glaube und Sanftmuth übe — als ein [illegible] Schwert des Glaubens [illegible] und [illegible] Wandel sich [illegible] die [illegible] unsers Herrn Jesu Christi bereit halte.

Im zweiten Briefe zeigt Paulus zuerst sein Verlangen, den [illegible] wieder zu sehen, und erinnert sich an seinen [illegible] Abschied; ermuntert ihn dann zur muthigen Verkündigung des Evangeliums, zur Arbeit und Geduld; damit er [illegible] mit Christo, wenn er jetzt mit Ihm leidet; warnet ihn vor allem unnützen Wortgezänke; spricht ihm Muth ein, daß er die Wahrheit mit Nachdruck predige, und seine Gläubigen bald durch Warnungen, bald durch Verweise, bald durch Ermunterungen, bald durch Bittworte zum Guten leite; beschreibt ihm die betrübten letzten Zeiten, wo Leute auftreten werden, die nur auf ihren Nutzen sehen — Hoffärtige, Geizige, Undankbare, Gotteslästerer, Verleumder, Hartherzige, Friedensstörer, Unzüchtige, Verräther, Trotzige, Wollüstlinge und nicht Gottesdiener, Scheinheilige ohne Heiligkeit, Verführer; schärft ihm die große Pflicht eines Dieners Gottes ein, nicht zu zanken mit den Widerspenstigen, sondern den Widerspruch und die Beleidigungen der Hartnäckigen gelassen zu tragen, und es dem lieben Gott heimzustellen, daß Er die Feinde der Wahrheit von den Fesseln des Satans befreie, und zur Demuth und zur Buße hinführe; ermahnt ihn, seinem ersten [illegible] getreu zu bleiben, und die heiligen Schriften zur Belehrung und Zurechtweisung der Irrenden fleißig zu gebrauchen; stellt ihm sein eigenes Beispiel vor, wie er für das Heil der Auserwählten leide, und nach vollendetem Lauf von dem gerechten Richter die Krone der Gerechtigkeit erwarte — und wünscht ihm endlich, daß der Herr Jesus Christus ganz in ihm lebe.

Nach diesen herrlichen Vorschriften des großen Apostels richtete Timotheus seinen Wandel, sein Lehramt, sein Hirten-

[illegible]

... bei [illegible] so [illegible] gesucht, [illegible]

[illegible] Aberglauben [illegible] ... mit Steinen ... [illegible] ... gegen ihn auf [illegible] ... in die [illegible] seines [illegible] Jesu Christi [illegible]

[illegible]

(Zum Beten.)

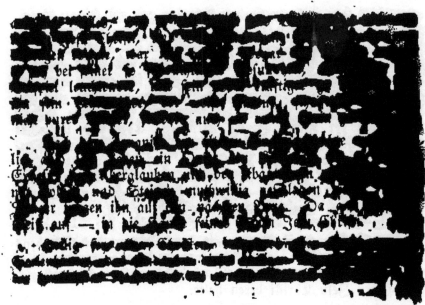

[illegible] Jesu, dein ist der Weinberg — [illegible] thum! Du hast ihn mit deinem Blute [illegible] Du hast ihn selbst mit deiner Lehre und [illegible] angebaut. Und was immer Menschenhände [illegible] ten, so kann doch keine Menschenhand [illegible] schaffen; Du allein giebst das Gedeihen. [illegible] des auch die Arbeiter in deinem Weinberg [illegible] ... die Du in alle Welt ausgesandt [illegible] ersten [illegible], die Du in deinen Weinberg [illegible] o, sie haben ihn herrlich gepflanzt, begossen, [illegible] und wohl auch mit ihrem Blute befeuchtet. Jünger deiner Apostel, wie Timotheus [illegible] männlich in die Fußstapfen ihrer Väter, [illegible] dein Evangelium mit Nachdruck und [illegible] mit väterlicher Zärtlichkeit für ihre [illegible] Jünger deiner Apostel schickten wieder [illegible] deine [illegible] leitung neue Arbeiter in deinen Weinberg, [illegible] wieder andere — so fort bis auf die Stunde [illegible] des Weinberges! Herr der Ernte! Hirt der [illegible] Haupt der Kirche! Du sagtest selbst: Bittet [illegible] Herrn der Ernte, daß Er Arbeiter in seine Ernte schicke! Ich vollbringe deinen Befehl. [illegible] in dem Namen deines Vaters [illegible]

[...] ich mit vertrauensvoller [...] Herr, das [...], sende Arbeiter in deine Ernte! Sende [...]er des Christenthums, sende uns Bischöfe, sende Hirten, [...] Arbeiter, wie Paulus und Timotheus waren, schicke in [...] Seelsorgern den [...] deiner [...], daß sie für ihre Heerde wachen, wie Paulus und Timotheus, und durch einen unsträflichen Wandel ihre Predigten unterstützen, wie Paulus und Timotheus! Amen.

Der Apostel Matthias.

1.

Seine Erwählung zum Apostelamt.

Nachdem die Jünger Jesu der herrlichen Auffahrt ihres lieben Meisters am Oelberge zugesehen hatten, giengen sie nach Jerusalem zurück; begaben sich in den Obersaal ihres Hauses, und blieben in Liebe und Einigkeit versammelt. Da lagen sie einmüthig den Andachtsübungen und dem Gebete ob. An einem Tage, als bei hundert zwanzig Personen beisammen waren, stand Petrus im Kreise der Brüder auf, und stellte ihnen die Nothwendigkeit vor, daß an die Stelle des Verräthers Judas ein anderer Apostel erwählet werden müßte. „Liebe Brüder! sagte er, jene Worte, die der heilige Geist durch den Mund Davids gesprochen hat, müssen sich an Judas erfüllen, der sich bei der Gefangennehmung Jesu zum Anführer brauchen ließ — der uns beigezählt war, und an diesem Beruf gleichen Antheil hatte. Nun ward aus seinem Verrätherlohn ein Stück Landes gekauft. Er selbst hatte sich erhenkt, barst entzwei, und all sein Eingeweide ward verschüttet. Die Geschichte ward in ganz Jerusalem bekannt, so, daß sie jenen Acker in ihrer Sprache Hakeldama, Blutacker, nannten. Denn im Buche der Psalmen heißt es: seine Wohnung soll Wüste werden, keiner soll sie mehr bewohnen. Und wieder: seine Stelle werde mit einem Andern besetzt. So muß denn einer aus den Männern, die die ganze Zeit, da Jesus, der Herr, mit uns aus- und eingegangen, von der Taufe Johannes bis auf den Tag seiner Himmelfahrt, nebst uns seine Gefährten gewesen, zugleich mit uns ein Zeuge seiner Auferstehung werden.“ Auf diese Anrede des Apostels Petrus wurden zwei zum Apostelamte vorgeschligen, Matthias und Joseph Barsabas, mit dem Zunamen der Gerechte. Nun, wer aus Beiden sollte vor dem Andern zu diesem großen Amte erwählet werden? Das [illegible] zu wichtig, als daß es nach bloß menschlichem [illegible] beigelegt werden. Man nahm zum Gebete die [illegible] stellte es dem lieben Gott anheim, in dieser Sache [illegible] spruch zu thun. Alle schrieen mit Einer Seele und [illegible] Stimme zu dem Herrn:

„Herr, aller Herzen Kenner, laß uns be[illegible] werden, wen Du aus diesen Beiden er[illegible] hast, zu treten an die Stelle eines Lehre[illegible] Apostels, wovon Judas ausgetreten, und [illegible] dort ist, wo er hingehört!"

Nach diesem Gebete schritt man zur Wahl durch das Loos, und das Loos fiel auf Matthias, und Matthias wird jetzt ohne Widerrede den Aposteln als der Zwölfte beigezählet, und an die Stelle des Verräthers eingesetzt.

(Zum Beten.)

Unerforschlicher, wer kann den Abgrund deiner Weisheit ergründen? Wer kann Dich fragen, warum [illegible] dieß? Alles, Alles, das Größte wie das Kleinste, [illegible] unter deiner Regierung, und deine Weisheit leitet [illegible] das Größte durch das Kleinste. Einen Lehrer [illegible] Evangeliums, einen Zeugen der Auferstehung dei[illegible]nes, einen Gesandten unsers Erlösers bestellen — ist [illegible] allem Betracht eine große Sache. Aber das Loos[illegible] scheint etwas Unbedeutendes zu seyn — und doch [illegible] der Apostel durch das Loos gewählet. Und das Loos trifft eben denjenigen, den Du zum Apostel er[illegible] hast. Wahrlich, die Menschen loosen, und Du leitest [illegible] Loos, daß dein Wille geschehe im Himmel und auf Erden. — Jetzt ist die Stelle des Verräthers wieder [illegible]setzt. Jetzt ist erfüllet, was der heilige Geist durch [illegible] Mund Davids vorhergesagt. Deine Güte, Vater, prei[illegible]sen wir, deine Weisheit beten wir an, und an [illegible] Treue erfreuen wir uns! Wir wissen nicht, warum [illegible] Loos auf Matthias, und nicht auf Barsabas gefallen, aber Du weißt es. Wir wissen nicht, warum die [illegible]stel gerade zwölfe seyn mußten, aber Du weißt es. [illegible] wissen nicht, warum der heilige Geist gerade durch [illegible]

[illegible] Wahl [illegible] hat, aber Du kennst es. Wir [illegible] wissen und gewiß, daß, wenn wir in unsern wichtigsten Angelegenheiten redlich deinen Willen erforschen; wenn wir zum Gebete unsre Zuflucht nehmen; wenn wir aufrichtig und einfältig mit Dir umgehen — Du, Vater der Barmherzigkeit, Vater des Lichts, unsre Aufrichtigkeit nicht unbelohnt, und unsre Wünsche nicht unerfüllt lässest; Du unsre Anschläge allemal zu unserm Besten lenkest! Denn wir sind deine Kinder, und Du unser Vater. Wir wandeln in Finsternissen, und Du bist die Quelle des Lichtes. Dieß ist unsre Hoffnung und unsre Freude! Amen.

2.

Seine apostolischen Arbeiten.

Davon wissen wir nichts Gewisses. Nur so viel ist bekannt, daß er mit den übrigen Aposteln am Pfingsttage den heiligen Geist empfangen, das Evangelium Jesu Christi zu predigen angefangen, und die übrige Zeit seines Lebens zu apostolischen Arbeiten angewandt hat. Clemens von Alexandrien meldet von ihm, daß er in seinem Unterricht, als ein wahrer Jünger Jesu, auf die Nothwendigkeit gedrungen habe, sein Fleisch durch Unterdrückung der sinnlichen Begierden zu kreuzigen; eine wichtige Lehre, welche er aus dem Munde seines Meisters recht oft gehöret, und an sich selbst in die Uebung gebracht hat. Die Griechen behaupten, der heilige Matthias habe den Glauben in der Gegend von Kappadocien, und an den Küsten des caspischen Meeres geprediget, und den Martertod im Lande Colchis, so sie Aethiopien nennen, erlitten. Indeß, so wenig wir von ihm wissen, so wissen wir doch genug von ihm. Er lebte, predigte und starb, wie ein Jünger und Apostel Jesu Christi. Das Loos fiel nicht umsonst auf ihn, und der heilige Geist kam am Pfingsttage nicht umsonst auf ihn herab.

(Zum Beten.)

Herr Jesu, den Du erwähltest zur Verkündigung des Evangeliums, den Du zu großen Thaten ausrüstest — der läßt deine Gnade nicht müßig und unfruchtbar in sich liegen! Er streckt seine Hand aus, und säet guten Samen Tag und Nacht, und freut sich einer reichen Ernte. Durch zwölf Männer, die Du auserwählet, die Du mit

deine Kraft ausgebreitet und durch
den Grund zu deinem
und durch das Blut ... Boten
ten Gemeinden gepflanzet. ... opferten ih
Dienste der Wahrheit, daß die Menschen
Gott, und Dich, seinen Eingebornen,
und anbeten möchten. Wir nennen
Väter, weil sie uns in Christo Jesu
Wir nennen sie dankbar unsre Wohlthäter,
durch ihr Predigen zur Erkenntniß der Wah
behülflich waren. Ihnen haben wir's zum Theil
danken, daß wir keine Fremdlinge mehr
selbst Bürger der Heiligen, daß wir Haus
Gottes sind. Wir sind gebaut auf den Grund
stel und Propheten, und auf den Eckstein Jesus
Was ein Haus ohne Grund wäre — das wä
ohne Jesum, und seine Gesandten. Was ein
gebaut auf einen festen Grund — das sin
Jesum und seine Gesandten. Sie haben uns
löser Jesum Christum, und deine Liebe,
gelehrt! Sie haben uns den Gekreuzigten,
Barmherzigkeit, Vater, kennen gelehrt! Vater,
das Verdienst der Apostel um unsre Seligkeit
kennen, damit wir deine Güte immer mehr pr
deinen Sohn immer mehr ehren, und Dich
immer mehr lieben! Laß uns empfinden, was
stel zu unserm Besten gethan haben;
Evangelium deines Sohnes über alle Weisheit
und deine Väterliche über Alles lieben! Amen.

M a r k u s.

Markus ist auch einer aus den Geschichtsch
die sich um die christliche Kirche sehr verdie
ben. Ihm haben wir das zweite Evangelium zu ver
Er war ein Jünger und Freund des Felsenmannes
Petrus selbst nennt ihn in dem ersten Briefe an die
Christengemeinden seinen Sohn. Eure Mitchristen
bylon grüßen euch, auch Markus, mein Sohn.

Evangelium,

Evangelium, das heißt, die frohe Botschaft von den Thaten, Lehren, Wundern und Leiden unsers Herrn, von seiner Person, Auferstehung, seiner Himmelfahrt und seiner Sitzung zur Rechten Gottes — diese ehrwürdige Urkunde von dem Leben, Sterben und Wiederaufleben unsers Heilandes hat durchaus das nämliche *Ansehen*, als wenn sie uns Petrus selbst schriftlich hinterlassen hätte. Denn für's Erste, so wie Petrus ein treuer Augen- und Ohrenzeuge der Reden und Thaten Jesu war, so war auch Markus ein treuer Ohrenzeuge dessen, was Petrus von seinem Meister umständlich erzählte. Für's Zweite hat Petrus, wie uns Clemens versichert, das Evangelium seines Jüngers Markus, als eine *echte, unverfälschte Urkunde* gutgeheißen, und mit seinem apostolischen Ansehen das vollgültige Siegel der Glaubwürdigkeit darauf gedrückt. Was also Petrus, der geisterfüllte Gottesmann, für wahr und unverfälscht erkannt — das müssen auch wir als baare Wahrheit und unverfälschtes Zeugniß annehmen. Was die ersten Christengemeinden als Gottes Wort verehrt haben — das müssen auch wir als Gottes Wort verehren. — Uebrigens ist Markus in seinen Erzählungen gemeiniglich *kürzer*, als Matthäus. Doch erzählt er auch einige merkwürdige Begebenheiten ausführlicher, als Matthäus, z. B. Kap. IX, 14—27., wo er die Austreibung des sprachlosen und tauben Geistes, und die Kraft des allvermögenden Glaubens beschreibt.

(Zum Beten.)

Gott, wie väterlich sorgest Du für deine Kinder! Nicht nur lässest Du *dein Wort* durch *deinen Sohn* auf Erden erschallen. Nicht nur lässest Du *diesen Schall* deines Wortes durch die Apostel deines Sohnes in alle Lande verbreitet werden. Aufgeschrieben, erhalten, fortgepflanzet wird der *Schall* deines Wortes. Vier Männer voll Kraft und Weisheit erweckest und erwähltest Du zu *Geschichtschreibern deines Eingebornen*, und *seines Reiches*. Du schenktest der Kirche vier Evangelien. Welch' ein Schatz! O, wie viel Gutes ist bereits durch diese Nachrichten von deinem Sohne, und seinem Reiche in dieser Welt gestiftet worden! wie viel ist und kann noch gestiftet werden bis an's Ende der Welt. Alle Sonntage und Feiertage, Jahr aus Jahr ein, wird etwas aus diesen heiligen Geschichtbüchern in allen christlichen Kirchen, in mannigfaltigen Sprachen herabgelesen, darüber gepredigt, und Christenlehre gehalten.

In allen christlichen Häusern, wo Jemand lesen
werden von Zeit zu Zeit etliche Zeilen daraus zur Erbauung vorgelesen, betrachtet, und mit fro Empfindungen begleitet. Der heilige Geist, dieser
Wahrheit — wie oft hat Er schon in Predig
die Evangelien erklärt; bei häuslichen Andacht
sie vorgelesen werden; bei tausendmal tausend Ge
heiten, die der Allwissenheit allein bekannt sind —
Sünder, wie dem Gerechten, durch irgend eine
Stelle den Verstand erleuchtet, das Herz entzündet,
Vorsätze eingegeben, süße Tröstungen mitgetheilt,
und Kraft zum unsträflichen, christlichvollkommenen
del in's Herz gelegt! Wie oft war das Eva
am Sterbbette dem Sterbenden eine Labung
Reise in die Ewigkeit! Gott, du Quelle
mit freudigem Danke preise ich Dich für alles
dein Wort gestiftet und verbreitet hat — für al
thränen, wozu es auch die Verstocktesten er
alle Heldenthaten, wozu es auch die Sch
aufgemuntert; für alle Wohlthaten, wozu es
die Geizigsten beredet; für alle Demüthigungen
Selbsterniedrigungen, wozu es die Hochmüthig
bewogen; für alle Kämpfe und Siege der
rendsten Geduld, die sie den Betrübtesten erleich
alle freundschaftliche Aussöhnungen und Verge
gen, wozu es auch die Rachsüchtigsten gestärket hat!

Aber, Vater, so viele Früchte der Samen
Wortes bisher gebracht hat: so hätte er doch
fruchtbarer seyn können! Bald fehlte es am Sa
bald an dem Acker — bald am Säemann und A
zugleich. Vater, ich bitte Dich um der Liebe willen,
zu uns durch deinen Eingebornen redete — er
heilige, stärke die Verkünder des Evangeliums, da
dein Wort mit Weisheit und Nachdruck pre
sie guten Samen ausstreuen! Erleuchte, stärke,
aber auch die Hörer des Evangeliums, daß der Same
einen guten Grund fasse, und hundertfältige Frucht

[illegible]on den Bittgängen.

[illegible] ist ein [illegible] Anblick für ein redliches Herz, [illegible] ganze [illegible], groß und klein, jung und alt, [illegible] [illegible] in Gesellschaft ihrer Pfarrer zu Gott [illegible] und mit Einer Seele, mit Einer Stimme [illegible] [illegible] hört. Es ist einem so wohl um's Herz, wenn [illegible] und Greise, Jünglinge und Jungfrauen, Männer [illegible], zu dem gemeinschaftlichen Vater des Segens um [illegible] Segen gemeinschaftlich bitten höret. Wenn ich [illegible] Gläubigen eines Dorfes oder einer Stadt auf [illegible] in der Pfarrkirche zusammen kommen; da aus [illegible] Pfarrers den Segen empfangen — und dann [illegible] in schöner Ordnung, zu einem benachbarten Gottes[illegible] [illegible], unterwegs mit gefalteten Händen und [illegible] Augen voll Vertrauens mit einander [illegible] Bitte rufen: Vater unser, geheiliget [illegible] Herr, erbarme Dich unser! so [illegible] und ich möchte mit Nachdruck je[illegible] [illegible] nur, und ihr werdet [illegible]; glaubet nur, und ihr werdet erhöret; vertrauet nur, [illegible] ihr werdet gesegnet werden; lasset nicht nach zu bitten, zu [illegible] zu glauben, und ihr werdet mehr empfangen, als ihr [illegible] begehret.

[illegible] nennen wir nun einen Bittgang, wenn die Pfarrge[illegible] [illegible] ihrem Pfarrer oder seinem Pfarrgehülfen aus Einem [illegible] Seele Gottes Hülfe anflehet, und in dieser [illegible] benachbartes Gotteshaus besuchet, und da die ver[illegible] [illegible] auf den Altar leget. Ein Bittgang ist also ein gemeinschaftliches Gebet um einen gemeinschaftlichen Segen, zum gemeinschaftlichen Vater im Himmel hinaufgesendet.

Ein gemeinschaftliches Gebet. Wenn Alle bitten, [illegible] Jeder mit mehr Inbrunst bitten. Einer soll den [illegible] zum lebendigen Vertrauen ermuntern. Der Laue soll [illegible] Beispiel des Eifrigen zum Eifer erwecken lassen; [illegible] sich an dem Feuer seines Nachbars erwärmen; [illegible] durch den Anblick der betenden Menge [illegible]: Die stille Eingezogenheit der Jünglinge und [illegible] und Einfalt der Kinder, das ernst[illegible] der Männer und Greise, das Seufzen der Tief[illegible] das Frohlocken der Erhörten — Alles soll zu[illegible] den Zug erbaulicher, und die Andacht lebendiger [illegible].

[illegible] Gebet zum gemeinschaftlichen Vater. Wir haben Alle Einen Gott, Einen Vater, Einen

Herrn, Einen Glauben. Jesus Christus ist gestorben für
Pfarrer und die Dienstmagd, für den Bürger
löhner, für die abgelebte Wittwe und die j
Reichen und den Bettler, für den achtzigjährigen Greis,
am Stab hinter dem Zug nachbetet, und für den
Knaben, der muthig voranspringt. Alle schreien
Vater. Er hat ein Vaterherz für Alle, ein Vater
Er möchte uns Allen helfen, wenn wir nur die
men. Er sieht's gerne, daß wir so vertrau
und alle unsre Klagen gleichsam in Einer Bi
eingeben, und die Bitte unserer Brüder und
unsern Fürbitten und Empfehlungen bei Ihm un

Ein gemeinschaftliches Gebet um gemeins
Segen. Wir bitten für Alle — ein
Alle für einen Jeden. Wir bitten
fer Vaterland; um Segen für unsre
unsrer nahen oder fernen Mitchristen; um
unsern Regenten; um Segen für uns und
katholischen Kirche; um Segen für uns und
der ganzen Welt; um Segen für uns und alle
Segen an Leib und Seele, für Staat und
und Ewigkeit.

Da möchte man denn weinen vor
sieht, daß aus manchem Hause nur die Dien
stens nur die armen und unansehnlichen Pfar
Bittgange sich einfinden; oder daß ein Theil
Lachen, den Bittgang zum Schauspiel eines ärge
treibes macht; oder daß einige nach halb vollbr
den Prediger in der Kirche predigen lassen, und
genen Schenke zueilen, und die Andacht in
verwandeln.

G e b e t.

Herr, Du weißt es am besten, wie
heiten zum Guten deine Gläubigen haben, und
nig sie zum Guten benutzen! Du weißt es am
wie Viele, die sich deine Gläubigen nennen,
mit Worten und Ceremonien
und That verleugnen! Ach,
helfen, wer wird den sinkenden Glauben
die ersterbende Liebe beleben? Herr,
kannst helfen, daß geholfen ist! Vater, Du
laß Du der Liebe überall
weniger werden! Amen.

Zum Nachdenken während des Bittganges.

[illegible] [illegible]es G[illegible], das ist ein reiches Opfer, [illegible] dem Herrn [illegible]gt. 2) Auf Gottes Wort merken, das ist ein heilsames Opfer. 3) Barmherzigkeit [illegible], das ist ein reiches Dankopfer. 4) Aufhören [illegible]recht zu thun, das ist ein Versöhnopfer, das dem Herrn wohlgefällt. 5) Das Opfer des Gerechten ist [illegible] [illegible]geruch vor Gott. 6) Gott hilft dem Armen [illegible]ne Rücksicht auf die Person, und erhört das Gebet des [illegible]. 7) Gott verschmähet nicht das Gebet des [illegible], nicht das Klagen der Wittwe. Die Thränen der Wittwe fließen zwar die Wangen hinab, aber [illegible] schreien mächtig über sich wider den, der sie heraus[illegible]eßt. 8) Wer dem Herrn mit Lust dienet, der ist [illegible] angenehm, und sein Gebet reichet an die Wolken. 9) Das Gebet der Demüthigen dringet durch die Wolken, [illegible] läßt nicht nach, bis es zum Herrn kommt — [illegible] nicht auf, bis der Höchste herabblicket. Und [illegible] wird nicht verweilen; Er wird den Unbarm[illegible] die Lenden zerschmettern; wird die Ungerechten [illegible]; wird einem Jeden nach seinen Werken vergelten, und die Frommen mit seinen Erbarmungen erfreuen. [illegible]r, wie der Regen wohl kommt, wenn es dürre ist, [illegible] kommt deine Barmherzigkeit in der Noth zu rechter Zeit.

* Wenn ich das gemeinschaftliche Gebet empfehle, so verabscheue ich zugleich alle Mißbräuche, die etwa bei Bittgängen mit unterlaufen mögen.

Philippus und Jakobus.

Seht da wieder ein Paar auserwählter Seelen, die Jesus [illegible]s zu seinen Jüngern, Freunden, Botschaftern erkoren [illegible] weiß nicht, wie mir an einem Aposteltage so ganz [illegible]'s Herz ist, als an einem andern Tage. Es ist mir, [illegible]enn [illegible] [illegible]en Apostel Jesu Christi nennen höre, wie's einem [illegible]ten Sohn zu Herzen ist, wenn er von der Rechtschaffenheit [illegible]es [illegible], der ihm in den ersten Jahren seiner Kindheit weggestorben ist, viel Schönes sagen hört. Er ist [illegible] denkt der redliche Sohn — und ich hab' ihn nicht gekannt; [illegible] der mir das Leben — und ich hab' ihm [illegible] der küssen können. So was empfindet [illegible] stel Jesu Christi, denke ich, waren die Väter unsers Glau[illegible] Ihnen war ihr Vaterland, ihre Bequemlichkeit, [illegible] so theuer als die Ehre ihres Meisters, und [illegible] Sie hatten keine höhere Freude, als das Evang[illegible] zu verbreiten; und ihre Kinder, die sie in [illegible] hatten, dem Himmel zuzuführen. Ihnen war [illegible] einzigen Menschen, den sie vorher nie gekannt [illegible] unter dem entferntesten Himmelsstriche lebte, [illegible] dem liebevollsten Vater das Leben seines [illegible] [illegible]. Sie machten sich eine Ehre daraus, wenn [illegible] gen und Obrigkeiten um des Evangeliums willen [illegible] cher gegeißelt, und als Wahnsinnige [illegible] mögen bei Stiftung der ersten Gemeinden [illegible] dacht haben, daß, wenn einmal nur die damals [illegible] und Mütter die Freudenbotschaft des Heils [illegible] Kinder und Kindeskinder, und die spätesten [illegible] unter wie jetzt sind, Jesum Christum kennen [illegible] Sie giengen dahin, wie Schafe unter den Wölfen [illegible] ten mit Freude ihr Leben auf, weil sie glaubten, [illegible] für Christum hingegeben, ein Samen mehrerer [illegible] würde. Sie starben getrost, weil sie hofften, [illegible] Sterben vielleicht mehrere Seelen ihrem Herrn [illegible] ten, als durch ihr Leben. Sie bezeugten mit [illegible] daß Jesus von den Todten erstanden, und freu[illegible] ihren Tod sein Leben beweisen zu können. [illegible] Edlen — wie viel ist ihnen die ganze Welt [illegible] möchte sie Alle gekannt; ich möchte das Wort des [illegible] ihrem Munde vernommen; ich möchte als Augenzeuge [illegible] der gesehen haben, die Jesus in ihnen und durch [illegible] ich möchte die Worte gehört, die ihnen der heilige G[illegible] Zunge gelegt; ich möchte sie zur Richtstätte begleitet; [illegible] ihr letztes Zeugniß, das sie sterbend von ihrem Herrn [illegible] und mit dem letzten Athemzuge, mit dem letzten Blut[illegible] versiegelten, gehört und gesehen haben — ich möchte ein [illegible] ihres Wandels, ihres Predigtamtes, ihres Sterbens [illegible] seyn. O, wie lieb würde mir Jesus Christus und [illegible] gelium seyn!

Nun, was ich nicht gesehen, das haben Andere [illegible] Was ich nicht gehört, das haben Andere gehört. [illegible] nicht gesehen und gehört, das haben die Seher und [illegible] mich so redlich und treu aufbewahret, daß es gerade [illegible] als wenn ich's selbst gesehen und gehört hätte. Es [illegible] gewiß, daß die Boten Jesu Christi das Evangelium [illegible] und Beispiel, mit Wunderkraft und Blut ver[illegible] wenn ich's mit Augen gesehen, und mit meinen Ohren gehört hätte. Es ist mir so gewiß, daß Philippus von dem Herrn zur Jüngerschaft berufen worden, als wenn ich das rufende Wort Jesu Christi gehört, und den nachfolgenden Philippus selbst gesehen hätte. Es ist mir so gewiß, daß Philippus den Nathanael zum Herrn hinzugeführt, als wenn ich die Worte: Komm und sieh, wir haben den gefunden, dem Moses und die Propheten Zeugniß geben! aus dem Munde des Philippus selbst gehört, und Nathanael auf Jesum [illegible] zugehen sehen. Es ist mir so gewiß, daß die Heiden, [illegible] zu sehen, sich bei Philippus gemeldet haben, als [illegible] Frage der Heiden, und die Antwort des Philippus [illegible] hätte. Es ist mir so gewiß, daß Jesus in der [illegible] Er mit wenig Brod und Fische die unübersehliche [illegible]ge gespeiset, dem Philippus die harte Probefrage vor[illegible] hat: Wo werden wir Brod kaufen, um die Menge zu [illegible]sen? — so gewiß ist's mir, als wenn ich die Volksmenge und Philippum gesehen, und die Frage des Meisters gehört, [illegible] Wunder mit angesehen hätte. Es ist mir so gewiß, [illegible] und Jakobus am Pfingsttage mit dem heiligen Geist [illegible] erfüllet worden, als wenn ich im Saale zugegen gewesen wäre, und das Getöse wie eines Sturmwindes gehört, und die zertheilten feurigen Zungen über den Häuptern der Apostel gesehen hätte. Es ist mir so gewiß, daß Philippus und [illegible] Dienste der Wahrheit, als treue Jünger ihres Herrn, freudig ihr Leben geopfert haben, als wenn ich ihr un[illegible]er Gefährte im Leben und Sterben gewesen wäre. So gewiß ist's mir. — O, wie freue ich mich der Gewißheit! Wer kann mir diese Gewißheit rauben? So gewiß ist's mir, daß Jesus von Nazareth am Kreuz sein Haupt geneigt und gestorben; daß Jesus von Nazareth am dritten Tage von den Todten auferstanden; daß Jesus von Nazareth durch seine Boten sein Evangelium in allen Ländern bekannt gemacht; daß Jesus von Nazareth unser Lehrer, unser Beispiel, unser Seligmacher, Anfänger und Vollender unsers Glaubens ist — so gewiß ist's mir, als wenn ich Ihn am Kreuze hätte erblassen, und am dritten Tage wieder aufleben sehen, und vom Reiche Gottes mit seinen Jüngern reden hören. Fest, fest steht mein Glaube. Wer sollte da nicht glauben? Herr, stärke Du diesen Glauben, er ist deine Gabe! Hoch, hoch ist meine Freude. Wer soll sich da nicht freuen? Herr, belebe Du diese Freude, sie ist dein Werk! Feurig, feurig ist meine Liebe. Wer soll da nicht lieben? Herr, entzünde, entflamme Du diese Liebe, sie ist deine Gnade. Unerschütterlich ist meine Hoffnung. Wer soll da nicht hoffen? Herr, bewahre Du diese Hoffnung, sie ist dein Geschenk!

Barnabas

1.

Die Menge der Gläubigen war Ein Herz und
Keiner sagte von seinen Gütern: das ist mein,
ten Alles untereinander gemein. Die Apostel
widerstehlichem Nachdruck Zeugniß von der Aufe
des Herrn. Sie standen Alle insgesammt in gro
um so mehr, da unter ihnen keiner war, der Ma
wußte. Denn Alle, die Eigenthümer von Grundst
Häusern waren, verkauften dieselben — bra
Geld, und legten's den Aposteln zu Füßen, wo
Jeden so viel ausgetheilt wurde, als er nö
machte es Joses, ein Levit, aus Cypern geb
Apostel den Zunamen Barnabas, das heißt, Sohn
gegeben haben. Der hatte ein Stück Land, verka
brachte das Geld den Aposteln. Apostelgeschichte IV, Ka

2.

Als Saulus nach Jerusalem kam, wollte er sich
gerschaft beigesellen. Aber sie waren alle sei
Furcht, weil sie nicht glaubten, daß er ihr Mi
Barnabas aber nahm sich seiner an, stellt ihn den Ap
und erzählte ihnen, daß Saulus auf seiner Reise
gesehen, der Herr selbst mit ihm gesprochen, und er
kus öffentlich und freimüthig den Namen Jesu gepredig
Apostelgeschichte IX, Kap. 26. 27.

3.

Die Gemeinde in Jerusalem erhielt Nachricht,
Anzahl der Gläubigen in Antiochien sehr groß wäre,
tigte den Barnabas nach Antiochien ab. Als er dort
und gesehen, wie da Gottes Segen gewirkt hatte, be
seine Freude, und ermahnte Alle und Jede, dem He
änderlich treu zu bleiben. Denn er war ein re
Mann, voll des heiligen Geistes und Glaubens.
Zahl derer, die sich zum Herrn bekannten, verm
mer. Darum reiste Barnabas nach Tarsen, um
aufzusuchen. Und als er ihn gefunden, nahm er ihn
tiochien mit. Und so wohnten sie Beide ein ganzes
Versammlung bei, und unterrichteten eine Menge V
daß die Jünger in Antiochien zuerst den Namen

bekannen. — Als unter dem Kaiser Klaudius im römischen Reiche eine große Hungersnoth einfiel, entschlossen sich die Jünger [illegible] nach seinem Vermögen, [illegible] den [illegible], die in [illegible] wohnten, eine Beisteuer [illegible]. [illegible] setzten ihr [illegible] in's Werk, und ließen's [illegible] die [illegible] durch Barnabas und Saulus [illegible]. Apostelg[illegible] XI, Kap. 22—30.

4.

[illegible] die Lehrer und Propheten zu Antiochien eben [illegible] versammelt waren, und [illegible] hielten, that der [illegible] Ausspruch: Barnabas und Paulus sollen [illegible] der Gemeinde ausgesondert werden zu [illegible] Geschäfte, wozu Ich sie bestimmt habe. [illegible] wieder gefastet und gebetet. Jetzt legten sie ihnen die Hände auf, und entließen sie. Wie sie nun vom heiligen Geist ausgesandt waren, kamen sie nach Seleuzien hinab — von da schifften sie nach Cypern über, giengen in die Stadt [illegible], und predigten in den Judensynagogen die göttliche Lehre. Apostelgeschichte XIII, Kap. 1—4.

5.

Zu Antiochien in Pisidien, als Paulus und Barnabas die Lehre vom Herrn freimüthig verkündigten, brachten die Juden [illegible] und andere Frauenspersonen von hohem Rang, und die Vornehmsten der Stadt in Eifer, und erregten durch sie eine Verfolgung gegen Paulus und Barnabas, so, daß sie des Landes verwiesen wurden. Sie (die Landesverwiesenen) schüttelten den Staub von ihren Füßen über sie ab, und begaben sich nach Ikonien. Apostelgeschichte XIII, Kap. 49—51.

6.

Auch in Ikonien hetzten die widriggesinnten Juden die heidnischen Einwohner wider die Brüder auf. Doch hielten Barnabas und Paulus sich eine geraume Zeit an diesem Orte auf, und lehrten mit aller Freimüthigkeit von dem Herrn, der [illegible]verkündigung seiner Gnade selbst bekräftigte; indem Er Wunder und außerordentliche Thaten durch sie geschehen ließ. Darüber theilte sich die Stadt in zwei Parteien. Die eine war auf der Juden Seite, die andere auf der Apostel. Es war schon an dem, daß von Seite der Heiden und Juden und [illegible] Obrigkeit ein Sturm über sie losbrechen, und sie miß[illegible] und gesteiniget werden sollten; als sie es noch zu [illegible] Zeit erfuhren, und sich in die lykaonischen Städte, Lystra und Derbe, und in die Gegend herum flüchteten, und auch dort die Botschaft von dem Reiche Gottes ausbreiteten. Apostelgeschichte XIV, Kap. 2—7.

7.

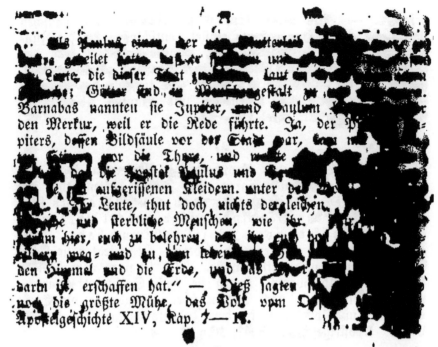

Als Paulus einen, der vom Mutterleib [illegible] geheilet hatte, daß er [illegible] und [illegible] die Leute, die dieser That zugesehen, laut in [illegible] Sprache: Götter sind in Menschengestalt zu uns [illegible]. Barnabas nannten sie Jupiter, und Paulum [illegible] den Merkur, weil er die Rede führte. Ja, der P[illegible] piters, dessen Bildsäule vor der Stadt war, kam mi[t] [illegible] Stiere vor die Thore, und wollte [illegible] Da das die Apostel Paulus und [illegible] [illegible] mit aufgerissenen Kleidern unter das [illegible] [illegible] Ihr Leute, thut doch nichts dergleichen. [illegible] und sterbliche Menschen, wie ihr. [illegible] kommen hier, euch zu belehren, daß ihr euch vo[n] [illegible] weg= und zu dem lebendigen [illegible] den Himmel und die Erde, und das Meer [illegible] darin ist, erschaffen hat." — Dieß sagten [illegible] noch die größte Mühe, das Volk vom O[illegible] Apostelgeschichte XIV, Kap. 7—1[illegible].

8.

Barnabas erhielt auch, wie Paulus, von [illegible] der Versammlung zu Jerusalem das Zeugniß, [illegible] Leben für den Namen unsers Herrn Jesu [illegible]

(Zum Beten.)

Herr Jesu, wir preisen Dich dankbar, daß [illegible] in der Herrlichkeit, zur Rechten deines Vaters, dein[illegible] auf Erden nicht vergessen konntest. Du erwecktest [illegible] den heiligen Geist rechtschaffene Männer, die Alles, was sie hatten, Aecker, Haus, Verwandte, Blut und [illegible] um deines Namens willen für nichts achteten. Du [illegible] es, der den Barnabas zuerst der treuen Jünger[illegible] beigesellet. Du warst es, der ihm den Gedanken [illegible] geben, sein Stück Land zu verkaufen, und das Geld den Aposteln zu Füßen zu legen. Du war[st es,] der ihn dem Apostel der Heiden zum Gefäh[rten] [illegible] Mitverkündiger des Evangeliums an die Se[ite] [illegible] Du warst es, der ihn von der Gemeinde ausge[illegible] und zum Licht der Völker ausgesandt. Du war[st] [illegible] ihm mit Unerschrockenheit im Ankünden des [illegible] schen Königreiches, mit Standhaftigkeit in [illegible]

[illegible]tes! Petrus, der [illegible] kurz vor dem Leiden seines [illegible] hoch und theuer betheuerte: Und wenn auch Alle an Dir untreu würden, so will ich's [illegible]! Petrus, den die weissagende Stimme des Men[illegible], kurz vor dem Fall gewarnt hatte: Ehe der [illegible] wirst du Mich dreimal verleugnen; [illegible] genug zu haben glaubte, für seinen Herrn, und [illegible] sterben: Und wenn ich auch mit Dir sterben [illegible] so will ich Dich gewiß nicht verleugnen; [illegible] der [illegible] in seiner Todesangst so [illegible] und Beten ermunterte: Wachet und betet, [illegible] nicht in Versuchung fallet: der Geist [illegible] aber das Fleisch ist schwach! — Petrus, dieser [illegible] Jünger, hat seinen Herrn auf [illegible] Magd, auf das [illegible] verleugnet, [illegible] Betheuerungen [illegible]len [illegible] stätigt: Ich kenne Ihn nicht. Ist das der, der für seinen Herrn sterben wollte? Ist das [illegible]ger, den auch der Tod nicht untreu machen konnte? [illegible] der große Vorsatz, sich nicht zu ärgern, wenn sich [illegible] ärgern würden? Hat der dreijährige Umgang mit [illegible] das Anhören seiner Lehre, hat der Anblick seiner [illegible] seines Beispiels, hat die Warnung Jesu, hat die [illegible] zum Beten und Wachen so viel bei Petrus vermocht, so viel bei Petrus gegolten, daß er Ihn jetzt nicht [illegible] daß er schwöret, Ihn nicht mehr zu kennen? O [illegible] Herz! wie muthig und wie schwach; wie voll von [illegible] dich selbst, und wie leer an Kraft; wie groß und klein! Ach, wie solltest du zittern vor dir selbst! Petrus ist [illegible] und du verlässest dich auf deine Treue? Petrus ist untergesunken: und du verlässest dich auf deine Stärke?

(Zum Beten.)

Menschenkenner und Menschenhelfer! allwissender [illegible]kenner und allmächtiger Menschenhelfer! Jesu Christus! zu deiner Weisheit und deiner Kraft und deiner Liebe flehe ich um Hülfe: laß mir das Beispiel [illegible] Jüngers heilsam seyn, und meine [illegible] Schwach[illegible] [illegible] werden. Du kennest mein Herz, wie [illegible] laß es auch mich kennen, wie es ist. Du [illegible] Schwachheit, und die Kraftlosigkeit meiner Vorsätze: auch mich es empfinden, wie klein und kraftlos ich [illegible] daß das Mißtrauen auf meine Kraft einmal tief [illegible]

...e. Starker! Allmächtiger! ... Schwachheit, daß ich zu Dir Alles vermöge!

Die Bekehrung des Paulus lehrt uns, dass unser Vertrauen auf die Barmherzigkeit Gottes nie zu groß seyn könne.

Paulus ist aus dem allereifrigsten Vertheidiger des Judenthums ein Jünger, ein Apostel, ein Blutzeuge Jesu Christi geworden. Paulus, der die Kirche Jesu Christi mit dem Haße eines Pharisäers und mit dem Muthe eines Eiferers für das väterliche Gesetz verfolgte; Paulus, der glühend vor Rache und Wuth gegen die Jünger des Herrn, sich beim Hohenpriester Vollmachtsbriefe an die Synagoge nach Damaskus ausgebeten, mit denen er Männer und Weiber, die der Lehre von Jesus dem Messias anhiengen, gebunden nach Jerusalem liefern dürfte; Paulus, der bereits auf dem Wege nach Damaskus war, und schon nahe bei Damaskus war — wird plötzlich von einem himmlischen Lichtglanze umstrahlet — fällt zur Erde — hört eine Stimme: Saul! Saul! was verfolgst du Mich? — [illegible] — steht vom Boden auf — will die Augen aufschlagen, und sieht nicht — wird an der Hand nach Damaskus geführt — genießt drei Tage weder Speise noch Trank — verharrt im Gebete — überläßt sich der Gnade Jesu Christi und den Erbarmungen Gottes — erhält von dem Jünger Ananias durch Auflegung der Hände das Gesicht wieder — läßt sich taufen — nimmt Speise zu sich, und, schon voll des heiligen Geistes, voll Kraft und Weisheit, behauptet nun öffentlich in der Synagoge: Jesus ist der Sohn Gottes! Wahrhaft, ein Wunder der Gnade Gottes ohne seines Gleichen! Der die Lehre Jesu Christi verfolgte, wird ein Jünger Jesu; der racheschnaubend darauf ausgieng, die Jünger Jesu gefangen zu nehmen, wird ein Gesandter Jesu, die Anzahl der Jünger Jesu zu vermehren; der an der Steinigung des Stephanus Freude bezeugte, und die Kleider der Steiniger in Verwahr hatte, erduldet um der Lehre Jesu willen mehr, als Stephanus erduldet; der für die Synagoge kämpfte, streitet jetzt für die Kirche Jesu; der den Namen Christi und den Namen der Christen gerne vertilget hätte, wird ein auserwähltes Gefäß, den Namen Jesu Christi vor Königen, Weltvölkern, Heiden ver[illegible]ig zu machen; der die Zeugen Jesu als Feinde Gottes verfolgte, wird ein Zeuge Jesu an die Menschen von dem, was er gesehen und gehört hat.

(Zum Beten.)

Erbarmungen, Erbarmungen Gottes — sonst sehe ich nichts an der Bekehrung des Saulus; Erbarmungen Got-

[illegible] zuin [illegible]
[illegible] hat; [illegible] Gottes, der [illegible]
[illegible]folger Jesu Christi zu einem Zeugen Jesu [illegible] gemacht; Erbarmungen Gottes, der ihn auserwählte, [illegible]
[illegible] zu sehen, [illegible] seine
Ohr [illegible] damit [illegible]:
Ihn [illegible] habe Ihn [illegible].
[illegible]
[illegible] in der [illegible]
[illegible]
[illegible] wie groß ist der [illegible]
[illegible]
[illegible]
[illegible]
[illegible] nicht [illegible]
[illegible] wir [illegible]
[illegible] den Tod des [illegible]
[illegible] und selig werde, [illegible]
[illegible] diese deine Barmherzigkeit [illegible]
[illegible] die erbar[illegible]
[illegible] Gnade — [illegible]
Oder [illegible] wider[illegible].
[illegible]
[illegible] die Gnade Jesu [illegible]
[illegible] tilgen, [illegible]
[illegible] Sünder, den Jesus nicht [illegible]
[illegible] haben [illegible] und [illegible]
[illegible]
[illegible] und [illegible]
[illegible]:
[illegible] der [illegible]
[illegible]ger [illegible]
[illegible]
[illegible]
[illegible]
Alles, dann trage ich Alles, [illegible] vollende [illegible]
was [illegible], daß ich thun, [illegible]
[illegible]

Die Absichten dieser heiligen Apostel Petrus und Paulus für das Heil der Menschen, ihr Leben und ihr Wirken lehren uns, daß unser Eifer für unser eigenes und fremdes Seelenheil nie zu groß seyn kann.

Petrus, als er am Pfingsttage mit der Kraft des heiligen Geistes erfüllet ward, fieng mit seinen Mitaposteln das Apostelamt, das heißt, sein kraft- und geistvolles Zeugniß von der Auferstehung des gekreuzigten Nazareners, und die frohe Botschaft von dem himmlischen Reiche mit Nachdruck und Freimüthigkeit an, und setzte es mit unermüdetem Eifer fort, bis er es mit seinem Blute versiegelte. Jetzt fürchtet er die schwache Stimme [illegible] Magd nicht mehr; jetzt bekennet er vor dem hohen Rathe, wie vor dem Volke, was er gesehen und gehört: Urtheilet selbst, sprach er, ob es vor Gott zu verantworten sey, euch mehr zu gehorchen, als Gott: was wir gesehen und gehört haben, das können wir unmöglich verschweigen; jetzt achtet er keine Drohung, keinen Geißelstreich, keinen Kerker mehr; jetzt kennt er keinen Herrn [illegible] als seinen Christum, und keine Hoffnung mehr als [illegible] und das ewige Leben, und keinen Beruf als [illegible] des Evangeliums. Der Eingang seines Sendschreibens zeigt deutlich an, wie gesegnet seine Arbeit, und wie feurig sein Eifer in Gründung und Befestigung christlicher Gemeinden gewesen ist. Petrus, so fängt er seinen Brief an, Petrus, ein Apostel Jesu Christi, wünscht den auserwählten Fremdlingen in Pontus, Galatien, Kappadocien, Asien und Bithynien, Gnade und Frieden. Gelobt sey Gott und der Vater unsers Herrn Jesu Christi, der uns nach seiner großen Barmherzigkeit durch die Auferstehung Jesu Christi von den Todten, zur lebendigen Hoffnung, zu einem unvergänglichen und unbefleckten und unverwelklichen Erbe, das uns im Himmel behalten ist, wiedergeboren hat. So viele Gemeinden und noch mehrere hat Petrus gestiftet; so weit und noch weiter ist der Schall [illegible] erschollen; so viele Jünger und noch mehrere hat er [illegible] zugeführet; so hoch war das Ziel, das er [illegible] so muthig, so hurtig war sein Lauf nach diesem Ziele. Das unbefleckte und unverwelkliche Erbe im Himmel, die Ausbreitung des Glaubens an die Auferstehung Jesu Christi, war die Absicht seiner Predigten, seiner Bemühungen, seiner [illegible], seiner Sendschreiben, seines Lebens, seines Leidens, seines [illegible].

Wie Paulus zur Ausbreitung des Evangeliums beigetragen, und was er um des Evangeliums willen ausgestanden hat, davon haben wir in der Apostelgeschichte Proben genug.

obgleich das Wenigste davon aufgeschrieben ist. Am Liebsten möchten wir es doch wohl von ihm selbst vernehmen. Sie sind Diener Christi: ich rede thöricht, [illegible] ich wohl mehr. Ich habe mehr gearbeitet; ich habe [illegible] Schläge erlitten; ich bin öfter gefangen worden, [illegible] in Todesnöthen gewesen. Von den Juden hab' ich fünfmal vierzig Streiche, weniger einen, empfangen; ich bin dreimal mit Ruthen geschlagen, ein[illegible] gesteiniget worden. Dreimal hab' ich Schiff[illegible] gelitten; Tag und Nacht hab' ich zugebracht [illegible] Tiefe des Meeres. Oft war ich auf Reisen, oft [illegible] Gefahren zu Wasser, oft in Gefahren unter [illegible] Räubern, oft in Gefahren unter den Juden, [illegible] in Gefahren unter den Heiden, oft in Gefahr[illegible] den Städten, oft in Gefahren in der Wüste, oft [illegible] Gefahr unter den falschen Brüdern — [illegible] und Arbeit, oft in Wachen und Fasten, Hun[illegible] Durst, Frost und Blöße. — Nebst dem, was [illegible] außen begegnet, so liegt mir ja die Sorge [illegible] Kirchen Tag und Nacht am Herzen. — [illegible] schwach, und ich bin es nicht mit ihm? wer [illegible] gert, und ich leide nicht mit ihm? Wenn ich [illegible] men soll, so will ich mich meiner Schwachheit [illegible] Gott und der Vater unsers Herrn Je[illegible] der Preiswürdigste in Ewigkeit, weiß, [illegible] lüge. Der Landpfleger des Königs Are[illegible] die Stadt Damaskus, und wollte mich [illegible] nehmen, und ich ward in einem Korbe zu[illegible] hinaus- und an der Mauer hinabgelassen [illegible] entkam aus seinen Händen. 2 Kor. XI, 23—[illegible]

Noch lebhafter hat der Apostel seinen Eifer, für Christum zu arbeiten, zu kämpfen, zu leiden, zu [illegible] sterben, ausgedrückt in der bekannten Stelle, die nie zu [illegible]en, nie zu tief beherziget werden kann:

Wer kann uns scheiden von der Liebe [illegible] Trübsal? Angst? Verfolgung? Hunger? [illegible] Gefahr? Schwert? wie geschrieben steht: [illegible] netwegen werden wir den ganzen Tag ge[illegible] wir sind wie Schlachtschafe. Aber in d[illegible] überwinden wir um dessen willen, der un[illegible] hat. Denn ich bin überzeugt, daß uns [illegible] noch Leben, weder Engel noch Fürsten[illegible] Gewalt, weder Gegenwart noch Zukunft, [illegible] die Höhe noch die Tiefe noch ein anderes Geschöpf, von der Liebe Gottes in Christo Jesu, [illegible] Herrn scheiden kann. Röm. VIII, 35—39.

Nichts

[illegible] konnte [illegible] seines Herrn — [illegible] furchtvollen [illegible], nicht der [illegible]er zu [illegible]t der [illegible]g. [illegible] starb, wie Petrus, dem [illegible] weil er, [illegible]s, nur dem Herrn lebte.

(Zum Beten.)

Gekreuzigter! Lebender! Verherrlichter! entrichtet haben deine Boten deinen Auftrag. Du gabst ihnen auf die Zunge, was sie reden sollten; Du thatst in ihnen die Wunder, die sie im Glauben an deinen Namen gethan haben; Du wardst durch ihr Leben und Sterben verherrlichet. Deinen Namen hat Paulus vor den Weltvölkern umhergetragen; deinen Namen hat Petrus vor Volk und Rath verkündiget. O Du, wie soll ich Dich nennen? [illegible] Haupt deiner sichtbaren Glieder! sieh! wir [illegible] auch Glieder deines Leibes: gieb uns den [illegible] Liebe, daß wir einander lieben wie Glieder [illegible]. Gieb uns den Geist des Glaubens, daß wir dein Wort für wahr halten, als wenn wir es aus [illegible] Munde hörten; daß wir an deine Person glauben, als wenn wir Dich mit Augen sähen; daß wir deinen [illegible] thun, als wenn Du sichtbar unter uns wandeltest. Gieb uns den Geist deiner Apostel, Petrus und Paulus, daß wir uns an dein Evangelium, an dein Reich, an dein Beyspiel, an deine Lehre, an deine Herrlichkeit, an deine Verheißungen, an deine Macht im Himmel und auf Erden — so unbeweglich fest halten, wie diese deine Boten. Gieb uns die Empfindungen der Liebe, die Du in dem Herzen des liebenden Petrus sahst, als Du ihn [illegible] fragtest: Simon! liebst du Mich? Gieb uns die [illegible]ungen des Glaubens, die Du in dem Herzen des gläubigen Paulus sahst, als er das erstemal die große Wahrheit verkündete; daß Jesus von Nazareth der Messias, der Sohn Gottes ist. Petrus sah Dich, Paulus sah Dich: Unsichtbarer! laß mich an Dich glauben, auf Dich [illegible], um Deinetwillen arbeiten, Dich mit ganzer Seele [illegible], Dir allein anhängen, als wenn ich dein Angesicht [illegible] meinen Augen gesehen, und deine Lehre mit meinen Ohren gehört hätte. Du lebest, und beweisest

dein Leben in dem Martertode deiner ... : g...
Licht und Kraft, daß wir Dir allein leben, ... die K...
deines Lebens im Himmel, durch unsern ...
Erden offenbaren! Amen.

* * *

Wenn Petrus fiel — und fiel so schrecklich tief;
Wer sollte noch auf seine Stärke bauen?
Wenn Gott den Saulus rief — so mächtig rief:
Wer sollte nicht auf Gottes Gnade trauen?

Jakob der Größere.

Bethsaida war seine Vaterstadt; Zebedäus ... Salome seine Mutter; Johannes, der geliebte ... Herrn, sein Bruder — und das Fischerhandwerk seine ...

1) Von seinem Berufe zur Jüngerschaft Jesu e... die heilige Geschichte Folgendes:

Als Jesus etwas weiter gegangen, sah Er zwei Brüder, Jakobus und Johannes, Zebedäus Söhne, die ... Schiffe mit ihrem Vater die Netze flickten — und rief ... sich. Sie verließen auch sogleich das Schiff und ih... und folgten Ihm nach. Matth. IV, 21.

Jakobus war gerade auch dabei, wie Lukas bericht... Petrus im See Genesareth auf das Wort des Herrn in ... Tiefe hinausfuhr, das Netz hinunterließ, und eine so ... Menge Fische fieng, daß das Netz zerriß. Petrus wink... er sollte ihm zu Hülfe kommen. Er kam auf seine... und es wurden beide Schiffe bis zum Versinken mit ... angefüllt. Dieser wunderbare Fischfang machte ... Brüder, Petrus und Andreas, und auf die Brüder, Jo... und Jakobus, einen so großen Eindruck, daß sie Je... Nazareth nimmer von der Seite giengen. So ward ... ein Menschenfischer. Luk. V, 11.

2) Jesus nahm ihn vor Andern zum Zeugen der ... würdigsten Begebenheiten mit sich. Petrus, Johannes ... kobus waren immer näher, als die übrigen Apostel, ... Meister angeschlossen. Jakobus sah den Herrn auf dem ... in seiner Verklärung; er sah sein Angesicht leuchten, ... Sonne, und seine Kleider glänzen, wie das Licht; er ... Moses und Elias; er hörte aus einer leuchtenden ... Stimme: Dieß ist mein geliebter Sohn, ...

meines Herzens! das höret. Wie er auf diesem Berge — an Jesu den Sohn Gottes erblickte: so sah er auf einem andern Berge — an Jesu den Sohn des Menschen, den leidenden, der bis in den Tod geängstigten Menschen. Er war bei seinem heißen Todeskampfe zugegen. So ließ auch Jesus bei der Auferweckung der Tochter des Jairus Niemand, als nur Petrus, Johannes und Jakobus mitkommen. Daraus sieht man, daß Jakobus bei dem Herrn, dessen Weisheit Liebe, und dessen Liebe Weisheit war, vor Andern gegolten hat. Matth. XVII, 1. XVI, 37. Mark. V, 57.

3) Die Liebe zu Jesu machte ihn einmal gegen die Menschen hart. Als die Samaritaner Jesum nicht beherbergen wollten, geriethen Jakobus mit seinem Bruder in die Hitze: Herr! sagten sie, willst Du, daß wir Feuer vom Himmel fallen, und sie verzehren heißen, wie Elias that. Jesus gab ihnen einen sanften Verweis: Ihr wisset nicht, wessen Geistes Kinder ihr seyd. Der Menschensohn ist nicht gekommen, zu verderben, sondern zu erretten. Luk. IX, 54.

4) Als Jesus nach Jerusalem hinaufzog, trugen Jakobus und Johannes ihrem Meister eine sonderbare Bitte vor. Sie machten zuerst einen vertraulichen Eingang, wie es die Bittenden thun: Herr! wir wollen, daß Du uns Alles thust, um was wir Dich bitten werden. Dann ließen sie die Bitte selbst hören: Herr! laß einen von uns in deiner Herrlichkeit Dir zur Rechten, und den andern zur Linken sitzen. Die Bitte war kühn; aber die Antwort ernsthaft und belehrend: Ihr wisset nicht, um was ihr bittet. Könnet ihr den Kelch trinken, den Ich trinken werde? Könnet ihr die Taufe, womit Ich getauft werde, über euch ergehen lassen? Die guten Brüder erwiederten muthig: Ja, wir können's. Und ihr werdet es auch, setzte Jesus hinzu — ihr werdet den Kelch trinken, den Ich trinken werde, und mit der Taufe getauft werden, die über Mich ergehen wird. Aber zu meiner Rechten und zu meiner Linken zu sitzen — das steht nicht bei Mir, es Andern zu gestatten, als denen es bestimmt ist. Wie mußte es da den Brüdern zu Herzen seyn! Sie dachten an das Sitzen zur Rechten und Linken in der Herrlichkeit ihres Meisters, und der Meister machte sie auf den Leidenskelch aufmerksam, den sie austrinken müßten — und auf die Leidenstaufe, die über sie ergehen würde. Mark. X, 37.

5) Jakobus war übrigens mit den andern Jüngern des Herrn ein Augenzeuge seiner Wunderthaten, ein Hörer seiner Lehren, ein Gefährte auf seiner Reise, ein Zeuge seines Leidens, seiner Auferstehung, seiner Auffahrt, von Ihm gesendet zur Verkündigung des Evangeliums, ausgerüstet am Pfingsttage mit dem heiligen Geiste, ein Bote Jesu Christi.

6) Der Leidenskelch und die Leidenstaufe, von denen [illegible] geweissaget hatte, kamen bald an ihn. Er mußte die Auferstehung Jesu Christi und seine Lehre mit Wort und That sehr mächtig geprediget haben, weil die Jüdischgesinnten, diese Feinde des Evangeliums, so eifrig an seiner Verfolgung arbeiteten, und seine Hinrichtung so schnell bewirkten. Er [illegible] erste Märtyrer unter den Aposteln. Gerade am Osterfeste endete er seine Laufbahn — wie Jesus Christus, sein Herr [illegible] Meister, ehemals um eben diese Zeit an's Kreuz geheftet [illegible] und seinen Leidenskelch austrank, und seine Bluttaufe vollen[illegible] Herodes Agrippa war eben zu Jerusalem, das Osterfest zu be[illegible] gehen. Da ließ er sich von den Juden gegen die [illegible] Jesu Christi aufhetzen. Er fieng an, Gewaltthätigkeiten [illegible] zuüben, und, um sich bei jenen recht beliebt zu machen, [illegible] auf seinen Befehl Jakobus mit dem Schwerte hingerichtet. [illegible] Juden bezeugten so großes Vergnügen an diesem [illegible] grausamen Auftritte, daß Herodes auch den Petrus [illegible] einziehen ließ. Apostelgesch. XII.

7) Noch ist merkwürdig, daß Jesus die Söhne des [illegible] däus Donnerssöhne, Donnerskinder genennet hat. [illegible] hielt den Namen Petrus, Fels, weil auf ihn die Kirche [illegible] gebauet werden. Jakobus und Johannes hießen [illegible] Donnerssöhne: ganz gewiß, weil sie auch Donner[illegible] seyn würden. Einige glauben, sie seyen darum mit diesem [illegible] men belegt worden, weil sie gerne das Feuer vom [illegible] über die Samaritaner herabgerufen hätten. Allein es [illegible] gleich wahrscheinlicher, und der Weisheit Jesu Christi [illegible] sener, wenn man glaubt, daß sie darum diesen vielbedeu[illegible] Namen, Donnerskinder, erhalten haben, weil der [illegible] ihrer Predigt die Herrlichkeit Jesu Christi so nachdrucksam, und breit verkünden würde, wie der Donner die Majestät [illegible] tes durch die ganze Natur herrlichfurchtbar verkündet.

(Zum Beten.)

Menschenlehrer und Menschenerlöser! wie kann Dir [illegible] Kirche genug danken für all das Gute, das Du an [illegible] nen Aposteln, und durch sie an uns gethan hast! [illegible] Stimme hat sie zu Dir gerufen. Deine Weisheit [illegible] sie zu Menschenfischern gemacht. Deine Liebe hat [illegible] erwählet, und nicht sie haben Dich erwählet. [illegible] Allmacht hat den wunderbaren Fischzug geordnet, da [illegible] drei edelsten Seelen, Petrus, Johannes und Jakobus, [illegible] nachmals deine vertrautesten Freunde wurden — [illegible]

Netz, Schiff und Alles verließen, und Dir mit ganzer Seele anhiengen. Deine Güte nahm sie als Gefährten und Zeugen vor Andern zu den merkwürdigsten Begebenheiten deines Lebens mit. Du ließest Dich vor ihnen in deiner Herrlichkeit auf Tabor, und in deiner Todesangst in Gethsemane sehen. Sie sahen deine Gotteskraft und deine Menschenschwachheit. Sie sahen Dich Todte erwecken, und mit dem Tode ringen. Du machtest einen aus ihnen zum Felsen deiner Kirche, und die andern zwei zu Donnersöhnen. Du warst ihnen Alles: aber auch sie waren ganz für Dich. Nur dein Wort predigten sie, sie alle deine Apostel; nur deine Herrlichkeit verkündeten sie; den Glauben an deine Person, an deine Auferstehung, an deine Wunderkraft, an deine Lehre verbreiteten sie; auf den Glauben an deinen Namen tauften sie; im Dienste deines Evangeliums lebten, litten, starben sie. Du warst ihnen Alles, und durch sie uns. Was wären deine Boten, deine Gesandten ohne Dich? Was wären wir ohne sie? Wie die Sonne vom Morgen bis zum Abend Licht und Wärme und Segen ausspendet: so haben sie überall Weisheit und ewiges Leben, die Erkenntniß deines Namens und deines Vaters ausgebreitet. Dank Dir für dein Evangelium und deine Boten! Sie waren Prediger deines Wortes, und Blutzeugen deiner Lehre. Ihre Predigt streute guten Samen aus; ihr Blut befeuchtete ihn; Du gabst das Gedeihen dazu — und so kam das Evangelium an alle Enden der Welt, fruchtete durch alle Zeiten hinab, und kam auch zu uns. Du bist wahrhaftig das Licht der Welt, Du das Heil der Welt. Laß doch dein Wort auch an unsern Seelen einmal recht fruchtbar seyn! Laß doch den Werth deines Leidens, und die Macht deiner Auferstehung, und die Arbeiten deiner Apostel an uns nicht umsonst seyn!

Bartholomä

Wir haben keine Ursache zu zweifeln, und zu glauben, daß dieser Jünger und Apostel J derjenige gewesen sey, von dem der Evangelist Jo dem Namen Nathanael redet. Wahrscheinlicherweise tholomäus sein Geschlechtsname, und Nathanael sein eigener Name. Sein Beruf zur Jüngerschaft Aufmerksamkeit.

Als Jesus die Brüder Petrus und Andreas, und Jakobus, diese Erstlinge seiner Jüngerschaft, gesammelt hatte, kam Er Tags darauf nach Galiläa Philippus, und sprach zu ihm das Meisterwort: Folge nach. Mehr brauchte es nun nicht: Philippus ger. Er begnügte sich aber nicht damit, daß er der Wahrheit wäre — er wollte seinen Freund tholomäus) eben dieses Glückes theilhaftig sehen. was er ihm mit freudiger Ueberzeugung sagte, war denbotschaft:

„Den Moses und die Propheten ankündeten, d
wir gefunden — Jesus, den Sohn Josephs von

Nathanael, eine köstliche, reine Seele, die die Wahrheit suchte, und die Wahrheit leicht fand — fragte ihn lichem Blicke: Jesus von Nazareth? kann Nazareth auch was Gutes kommen? Philippus ihm eine recht treffende Antwort: Komm, und sieh men und sehen ist doch der geradeste Weg zur Wahrheit durch kann man der Vorurtheile und des Aberglaubens sten los werden. Von Nazareth kann nichts kommen — das war ein Vorurtheil. Auch edle Seelen nicht von Vorurtheilen, vorgefaßten Meinungen frei. ergreifen gern jede Gelegenheit, davon frei zu werden darin besteht ihr Adel. Nathanael geht zu Jesus — er zu sehen. Jesus sah ihn auf sich zugehen, und giebt ihm herrliche Zeugniß: Seht einmal einen wahren Is liten, in dem kein Falsch ist! Nathanael hört die ßen Lobspruch: er gieng ihm wie Blitz durch die Seele Redliche fand sein ganzes Herz mit vier Worten ge Ein Israelit ohne Falsch. Mit Erstaunen blickte er Herzenskenner von Nazareth an, und fragte Ihn: Wo kennst Du mich? Jesus gab ihm eine Antwort, die Wahrheitsuchenden die Wahrheit sonnenklar zeigen mußte. dich, sprach Er, Philippus rief — da du noch u dem Feigenbaum standest, hab' ich dich schon sehen. Da war es in der Seele des Nathanael auf [illegible]sicht. Da verstand er es, wie von Nazareth auch was Gutes, und wohl das Beste kommen konnte. Da war es seinem aufrichtigen Herzen unmöglich, nur einen Augenblick zu zweifeln, wer der sey, der ihn schon unter dem Feigenbaum sah. Anbetend mit voller Ueberzeugung, sprach er aus dem tiefsten Herzensgrunde: „Meister, Gottes Sohn bist Du! Israels König bist Du!“ Wer die Wahrheit mit redlichem Herzen sucht, findet sie leicht und schnell. Ein Herz, das nicht verdorben ist durch den Sauerteig des pharisäischen Stolzes, erkennt an dem Nazarener gar leicht den König Israels, und an dem Menschensohne den Sohn Gottes. Ein reines Auge erblickt die reine Wahrheit: *Meister! Gottes Sohn bist Du!* Nur der, von dem Jesus sagen kann: *Seht einen wahren Israeliten ohne Falsch* — nur der ist vor Tausenden erwählt, von Jesu zu sagen: *Seht den König Israels, den Sohn Gottes!* Dieses Bekenntniß macht den redlichen Nathanael zum Jünger Jesu — und Jesus stärkt seinen Jünger in dem Glauben an seine Person mit diesen Worten: „Weil Ich dir gesagt habe: Ich sah dich unter dem Feigenbaume — darum glaubst du. Aber du wirst noch weit größere Dinge sehen. Wahrlich, Ich sage dir: du wirst den Himmel offen sehen, sehen die Engel Gottes auf- und absteigen über den Menschensohn.“

(Zum Beten.)

1.

König Israels! Sohn Gottes! Nazarener! wie wunderbar offenbarest Du Dich den *Deinigen*! *Dein* war Nathanael, ehe er Dich sah: aber er wußte es nicht, daß er *dein* wäre. Er kommt zu Dir. Du redest von ihm, als wenn sein Herz vor Dir offen stünde. Er geräth in Erstaunen — er fragt, woher Du ihn kennest, Du redest menschlich mit Menschen: „Ich habe dich gesehen, da du noch unter dem Feigenbaum standest.“ Mit diesem Worte brachtest Du Licht in seine Seele. Er betet an, und erkennet an deiner Person den großen König Israels. Du stärkest ihn im Glauben an deine Hoheit: Er werde den Himmel offen, und die Engel über Dich herab und hinauf steigen sehen. Nun ist Nathanael dein Jünger, und bleibt es. Herr! wem Du Dich offenbarest, der wird dein Jünger. Wer an Dich glaubt, den stärkest Du im Glauben an Dich. Dein

Werk, deine Gabe ist's, daß wir an [illegible] dein Werk, segne deine [illegible]. Sende [illegible] Kraft zu uns herab, daß wir mit [illegible] sagen können, was Nathanael aussprach: [illegible] bist Du! Sohn Gottes bist Du!

2.

Menschensohn und Freund der [illegible] Du liebest, der ist eines reinen, aufrichtigen [illegible] ist ein Nathanael; und wer eines reinen, auf[illegible] zens ist, wer ein Nathanael ist — der kennet [illegible] Dich. Eine Seele ohne Falsch, ohne [illegible] die Alles sieht, wie es ist, und [illegible] sieht — eine Seele Nathanaels gieb [illegible] haber der Menschenherzen! Ein [illegible] kannst es: Du hast die Menschenherzen [illegible] lenkest, leitest sie alle), ein Herz gieb uns, [illegible] einfältig, so redlich sucht, wie Nathanael — [illegible] so gewiß findet, wie Nathanael. Ein Herz [illegible] das an Dich glaubet wie Nathanael, und Dich [illegible] wie Nathanael, und sich von Dir im Glauben [illegible] wie Nathanael. Reinster! ein Herz ohne [illegible] uns, daß wir als deine Jünger uns vor [illegible] immer mehr reinigen, wie Du rein bist — [illegible] den, wie deine Jünger selig sind!

Matthäus, der Jünger Jesu.

Nach der Heilung des Schlagflüssigen gieng Jesus an [illegible] See Genesareth. Von da kam Er mit den Jüngern [illegible] Zollbank, dergleichen es an Seehäfen und bei den Fä[illegible] den Jordan gab. Auf der Zollbank saß Matthäus. [illegible] sah ihn freundlich an, und sagte zu ihm nur dieß Wort: [illegible] Mir nach. Matthäus stand auf, und folgte Ihm nach. [illegible] neue Jünger voll Zutrauens auf die Herablassung und [illegible] schenfreundlichkeit seines Lehrers, ladet Ihn zu einer [illegible] ein. Jesus nimmt die Einladung an. Er und seine [illegible] der neue Schüler Matthäus, und viele andere Zöllner,

[illegible], aßen also an Einem Tische. Die Pharisäer [illegible] sich daran: [illegible] sich aber nicht, dem Lehrer selbst [illegible] zu widersprechen. Er hatte sie schon [illegible] zu treffen und beschämend abgewiesen. Sie machten also seinen Jüngern Vorwürfe. Warum, sagten sie, ißt und trinkt euer Lehrer mit Sündern und Zöllnern? Wie mag Er sich in einer Gesellschaft [illegible] lassen? Warum sorgt Er so schlecht für [illegible] und eure Ehre? Jesus nahm das Wort: „Das wißt, sprach Er mit Ernst und Nachdruck, [illegible] Arzt [illegible] er nicht eher Gesunde, als Kranke besuchen. Der Arzt ist ja nur für den Kranken. Nun, das ist Absicht meiner [illegible], den Kranken ein Arzt zu seyn, und die Sünder zur [illegible]. Geht doch wieder in die Schule, und [illegible] erlernen: mit Opfern ist Mir nicht gedient, [illegible] Barmherzigkeit und Menschenliebe.
"

(Zum Beten.)

Ja, Herr! Du bist ein Sünderfreund: aber nicht, um mit Sündern zu sündigen, sondern, um aus Sündern Kinder Gottes zu machen. Du issest und trinkest mit Sündern, und ladest sie zur Besserung ein — und besserst, was sich bessern läßt. Ein Sünderfreund bist Du: dieß ist ein wahrer Ehrenname. Die blinden Schriftweisen glaubten Dich zu lästern, wenn sie Dich einen Sünderfreund nannten. Aber eben diese Freundlichkeit gegen Sünder macht deinem liebevollen Herzen die größte Ehre. Sie, die Scheinheiligen, mögen Gott immerfort danken, daß sie nicht so arg sind, wie Sünder und Zöllner: Du weißt, was gottgefällig ist. Menschenliebe, Barmherzigkeit — das gefällt dem Herrn. Du issest mit den Sündern, um sie zu bessern. Du kennst dein Geschäft. Ein Arzt dem kranken Menschengeschlechte bist Du, Arzt und Sünderfreund! wer soll auf deine Liebe nicht vertrauen? Wer kann sagen: ich bedarf des Arztes nicht? wer darf sagen: ich habe nicht gesündiget? Du kannst heilen — Du machtest gesund an Leib und Seele Alle, die an deine Macht glaubten. Du willst heilen — deiner Erbarmungen ist wohl auch kein Ende. Du rufest dem Sünder, und er ist dein Jünger. Laß uns deine Stimme hören, daß wir Dir folgen. Laß uns deine mächtige Stimme hören, daß wir Dir ohne Ver-

[illegible] freudigem Herzen nachfolgen. [illegible]
Freund! Du bedarfst unser nicht — [illegible]
[illegible] Deiner. Nur ein Wort: So bist du [illegible]
Seele!

Matthäus, der Evangelist Jesu.

Matthäus schrieb das erste Evangelium, [illegible] erste [illegible] Botschaft von der Ankunft und [illegible] ben und Sterben, den Lehren und Thaten Jesu. [illegible] fängt mit dem Geschlechtsregister an, um den Juden [illegible] eigenen Schriften zu beweisen, daß Jesus von [illegible] Sohn Davids, der erwartete Messias sey [illegible] endet mit der Aussendung seiner Jünger in alle [illegible] Er beruft sich auch öfter, als die übrigen Evangelisten [illegible] Schriften des alten Bundes, um der blinden [illegible] glücklicher die Augen zu öffnen. Seine Erzählung [illegible] ständlich und treu und voll Einfalt. Er schrieb, [illegible] und hörte. Gottes Geist war in ihm.

(Zum Beten.)

Herr! wer kann deine Güte genug preisen! [illegible] der wählst Du Dir zum Jünger, und den [illegible] Geschichtschreiber. Als Du ihn noch auf [illegible] sahst, wußtest Du schon, daß er einst deine [illegible] Thaten zum Besten deiner Kirche treu aufzeichnen [illegible] Gieb uns Lust zu lesen, was er schrieb — und zu verstehen, was er von Dir bezeugt — und zu thun, was Du von uns begehrst. Erwecke, [illegible] die Kinder der Finsternisse, daß sie die [illegible] gottlos-witzigen oder kindisch-tändelnden [illegible] weglegen, und das Evangelium des Zöllners in [illegible] nehmen. Und wenn sie das Wort lesen, das Du zu Matthäus sprachst: Folge Mir nach, so [illegible] Licht werden in ihrer Seele, daß sie begreifen, [illegible] keine größere Ehre im Himmel und auf Erden, [illegible] Jünger zu seyn!

Lukas,

der Geschichtschreiber Jesu Christi, das heißt, der Evangelist.

Lukas, ein Leibarzt von Antiochia, war in der griechischen Sprache ziemlich wohl bewandert, und machte davon zum Andenken der Gläubigen einen sehr guten Gebrauch. Er schrieb auch ein Evangelium, oder eine frohe Botschaft von der Menschwerdung, dem Leben, den Wundern, Thaten, Lehren, dem Leiden, Sterben und Auferstehen Jesu Christi. In seinem Evangelium erhalten wir sehr viele Nachrichten, die in den Evangelien des heiligen Matthäus und Markus nicht enthalten sind. Die wundervolle Geburt Johannes des Täufers; die Vorhersagungen des Priesters Zacharias und der frommen Elisabeth, des alten Simeons und der erleuchteten Anna; die Anbetung der Hirten bei der Krippe; die Weisheit des zwölfjährigen Jesus, und andere Dinge mehr, beschreibt Lukas *ganz allein*. Wenn Lukas weiter nichts *besonders* von Jesu erzählt hätte, als die zwei unvergeßlichen Parabeln, die eine von dem *verlornen Sohne*, und die andere von dem *ungerechten Richter*, der sich doch endlich der bedrängten Wittwe erbarmte, um ihrer los zu werden: o, wie viel hätten wir ihm bloß deswegen zu verdanken! Wie viele hundert Sünder hat die Parabel vom verlornen Sohne zur Buße und zum Vertrauen auf die Barmherzigkeit des himmlischen Vaters erwecket! Wie viele kalte und geistlose Beter hat die Parabel von dem Richter, der das ungestüme Bitten nicht länger aushalten konnte, zum feurigen, aushaltenden und unermüdlichen Gebete ermuntert! — Die Nachrichten, die uns Lukas von Jesu Christo hinterlassen, tragen *ferner*, alle und jede, das offenbarste *Gepräge der Wahrheit*, so zwar, daß ich mir keinen Menschen denken kann, der dieß Evangelium ruhig, ohne Leidenschaft, mit Einfalt des Herzens läse, und nach vollendetem Lesen, im Ernste unter vier Augen sich zu sagen getraute: *Lukas erzählet, was ihm einfällt: er ist ein Dichter, ein Lügner, ein Betrüger oder ein Schwärmer, ein Narr.* Wer so etwas von Lukas auch nur dächte, oder denken könnte, vorausgesetzt, daß er seine Erzählungen ruhig und fleißig gelesen — der würde wider sich selbst und von der Verdorbenheit seines Herzens das allerunwiderleglichste Zeugniß ablegen. Lukas schrieb Alles, was er uns in seinem Evangelium hinterlassen, auf den ausführlichen und genauen Bericht der Augenzeugen und Ohrenzeugen. Die Apostel, die mit ihrem Herrn und Meister vom Anfang seines Predigtamtes aus- und eingegangen waren, und denen der heilige Geist, dieser Lehrer der Wahrheit, so reichlich mitgetheilet ward — die Apostel, sage ich, diese Grundfesten der christlichen Kirche, [illegible] noch bei Leben, als Lukas sein Evangelium in der [illegible] Achaja in Griechenland bekannt machte, und konnten [illegible] urtheilen. Endlich hat die christliche Kirche von der Zeit [illegible] Stiftung an bis auf unsere Zeiten das Evangelium des [illegible] gen Lukas immerfort als die ehr- und glaubwürdige Urkunde von dem Leben und Sterben und [illegible] seres Herrn Jesu Christi angesehen — und dieser [illegible] Urkunde nicht nur das höchste menschliche, sondern [illegible] wahrhaft göttliches Ansehen jederzeit beigelegt.

(Zum Beten.)

Vater! Du hast deinen Sohn auf die Erde [illegible] gesandt, daß Er uns offenbare, was [illegible] sam ist. Du hast aber auch väterlich gesorgt, [illegible] Offenbarung erhalten, und bis an's Ende [illegible] fortgepflanzet werde. Zu den Anstalten dieser väterlichen Fürsorge gehöret auch das Evangelium [illegible] heiligen Lukas. Du hast ihm den herrlichen Gedanken eingegeben, ein Evangelium zu schreiben; Du hast [illegible] Gelegenheit verschafft, alle Nachrichten, die er hinterlassen, von den redlichsten und aufmerksamsten [illegible] und Augenzeugen gleichsam wie von der ersten [illegible] bekommen; Du hast sein Gedächtniß gestärket, seine Aufmerksamkeit befestiget, daß er [illegible] mangelhaften Berichte von den Lehren und Th[illegible] nes geliebten Sohnes hinterließe. Dir also, [illegible] deinem heiligen Geiste danken wir mit aufrichtiger S[illegible] daß Du deiner Kirche an dem Evangelium des h[illegible] Lukas einen so kostbaren Schatz geschenket hast. [illegible] Von Dir kommt alle gute Gabe im Himmel [illegible] Erden. Für alle Gaben, hiemit auch für diese so [illegible] liche Gabe, danken wir Dir heute und allezeit, und [illegible] uns aller deiner Wohlthaten in deinem Sohn J[illegible] Christus, unserm Herrn! Amen.

Lukas, der Geschichtschreiber der Apostel.

Das Evangelium schrieb Lukas nach der unumstößlichen Aussage derjenigen, die die Begebenheiten selbst mit angesehen, die Reden Jesu mit angehöret hatten, und an Allem, was sie erzählten, den größten Antheil nahmen. Hingegen das Meiste von dem, was in der Apostelgeschichte vorkommt, hat er selbst als Augen- und Ohrenzeuge beobachtet. Er war ein Jünger und Geselle des großen Völkerlehrers Paulus. Darum beschreibt er hauptsächlich das, was diesen Apostel näher angeht. Allen seinen Erzählungen sieht man es ohne Mühe an, daß sie von dem aufrichtigsten und wahrheitliebendsten Beobachter sind verfasset worden. Er erzählet die Thaten und Drangsale seines Apostels, ohne etwas zu erheben, oder zu verkleinern. Man kann sich an der Apostelgeschichte niemals satt lesen, und sie niemals auslesen, ohne den Wunsch zu thun: Wollte Gott, Lukas hätte seine Erzählung weiter fortgeführt! Uebrigens ist das Wenige, was er uns von den Thaten der Apostel hinterlassen, zu unserer Erbauung ganz gewiß hinlänglich, und uns, leider! zur Nachahmung meistentheils wohl gar zu viel.

(Zum Beten.)

Herr Jesu! erwecke in uns den Geist deiner Apostel. Wie Du uns die gewisse Nachricht von ihrem Eifer verschaffet hast: so laß in unserm Herzen auch das Feuer ihres Eifers lebendig werden. Daß wir die Geschichte der Apostel lesen können, ist ganz gewiß das Werk deiner Gnade. Unterstütze uns noch ferner mit deiner Beihülfe, daß wir einmal die schönen Thaten, die wir an deinen Aposteln bewundern, an uns ausdrücken. Wir danken Dir mit freudigem Sinne für die Wohlthat, daß wir wissen, was die Apostel gethan haben. Entzünde nun auch unser Herz, daß wir uns in allen Stücken nach ihrem Beispiele als deine treuen Jünger betragen, und an uns selbst erfüllen, was Dir gefällig ist. Um diese Gnade, daß wir deinen Willen erkennen und thun, flehen wir zu Dir, und das aufrichtige Flehen deiner Jünger verschmähst Du nicht!

Lukas, der treue Jünger, Freund und Geselle des großen Apostels Paulus.

Ich wüßte nicht, was man von den christlichen [illegible] gen des heiligen Lukas Rühmlicheres sagen könnte, [illegible] man sagt, daß er ein treuer Freund und Mitarbeiter [illegible] ßen Apostels Paulus gewesen ist. Es ist nicht wohl [illegible], mit einem so aufrichtigen Verehrer Jesu, und [illegible] Verkünder des Evangeliums einen vertrauten Umgang [illegible] gen, ohne sich selbst nach seinem hellleuchtenden [illegible] mit der Liebe Jesu Christi entzünden zu lassen. [illegible] manche unausstehliche Drangsale auszustehen. Viele [illegible] ger hatten ihn darum verlassen: Lukas hingegen war sein [illegible] beständiger Jünger. Der Apostel giebt seinem [illegible] im zweiten Briefe an den Timotheus das [illegible] ist allein bei mir. Auch haben ihn die Kirchen [illegible] stel beigesellet, das Almosen der Gläubigen zu [illegible] dem Apostel konnte es nicht anders als erwünscht [illegible] seiner Reise so einen würdigen Zeugen seiner Uneig[illegible] an der Seite zu haben. Im zweiten Briefe an [illegible] giebt Paulus seinem Gefährten mit wenigen Worten [illegible] Lob: Er ist wegen des Evangeliums in allen [illegible] chen berühmt, und noch dazu von den (christlichen) Gemeinden mir zum Reisegespann beigeordnet.

(Zum Beten.)

Herr Jesu! unsichtbares Oberhaupt deiner [illegible] Kirche auf Erden! Herr und König aller [illegible] sende, sende unter deine Gläubigen von Zeit [illegible] leuchtete, großmüthige Verehrer deines heiligen [illegible] wie einst Paulus war, daß sie den Schwachen [illegible] mündigen ein mächtiges Beispiel der Tug[illegible] Weisheit werden. Laß es aber auch niemals in [illegible] Kirche an folgsamen, gutgesinnten, christlicheinfältigen [illegible] eben deßwegen wahrhaftweisen Seelen mangeln, [illegible] Gute und Vollkommene an Andern bemerken, [illegible] Nachahmung sich selbst eigen machen. Gott [illegible] und der Liebe! laß alle redliche und verst[illegible] wie einst Paulus und Lukas, mit vereinigten Kräf[illegible] brüderlicher Eintracht an der Beförderung de[illegible] Hand anlegen, damit keiner den andern hindere, so[illegible]

[illegible] [illegible]nender [illegible] helfen. Dich [illegible] deinen Sohn [illegible]lichen, und Dich und alle Menschen [illegible] Seligkeit zu befördern! Amen.

Simon und Judas.

Kirchengebet (erweitert).

Herr! Du machtest die weise und liebreiche Veranstaltung, daß wir durch das kraftvolle Predigen deiner Gesandten, Simon und Judas, deinen großen Namen kennen lernten.

Wir freuen uns heute ihrer Arbeiten die sie zur Ehre deines Evangeliums unternommen — und ihrer Herrlichkeit, die sie sich dadurch erworben haben.

Laß uns diese wahrhaft christliche Freude dazu ermuntern, daß wir im Guten stets zunehmen. — Laß aber auch den Wachsthum im Guten an uns so gesegnet seyn, daß unsre Freude an den Verdiensten deiner Apostel um deine Kirche, stets reiner, größer und wirksamer werde: darum bitten wir Dich durch deinen Sohn, unsern Herrn Jesum Christum! ꝛc.

Auszug aus dem Sendschreiben des Knechtes Christi, Judas, des Bruders Jakobi.

1.

Schicksal der Verächter, Spötter, Unrichtigen.

Es haben sich Menschen eingeschlichen, Gottesverächter, welche die Gnade unsers Gottes zur Befriedigung geiler Lüste mißbrauchen, unsern Gott, den Allbeherrscher, und Jesum Christum unsern Herrn, verleugnen.

[illegible] die [illegible]
Treulosen vertilget hat.

Die Engel, die ihrer ursprünglichen Wür[illegible] blieben, und ihre Eigenthumswohnung verließen, [illegible] Gott an ewigen Ketten im Abgrunde dem gr[illegible] richtstage auf.

Zugleichen Sodoma und Gomorrha, [illegible] genden Städte, die gleich jenen gehuret, [illegible] natürlicher Unzucht befleckt haben — liegen [illegible] Denkmal göttlicher [illegible], und als [illegible] Bild jener [illegible] gen [illegible].

[illegible], der [illegible], da er [illegible] Moses Leichnam stritt, erkühnte sich nicht [illegible] tenden Urtheilsspruch zu thun; sondern sprach [illegible] Herr beschelte dich. Aber diese (die [illegible] chen haben), lästern, was sie nicht wissen [illegible] sie, wie die unvernünftigen Thiere, aus natür[illegible] wissen, darin schänden und verderben sie sich se[illegible]

Sie sind wasserlose Wolken, vom Winde [illegible] trieben. Sie sind fruchtlose, zweimal erstorbene, [illegible] wurzelte Herbstbäume. Sie sind wilde Meeres[illegible] ihre eigenen Schandthaten ausschäumen. [illegible] sterne, ewiger Finsterniß aufbewahrt. Ihnen [illegible] Enoch, der Siebente von Adam, geweissaget: [illegible] Herr kommt mit vielen Tausenden seiner [illegible] Gericht zu halten über Alle, und zu strafen [illegible] losen um ihrer verruchten Thaten und um a[illegible] gen willen, die die Gottesverächter wider Ih[illegible] stoßen haben.

2.

[illegible] an die [illegible].

Ihr aber, [illegible]! [illegible] in [illegible] Glauben immer fester und [illegible] beten durch den heiligen Geist; [illegible] der Liebe [illegible] — und [illegible]

[illegible]

[illegible] Jesus [illegible] erscheinen wird. [illegible] einen Unterschied unter den Folgenden. Dieser erbarmet euch; jene reißet mit Furcht wie einen Brand aus dem Feuer, und verabscheuet auch das Gewand, das mit Lüsten befleckt ist, (habet nicht die allermindeste Gemeinschaft mit den Unreinen).

3.

Anbetung.

Dem aber, der euch ohne Sünde bewahren, und unbefleckt vor seinem Throne am Tage der Ankunft darstellen kann — dem Einigen Gott, unserm Erretter durch Jesum Christum, unsern Herrn, sey Ehre und Herrlichkeit, Gewalt und Macht, jetzt und in alle Ewigkeit! Amen.

Andreas.

(Aus dem Sendschreiben an die Römer. Kap. X.)

Wer mit seinem Munde bekennt, daß Jesus der Herr ist, und in seinem Herzen glaubt, daß Ihn Gott von den Todten auferwecket hat — der wird gerettet werden. Denn der Glaube des Herzens ist der Weg zur Gerechtigkeit, und das Bekenntniß des Mundes der Weg zur Seligkeit selbst. Wer sich fest auf Ihn verläßt, sagt die Schrift, wird nicht zu Schanden werden. Und da ist eben kein Unterschied zwischen Juden und Heiden. Denn Alle haben Einen Herrn, der reich genug ist für Alle, die Ihn anrufen. Denn Alle, die den Namen des Herrn anrufen, werden Rettung finden. Wie können sie Ihn aber anrufen, wenn sie nicht an Ihn glauben? wie können sie an Ihn glauben, wenn sie nichts von Ihm gehört haben? wie werden sie aber etwas von Ihm hören ohne einen Verkündiger? wer wird aber Verkündiger seyn, wenn er nicht dazu gesendet wird?

Aber es [illegible] nicht [illegible]
daß man mit Jesaias klagen muß: [illegible]
dem, was er von uns hört. So [illegible]
Glaube durch das Hören, [illegible] das [illegible]
Worte Christi. Und [illegible]
da. (Man kann vom Evangelium mit [illegible]
Sein Schall gieng aus in alle Lande [illegible]
an die Grenzen des Erdbodens [illegible]
kündiget.

Anwendung.

So ein [illegible]
[illegible] bis an [illegible]
[illegible], war auch [illegible]
Beruf zur Jüngerschaft Christi mit [illegible]
mein hatte. Er predigte auch die [illegible]
daß Alle selig werden, die mit dem [illegible]
kennen, daß Jesus der Herr ist — und [illegible]
Herzen fest glauben, daß Gott Ihn [illegible]
ten auferwecket hat. Auch er bezeugte [illegible]
seinem heiligen Wandel; auch er versiegelte [illegible]
heit mit seinem Sterben; auch er war [illegible]
Christi zu verkündigen. Die ihn hörten, [illegible]
glauben; die ihm glaubten, konnten den Namen [illegible]
anrufen; die den Namen des Herrn [illegible]
selig. Was also Paulus lehrte, [illegible]
was Ein Gesandter Jesu Christi lehrte, [illegible]
Gesandten Jesu Christi. Was die [illegible]
lehrten, war das Wort Jesu Christi [illegible]
Christi ist Gottes Wort, und Gottes [illegible]
heit und ewiges Leben, und bleibt [illegible]
Leben.

Wenn es einmal wahr gewesen [illegible] der
das Hören, und [illegible] Hören [illegible] dem
kommt: so ist es heute noch [illegible]
wahr: „Wenn ich das Wort Christi [illegible]
ich an Christum nicht glauben; [illegible]
nicht glaube, so kann ich den [illegible]

[illegible] ich [illegible] des [illegible]
[illegible] mich se[illegible]n [illegible]
will a[illegible] Wort Gottes, so oft ich es hören
mit [illegible] versammelt [illegible]
[illegible] durch das Hören
[illegible] werde, durch das Hö[illegible]
[illegible] lehrt, geführt werde. Ich will es nimmer
[illegible] der Fluch auf dem liegt, der hören kann,
[illegible] — [illegible] und nicht glauben [illegible] die Liebe Gottes preisen, daß sie
[illegible] in alle Lande hat ausgehen
[illegible] bitten zum Herrn, daß Er immer mehr
[illegible] Botschafter aussende, die den Namen dessen
[illegible] der reich ist für Alle, die Ihn an-
[illegible] gegen Alle, die auf Ihn vertrauen
[illegible] in seine Ernte, seine Arbeiter, die
[illegible] und das Evangelium predigen,
[illegible] das Wort Christi hören
[illegible] und Ihn als ihren Herrn anrufen
[illegible] werde! Amen.

Thomas.

[illegible] aus der Geschichte. Joh. XX.

Jesus ist nach seiner Auferstehung den Jüngern in dem [illegible] sie beisammen waren, erschienen. Thomas, einer [illegible], war nicht dabei, als Jesus sie besuchte und [illegible] sagten ihm es die andern Jünger voll Freude und [illegible]lichkeit: Wir haben den Herrn gesehen. [illegible] Thomas glaubte ihnen nicht auf ihr [illegible]. Er wollte [illegible] mit seinen Augen den Herrn sehen, und Ihn [illegible] seinen [illegible] berühren. Er sagte frei heraus: „Sehe [illegible] die Nägelmale in seinen [illegible]; lege ich nicht meine [illegible] in seine Seite: so glaube ich's nicht." Thomas war also [illegible] ungläubig [illegible] nichtgläubig. Jesus, wenn Er auch [illegible] immer bei den Jüngern zugegen war, wußte den-[illegible] hartgläubigen Thomas zu Herzen war [illegible] der [illegible] Todten [illegible] noch so liebevoll

[illegible] Jüngern; [illegible]
[illegible] Leidens, verwundet [illegible]
[illegible] mit einem [illegible]
Den ungläubigen Thomas [illegible]
zur Ueberzeugung [illegible]
ungläubigen [illegible]: [illegible]
ich nicht. [illegible] Jesus erfüllt [illegible]
nach acht Tagen wieder bey [illegible]
war, grüßt und saget die [illegible]
wendet Er sich mit Thomas, [illegible]
gewesen war. „Gib deinen Finger her, [illegible]
Hände; reiche deine Hand her, und lege sie [illegible]
und zweifle nicht mehr, sondern glaube.“ [illegible]
Beschämung und Glaube, [illegible]
Liebe, [illegible],
o etwas [illegible]
fremd und sanft, [illegible]
und sein Anblick! wie [illegible]
Hand in die durchstochene Seite? wie [illegible]
ersten Schweigen! Er konnte nicht [illegible]
[illegible]. Mein Herr und mein [illegible]
[illegible] stammeln. O, dieser kurze [illegible]
und o mein Gott! [illegible]
Christum liebet, und weiß, [illegible]
viel sagt er nicht dem, der Jesum [illegible]
wie anbetungswürdig Jesus Christus ist! [illegible]
mein Gott! Gerade, als wenn Er sagte:
Du weißt alle meine Gedanken; Du [illegible]
gen meines Herzens. [illegible]
kenne ich, daß Du Herr und Gott bist!“

Das Wort Jesu: Zweifle nicht mehr
glaube, hat sein Herz tief verwundet, und [illegible]
mit zärtlicher [illegible]
Lebendigen anzuschauen. Zweifle nicht [illegible]
schon einmal [illegible]
glaubte mit ganzem [illegible]
Mein Herr und mein Gott!

Jesus war nicht nur [illegible]
Jüngers Thomas zu heilen; Er hat [illegible]
gessen. Selig sind, sprach Er, die [illegible] glauben
sehen! Dieß ist [illegible]
Zwölfe sahen, und [illegible]:
wir glauben, wie die Zwölfe [illegible]

An Jesus, [illegible] Thomas [illegible]

Jesu! deine Liebe ist [illegible]
unbegreiflich, und deiner [illegible]

[illegible] . doch [illegible] die treu [illegible] [illegible] Meinung: Wir haben den Herrn ge- glauben [illegible] glauben [illegible] er [illegible], wie [illegible] [illegible] ich nicht sehe, glaube [illegible] [illegible] Du [illegible] fordern. [illegible] [illegible] er's verlangte. Du [illegible] seinen Finger die Nägel- [illegible] seine Seite zu [illegible] forderte. Du gabst [illegible]: [illegible] nicht mehr [illegible] Sondern [illegible] ist [illegible] Du [illegible] Du [illegible] damit [illegible] wir nicht [illegible] wie es sähen. O, diese [illegible] unsern Menschen [illegible] Entfernung!“ Selig, [illegible] heilig [illegible] die nicht sehen, und [illegible] Dein [illegible] und fühle- [illegible] zu mir sagtest: [illegible] Finger [illegible] hier meine [illegible] Mir ist's, als wenn Du auch zu mir sagtest: [illegible] deine Hand — steh hier meine [illegible] Mir ist's, als wenn ich auch von [illegible] vernähme: Zweifle nicht [illegible] sondern glaube. Auch ich [illegible] deiner Gegenwart. Auch ich empfinde [illegible] Lust [illegible], Dich anzubeten. Auch ich sinke [illegible] nieder auf meine Knie, und kann meine [illegible] nicht anders [illegible], als daß ich mit [illegible]: Mein Herr und mein Gott! Jesu! [illegible] Dir und [illegible] Vater und der ganten Welt, daß Du mein Herr [illegible] Mein Herr! Dir also schenke ich [illegible] mit allen seinen Bewegungen und Neigungen [illegible] Gott! Dich bete ich also an, als meinen [illegible] Erhalter. Nach Dir verlange ich; als nach [illegible] ten Ziele. In Dir werde ich ewig selig seyn, [illegible] erst recht verstehen, erst recht empfinden, wa[illegible] nicht ganz verstehen, und nicht ganz [illegible] Mein Herr und mein Gott bist Du! [illegible]

An den Apostel Thomas.

Wie war dir einst zu Muth? wie ist [illegible] war deine Seele, als dein Meister [illegible] aufgab. Zwar hattest du aus seinem Munde [illegible] gehört: Am dritten Tage werd' ich wieder [illegible] Doch eben dieses Wort hast du nicht durchaus [illegible] ganzen Bedeutung, verstanden. Der Herr hält [illegible] — Er steht am dritten Tage wieder auf. [illegible] nicht. Der Herr erscheinet seinen Jüngern, [illegible] ihnen seine Wundmale. Du bist nicht dabei [illegible] test doch auch von dieser wichtigen Begebenheit [illegible] heit haben; du wolltest Augenzeuge seyn. [illegible] kühn, überaus kühn: Ich glaube nicht, bis ich [illegible] Und Jesus hörte dein ungläubiges Begehren. [illegible] wieder zu seinen Jüngern. Du bist dabei. [illegible] gen deiner, Er sah dich an. Wie war dir [illegible] Er zeigt dir seine Hände. Wie war dir im [illegible] sten deiner Seele? Er befiehlt dir, seine Hä[illegible] seine Seite zu berühren. Du reichest deinen Finger [illegible] und streckest deine Hand aus, sie in seine Seite zu [illegible] Ach! wie war dir doch da — in diesem [illegible] Augenblicke? Er sieht dich scharf an, und läßt [illegible] sanft ausgesprochene, und dennoch Herz und [illegible] schneidende Wort hören: Zweifle nicht mehr, son[illegible] glaube. Ach! wie war dir bei diesem Auftritte? [illegible] konntest du nicht mehr aushalten; du sinkst oh[illegible] vor Liebe nieder, und sprachst: Mein Herr und [illegible] Gott! Wie war dir doch in diesem Augenblicke? [illegible]

[illegible] deine [illegible] ist [illegible] Glaube, wie [illegible] Liebe, [illegible] wie ist [illegible] den [illegible] außer [illegible] nicht mehr [illegible] Hause, in [illegible] beide [illegible] aus Furcht vor den Juden, sich verschlossen [illegible], sondern in dem Hause seines Vaters, seines und deines Gottes, siehst du den Lebendigen in [illegible] auf dem Stuhle der Ehre zur Rechten [illegible] Vaters [illegible] in der Gesellschaft deiner [illegible] Väter und Vorgänger [illegible] im Glauben an Gott, und [illegible] des Weltheilandes selig eingeschlafen; in [illegible] all derjenigen, die Jesum auf der Erde gesehen, wie der Greis Simeon — und aller übrigen, die [illegible] nicht gesehen, und dennoch an Ihn geglaubt [illegible] in diesem lebendigen Glauben an Ihn verschie[illegible]. O, wie ist dir nun? Wer kann deine Freude [illegible], deine Seligkeit nennen, als du selbst, und [illegible] dich erquickt und beseligt?

[illegible] Apostel — ein Beyspiel des Unglaubens, [illegible] Beyspiel des Glaubens, erbitte, erflehe uns von [illegible] seinem Vater die Gabe, zu erkennen Ihn [illegible] an Ihn und seinen Sohn, [illegible] Ihn sahen, und die an Ihn geglaubt [illegible] Erbitte, erflehe uns diesen mächtigen Glauben, daß er uns stärke [illegible] heilige — und dahin bringe, wo wir [illegible] Christum und seinen Vater sehen können! Amen.

[illegible] Stephanus. [illegible]

Der Blutzeuge Jesu Christi.

Stephanus ward [illegible] der christlichen Kirche [illegible] den Jüngern einhellig zum Diakon erwählet. Die Apostel beteten und legten ihm die Hände auf. Er war voll Glaubens und Kraft, auch die Gabe Wunder zu wirken fehlte ihm nicht. Er bewies mit [illegible] besondern [illegible] [illegible]scheinlicher [illegible], [illegible] [illegible]testen [illegible] [illegible] [illegible] und sie konnten seiner [illegible] Jesu Christi wurden hiemit [illegible] ihm an Weisheit [illegible] ihm mit [illegible]

[illegible]

[illegible] Tempel [illegible] mit [illegible]. Die Zeugen [illegible] [illegible], [illegible] Anges[illegible] [illegible] sage der [illegible] diß nicht sich, sondern [illegible] an; [illegible] ham, [illegible] und [illegible] [illegible] schen [illegible] [illegible] herrlich [illegible], da [illegible] und [illegible] Ge[illegible] hervorkündigten, [illegible] an [illegible] an [illegible] nitteen [illegible] der un[illegible] bißere Wahrheit nicht [illegible] übereinander, und [illegible] Himmel, [illegible] Rechten seines Vaters. [illegible] sehe den Himmel offen, [illegible] Kreuz geschlagen), [illegible] voll aus. [illegible] lästerer, und [illegible] nig auf ihn, [illegible] steinigten ihn.

(Zum Beten.)

Herr Jesu, [illegible] Stephanus [illegible] mit Nachdruck verkündete, [illegible] Gottes sah; für den [illegible] leben Jesu, du Gekreuzigter, und [illegible] Du verworfener, [illegible] [illegible] habe einen [illegible] daß ich an Dich glaub[illegible] festen [illegible] und [illegible]

[illegible] Stephanus [illegible] endlich [illegible] wie Stephanus [illegible]

[illegible], der erste Blutzeuge Jesu Christi.

[illegible] mit seinem [illegible] größte alle [illegible] und einer lebendigen [illegible] der erste [illegible] Vorgänger [illegible] Krone heldenmüthig [illegible]

(Am Feste Stephani.)

[illegible] Stephanus [illegible] Er war der erste Zeuge, der [illegible] nicht nur mit [illegible] That, sondern [illegible]: Du gelehrt, was Du [illegible] vom Himmel herab; wie er [illegible] für Dich; wie er [illegible]; wie er [illegible] Namens die Stei-[illegible] den Geist aufgab. — Und er sah Dich in seinem Kampfe, [illegible] dort zur Rechten Gottes, und ihm den Stuhl der Herr-lichkeit zubereitetest. Du sahst ihn — er sah Dich. Du sahst ihn sterben — er sah Dich leben. Und dieser Blick in den offenen Himmel brachte ihm neuen Muth ins Herz. Sein Leben, sein Reden, sein Sterben war Ein Zeugniß, daß er für Dich lebte, redete, starb. Herr Jesu, sieh auch auf mich herab; erleuchte, segne, stärke auch mich mit den süßen Hoffnungen deiner Seligkeit, daß mein Leben und mein Sterben, mein Reden und mein Schweigen, meine Arbeit und meine Ruhe, Ein Zeugniß werden, daß ich an Dich glaube, daß ich auf Dich hoffe, daß ich Dich über Alles liebe.

Stephanus, der Blutzeuge Jesu, dessen Tod mit dem Tode Jesu viele Aehnlichkeit hat.

Jesus bat noch am Kreuze für seine Kreuziger: Vater, vergib ihnen, denn sie wissen nicht, was sie thun. Stephanus [illegible] Sünde nicht [illegible] rief laut [illegible] seinen Geist aufgab: Vater, in deine Hände [illegible] befehle [illegible] meinen [illegible] Hände! Stephanus rief laut, ehe er seinen [illegible]: Herr Jesu, nimm meinen Geist auf! Jesus ward [illegible] weil Er seine Sendung vom Vater mit Wort und That [illegible] sen. Stephanus ward gesteiniget, weil er die Sendung [illegible] vom [illegible] Wort und That bewiesen. Jesus [illegible] [illegible] die Jesum gekreuzigt [illegible] die Kreuzigung Jesu, als [illegible] [illegible] hat.

Zum Beten.

Herr Jesu, Vorbild und Lehrer, Urheber und [illegible] aller Tugend, gieß den Geist der [illegible] in [illegible] daß ich meine Feinde liebe, wie [illegible] Zeuge Stephanus — und meine [illegible] [illegible] deiner treuer Zeuge Stephanus [illegible] einst in der [illegible] Stunde des Todes [illegible] mein Heiland, daß ich deine allmächtige, [illegible] Liebe lebhaft erkenne, und meinen Geist mit [illegible] Vertrauen in deine Hände empfehle, wie [illegible] Geist in die Hände deines Vaters, und Stephanus [illegible] Geist in deine Hände empfohlen hat.

Kirchengebete.

1.

Herr, gieb uns Gnade, daß wir unsre Feinde [illegible] da wir den Festtag dessen begehen, der auch [illegible] Verfolger bat! Laß das, was wir an [illegible] ehren, durch Nachahmung auch an unsern [illegible] bar werden, durch Jesum Christum, unsern Herrn 2c.

2.

Allmächtiger, ewiger Gott, [illegible] Dir [illegible] der Märtyrer in dem Blute des heiligen Stephanus [illegible] geheiliget; laß [illegible] Dir [illegible] Fürbitter [illegible] werden, der auch für seine Verfolger ein Fürbitter [illegible] bei unserm Herrn Jesu Christo deinem Sohn 2c.

[illegible]

Johannes, der Jünger Jesu Christi.

[illegible]

[illegible] heilsam ist. [illegible]
[illegible]
[illegible]
[illegible], daß ich Dich [illegible] Vater [illegible]
Du mein Herz, das ich Dich [illegible] deinem [illegible]
Amen.

[illegible]

[illegible] lag Johannes seinem [illegible] und ruhete in dem Schoße des [illegible] — in den Augenblicken vor seinem blutigen [illegible]. Die [illegible]

[illegible]

[illegible] an [illegible] und steht mit [illegible]er Jesu am Kreuz. Da [illegible] vor sei- nem Erblassen [illegible] Jüngers, so erklärt [illegible] Ver- pfleger [illegible]. Er [illegible] zu [illegible]: Sieh [illegible] dei- nen Sohn! [illegible] Johannes: Sieh da deine Mutter! Johannes [illegible] in die Stelle Jesu ein, und [illegible] der [illegible] Mutter die Dienste eines Sohnes. [illegible] Jesu [illegible] die Seite [illegible] hatte. [illegible] ihn die Nachricht [illegible] mit dem [illegible] die Wahrheit bald [illegible]den, [illegible] langsamer — [illegible] läuft voran, schaut in die [illegible] — [illegible] sich eine Zeit lang in stiller [illegible]tung — geht hinein, sieht und glaubt. Nachmals, als [illegible] Auferstandene am Ufer des Sees Tiberias stand, und [illegible] von seinen Jüngern — [illegible] zur Rechten [illegible] hat Johannes der erste seinem [illegible] zugerufen: Es ist der Herr! O, [illegible] haben! Der Freund liebt sei- [illegible] Freunde, folgt seinem Freunde in [illegible] überall seinen Freund, und sagt [illegible] Johannes ein Freund Jesu.

(Zum Beten.)

[illegible] wie gut bist Du! Nicht nur willst Du, daß wir [illegible] Jünger seyen, auch deine Freunde dürfen, können, [illegible] wir seyn. O, wer kann dein Liebeswort verges- sen? Meine Freunde seyd ihr, sagtest Du, wenn ihr thut, was Ich euch gebiete. Dieß Wort der [illegible] — wer kann es vergessen? Wenn wir Gott dei- nen Vater lieben, wie Du Ihn liebest, und wie Du [illegible] zu lieben gebotest, so sind wir deine Freunde. Wenn [illegible] denen, die uns Böses thun, Gutes thun; wenn wir [illegible] die uns hassen — und denen, die uns fluchen, [illegible] deine Feinde geliebt, und deine Verfolger geseg- net [illegible] wie Du uns unsere Hasser zu lieben gebo- test, so [illegible] deine Freunde. Wenn wir deine Be- fehle gläubig vernehmen, und freudig vollziehen, so sind wir deine Freunde. O, laß uns erkennen, was es sey, dein Freund seyn! Laß uns denken, wie Du gedacht hast, [illegible] dem [illegible] der irdischen Dinge laß uns denken, wie Du gedacht hast. Von den Leiden und

[illegible] daß [illegible]
[illegible]
[illegible]heit [illegible]
[illegible]re seyn, als [illegible]
[illegible]
[illegible] wie [illegible]
Freunde, [illegible] seinen [illegible]
[illegible]
Johannes [illegible]
[illegible] - Amen [illegible]

[illegible]

Einige Zeit [illegible]
Johannes bei dem [illegible]
[illegible] beim Eingang [illegible]
[illegible] zuerst zu [illegible]
übrigen Mitapostel, [illegible]
[illegible]
[illegible]
[illegible]
wohnte auch dem ersten [illegible]
predigte dann allenthalben [illegible]
fast alle Kirchen in Asien. Nachher [illegible]
[illegible] des Wortes Gottes [illegible]
[illegible] und [illegible]
und der [illegible]
des Herrn im Geist [illegible]
er hernach in seiner Offenbarung [illegible]
nach Ephesus zurück, [illegible]
und andere Kirchen in Asien [illegible]
Alter nicht mehr gehen konnte, [illegible]
in die Kirche tragen. Da konnte [illegible]
ken — und sagte [illegible]
Worte: Meine Kinder, [illegible]
[illegible] hierüber [illegible] äußerten [illegible]
warum er allezeit das Nämliche sage [illegible]
liche Antwort: Es ist des Herrn [illegible]
geschieht, ist's genug. [illegible]
[illegible] seiner [illegible]
[illegible]
[illegible]

[illegible]

[illegible]
[illegible] diese [illegible]

[illegible] und [illegible] der selige [illegible], wo des Leidens und des [illegible] ein Ende [illegible]

[illegible]

Johannes, der Evangelist.

[illegible] ist nur als Jünger, als Freund, als [illegible] als [illegible] und Wunder [illegible] er [illegible] Gottheit Christi [illegible] das Wort, und das Wort war bei [illegible] Gott war das Wort. Von nichts redet er [illegible] Gott und seinem Sohne Jesu Christo. [illegible] und als [illegible] Jesum [illegible] daß er [illegible] Freund Jesu [illegible] er die Handlungen [illegible] Nikodemus [illegible]; [illegible] rede an seine Jünger nach dem letzten Abendmahle; die sanfte Belehrung des ungläubigen Thomas, und viele andere rührende und lehrreiche Begebenheiten erzählt Johannes [illegible] — so einfältig und so lebendig, daß man's [illegible] über Alles [illegible] diesen Evangelisten mit dem Adler verglichen, [illegible] hoch geschwungen, und die Gottheit Jesu Christi [illegible] und [illegible] aller [illegible] gemacht hat. Man könnte ihn aber mit glei[illegible] [illegible] die [illegible] seinen Eingebungen [illegible] und [illegible] gegeben — und die unaussprechliche Liebe [illegible] Licht [illegible] Bewohner, [illegible] [illegible], und so [illegible]

[illegible]

Seele, das [illegible]

und die [illegible]

[illegible]

Du hast [illegible] mit deinem Blut [illegible]

[illegible]

Du hast sie [illegible]

[illegible]

lassen! O, [illegible]

[illegible]

[illegible] Jesu, [illegible]

[illegible]

Theil und Erbe [illegible], [illegible]

[illegible] auf die Welt [illegible]

[illegible] der [illegible]

Wahrlich, Ich sage euch! [illegible] Weibern geboren sind, ist [illegible] den, als Johannes der [illegible].

Wie groß [illegible] Zeugniß giebt [illegible] die [illegible] geboren sind, [illegible] dein [illegible] der Täufer? [illegible] Jesu [illegible] Johannes von den Menschen Zeugniß [illegible] mußte, und in dem Menschen weiß? Und worin bestand die Größe des Täufers?

Erstens kam kein großer Mann, kein Prophet unter so merkwürdigen Umständen auf die Welt, als Johannes. So ward keiner vom Mutterleib an mit dem heiligen Geist erfüllet, als er. Schon seine Empfängniß war ein Wunder der Allmacht Gottes, und die Ankündigung seiner Empfängniß durch Gabriel, das Verstummen des Vaters Zacharias, das Aufhören der Unfruchtbarkeit in der Mutter Elisabeth — Alles war bei der Empfängniß und Geburt des Johannes wundervoll, und [illegible] schon frühe auf seine außerordentliche Größe [illegible].

Zweitens war kein großer Mann, kein Prophet zu so schwerem und wichtigem Geschäfte bestimmt, wie Johannes. Die Propheten hatten allemal ein vielbedeutendes Geschäft. Sie mußten den Willen des Allerhöchsten seinem Volke ankündigen, sie mußten die Gerichte Gottes den Sündern vorhersagen, sie mußten das abgöttische Israel auf seinen Gott aufmerksam machen, und die Erwartung des kommenden Messias erwecken. Allein, Johannes hatte einen schwerern und wichtigern Beruf: Er sollte die irdischgesinnten Juden, die nichts als einen großen Weltkönig und glänzenden Fürsten, als Messias erwarteten, auf den verachteten Nazarener, auf den sogenannten Zimmermannssohn, auf den Liebhaber und Gesellschafter der Armen, auf den Gesellen der Zöllner und Sünder, auf den in Knechtsgestalt erschienenen Messias aufmerksam machen. Den Propheten war es nicht so schwer, in einem zerschlagenen und gedrückten Volk ein Verlangen nach dem verheißenen Erlöser zu erwecken; aber schwer war es für Johannes, dem schon gekommenen, und in Knechtsgestalt gekommenen Erlöser, gläubige Aufnahme, Ehrfurcht und Gehorsam zu verschaffen. Schwer war es für Johannes, dem Herrn aus einem verdorbenen ein wahrheitliebendes Volk zu bereiten. Schwer war es für Johannes, unwegsame Pfade wegsam zu machen — und das Volk, das in Finsterniß saß, und die Finsterniß liebte, zur Aufnahme des Lichtes geschickt zu machen.

Drittens ward dem Täufer Johannes auch eine ungemein höhere Ehre zu Theil, als den frühern Propheten. Die Propheten konnten nur den vorherverkünden, der da kommen sollte. Aber Johannes konnte auf den schon Gekommenen mit dem Finger deuten. Johannes konnte zeugen, was sein Auge sah, und was sein Ohr hörte. Johannes konnte auf den Gegenwärtigen hinweisen: *Das Reich des Himmels ist genahet; der mit Geist und Feuer tauft, ist mitten unter euch; sehet das Lamm Gottes, das hinnimmt die Sünden der Welt!* Johannes sah mit seinen Augen

[illegible] aus dem Himmel herab[illegible]
Johannes sah das Angesicht des Messi[illegible]
Weisheit, und hörte Ihn [illegible] Johannes sah den Himmel [illegible]
Vaters: Dieser [illegible] der [illegible]
Ich ein Wohlgefallen h[illegible]
nes nicht im [illegible]
Traume, sondern [illegible]
am Himmel und das [illegible]
hin, was so viele Propheten [illegible]
geahnet hatten. Johannes taufte [illegible]
sein Christum, im Jordan, und [illegible] Ihn [illegible]
zur Vollbringung seines großen Geschäftes ein.

Viertens [illegible] Johannes [illegible]
wenn wir ihn [illegible]
seiner ersten Jugend [illegible]
[illegible], und [illegible] jede [illegible]
[illegible]; jede [illegible] der [illegible]
[illegible] sich [illegible]
[illegible]
Menschenurtheil [illegible]
[illegible] Prediger [illegible]
des vollkommenste [illegible]
[illegible], und [illegible] ohne [illegible]
[illegible] der erste [illegible]
erschütterte ganz [illegible]. [illegible]
des ehrlichen [illegible]
[illegible], daß sie nicht [illegible], a[illegible]
[illegible]. Er predigte [illegible]
der [illegible] der Zöllner, [illegible]
[illegible], der Abergläubigen, [illegible]
niemals seines Berufes, und lehrte [illegible]

Fünftens offenbart sich die Größe de[illegible]
ders in seiner Demuth. [illegible]
lief ihm ganz Judäa nach. Er [illegible]
Man war sogar geneigt, ihn für den [illegible]
Er hätte diese Ehre nicht suchen — er [illegible] nur
gend annehmen [illegible], aber [illegible]
Er wollte nur der [illegible]
Rufenden in der [illegible]
Wegbereiter des Herrn — [illegible]
Licht — nur der [illegible]
nur der Bußprediger; [illegible]
des Bräutigams; nicht Messias — nur
Messias. Das war er, und [illegible]
Christus, was er der [illegible]
bin's nicht. Er hält sich [illegible]

[illegible] tenter [illegible] die Schuldnern aufzurufen. Er will [illegible] daß; [illegible]

[illegible] Johannes [illegible] Tode erst [illegible] ge[illegible] [illegible] in [illegible] und That, — so [illegible] er [illegible] der Wahrheit das Zeugniß, und starb den Tod der [illegible] — [illegible] der Wahrheit — als ein Opfer der Wahrheit [illegible] dem verderbten Geschlechte." Er lebte dem Herrn, und starb dem Herrn.

[illegible]

[illegible] Jesu, [illegible] Du, den die Gerechten seit Jahrtausenden [illegible] erharret haben, wie freudig und standhaft [illegible] dein Vorläufer auf Dich gewartet, wie unermüdet [illegible] dem Wegbereiter Dir den Weg zubereitet; wie klein [illegible] all seiner Hoheit war er in seinem Auge; wie tief [illegible] vor [illegible] Allerhöchster; wie freudig [illegible] abnehmen, und das deine zunehmen; [illegible] seine Wassertaufe gegen deine [illegible]! [illegible] zu klein war er sich, Dir auch [illegible] Schuhriemen aufzulösen. Wie mußte ihm zu [illegible] gewesen seyn, da er die Stimme des Vaters [illegible] herab hörte, und den heiligen Geist vom [illegible] herniederschweben sah, und den Sohn taufte! [illegible] konnte dem Herrn sein Volk würdiger zurüsten, als [illegible] geweihte [illegible] des Herrn? wer [illegible] erfüllen lassen, als die gottgeweihte, [illegible] von Menschen [illegible] Bewohner der Wüste? [illegible] konnte auf das Lamm Gottes, das die Weltsünden [illegible] würdiger [illegible] als der reine, [illegible] Buße predigen, als der [illegible]? wer konnte das Herannahen des Himmelreichs würdiger ankünden, als der die Stimme des Vaters gehört, das Herabsteigen des [illegible] Sohn [illegible]? wer konnte würdiger das Sündergeschlecht auf Besserung hin taufen, als der im Mutterleibe schon vom heiligen Geist erfüllet war?

[illegible] Lamm Gottes, Jesus Christus! Messias! [illegible] soll ich Dich dank-

[illegible] preisen, daß Du [illegible] großen [illegible]
gen Engel, vor deinem Ange[illegible]
wie soll ich Dich [illegible]
Täufer mit dem Geist der [illegible]
Treue, der [illegible]
ausgerüstet hast, damit er Dir [illegible]
zurüstete?

Licht der Welt, Du hast deinen [illegible]
daß er Dich erkannte, erkannte auch [illegible]
erkannen, wie er Dich erkannt hat — [illegible]
[illegible] er Dich [illegible]!
[illegible]
[illegible] auch [illegible]
[illegible]

Herr, [illegible] König [illegible]
deiner Zukunft [illegible] her[illegible]
[illegible], und [illegible]
diese reine [illegible]
im Himmel sey, [illegible]
Unser Name [illegible] immer [illegible]
[illegible] ärgen, als [illegible]
nur der [illegible] allgemein [illegible]
und allezeit [illegible]

O Du [illegible] im [illegible]
[illegible], daß wir [illegible] für deine [illegible]
[illegible] nur für Dich liebte. [illegible]
[illegible] Liebe, [illegible]
[illegible] durch unser [illegible]
[illegible] im Dienste der [illegible]
oder vielmehr, wie Du zur Ehre [illegible]
tens, zum Besten des [illegible]
littest und starbst! [illegible]

[illegible]

Eine für alle Christen [illegible]
gen geglaubte [illegible]

Nachdem Jesus dem Johannes [illegible]
daß er der [illegible] sey unter [illegible]
sind, [illegible] diesen [illegible]

[illegible] Himmelreiche ist größer, als er. Das [illegible]r Geringste unter den wahren Christen, die [illegible] Christum, als Gottessohn und ihren Herrn, [illegible]en, und nach dem Lichte des Evangeliums le- [illegible] leiden, [illegible], hoffen, arbeiten — der ge- [illegible]ste Christ ist größer, als der größte Johannes. [illegible] ist größer 1) an Erkenntniß, denn Johannes deutete auf den Kommenden, der da Weisheit lehren, und wohl- thuend herumziehen, große Thaten thun und unaussprechliche [illegible] dulden, sterben und auferstehen, Gottes Willen kund [illegible]en, und durch den Tod in seine Herrlichkeit eingehen müßte. [illegible] Christ aber glaubt durch Gottes Kraft an die schon [illegible] Lehre des Weltlehrers Jesus; an das schon [illegible]beispiel des unbefleckten Jesus; an das [illegible] vollbrachte Erlösungswerk des Menschenretters Jesus; [illegible] die schon vollbrachten Wunderthaten des allmächtigen [illegible]tters Jesus. Der Christ glaubt an den gekreuzigten, [illegible], [illegible]ckten, verherrlichten, in den Himmel aufge- [illegible], mitregierenden, einst wiederkommenden Jesus. Was [illegible] Morgendämmerung gegen die volle Mittagssonne ist — das [illegible] Erkenntniß des Johannes zur Erkenntniß des erleuch- [illegible]ten. Er ist 2) größer an Beruf; denn Johannes [illegible] Vorbote des kommenden Königs, nur Ankünder des [illegible]enden Himmelreiches. Der Christ ist selbst Reichs- unterthan, selbst ein Glied an dem Leibe Jesu Christi, ein [illegible] der Gemeinde, dessen Haupt der Messias ist. Er ist [illegible] ein Berufener Jesu Christi, durch Wort und That die [illegible] des Gekreuzigten, die Herrlichkeit des Verherrlichten, die [illegible] des Liebenden überall zu verkünden; selbst Einer von dem heiligen theuer erkauften Volke; selbst Einer von der königlichen Priesterschaft, die den Vater im Sohn, den lieben- den Vater im Geist und in der Wahrheit anbetet; selbst Einer von den Verordneten, die die Kraft dessen verkünden sol- len, der uns zu seinem wundervollen Lichte berufen hat. Er ist 3) größer an Kraft; denn Johannes sprach nur im Geiste [illegible], und taufte nur mit Wassertaufe, und weihete die Juden [illegible] zur Buße ein. Der wahre, erleuchtete Christ aber ist neu- [illegible] durch die Feuertaufe, wiedergeboren aus Wasser und [illegible] spricht im Geist der Liebe, und wirkt im Geist der Gnade, und bittet im Geist der Kindschaft Gottes zum Vater, und erhält Alles, um was er zum Vater im Namen des Sohnes bittet, und kann größere Thaten thun, als selbst [illegible] Christus gethan. Wenn nun der wahre, erleuchtete Christ; [illegible] der Geringste aus diesen, an Erkenntniß, Beruf und Kraft größer ist, als Johannes: wird er es nicht auch 4) an Herrlichkeit, Seligkeit werden? O, die Seligkeit eines Christen — wer mag sie beschreiben? wer mag die Seligkeit [illegible], den der Vater vorherbestimmet hat, gleich zu werden dem Bilde seines Eingebornen; den der Vater [illegible] rufen; den der Vater gerechtfertiget, [illegible] verherrlichet?

Selig, der den Namen [illegible] dieses Namens erfüllet — und [illegible], was er [illegible] ähnlich an Heiligkeit dem Heiligsten — und [illegible] werden kann — ähnlich an Herrlichkeit dem [illegible] lichkeit! Amen.

Joseph, der Nährvater Jesu [illegible]

Vater der Menschen, wunderbar [illegible] alle Menschen! Wohl denen, [illegible] lassen! Deine Leitungen [illegible] unermeßliche Liebe und wunderbar [illegible] Oft lässest Du deine treuesten Diener [illegible] in ein Angstgedränge kommen; aber Du [illegible] nicht. Deine Hülfe ist allezeit nahe bei [illegible] fen zu Dir in der Stunde der Angst — [illegible] ihr Rufen. Sie vertrauen auf [illegible] Du segnest ihr Vertrauen. Von [illegible] Joseph, den Gerechten, den Abkömmling [illegible] Davids, zum Pflegvater deines Sohnes [illegible] wählet. Maria war schon mit Joseph [illegible] deine väterliche Absicht war ihm noch [illegible] hatte schon vom heiligen Geist empfangen — [illegible] wußte noch nichts von dem Geheimnisse [illegible] Er merkte die unmöglichen Zeichen der [illegible] — und dein Rathschluß war ihm noch [illegible] gerieth er in eine große Angst. Er war [illegible] zeugt von der Unschuld und Treue Maria, und [illegible] andererseits seinen Augen den Glauben doch [illegible] versagen. Er entschloß sich nach seinem redlichen [illegible] und besten Wissen das Beste zu thun. Er [illegible] riam in Geheim verlassen, und überließ die [illegible] dem, der unsichtbar [illegible] — Und [illegible] zur rechten Zeit, kommt die Hülfe von [illegible] Du hilfst zur rechten Zeit! Dein [illegible] sagt [illegible] Schlaf, daß das Kind, das Maria [illegible] trägt, der Sohn des Allerhöchsten, der Erretter Israels sey. Da ward [illegible] in seiner Seele. Jetzt erkannte Joseph seinen Beruf, ein Pflegevater des Sohnes Gottes zu seyn. Wie freudig wird er Dir, unsichtbarer Helfer, für deine liebevolle Anstalt gedankt haben! Wie war ihm jetzt auf's Neue dein Wille das Allerliebste auf Erden! Wie war ihm jeder Befehl des Himmels so willkommen! — Er flüchtete das Kind und die Mutter nach Aegypten, weil es dein Wille war. Er ging wieder aus Aegypten zurück, und ließ sich zu Nazareth nieder, weil es dein Wille war. O Du, dessen [illegible] Weisheit, und dessen Gebot Liebe ist, laß auch uns nach dem Beispiele Josephs, das Vertrauen auf deine Hülfe, und den Gehorsam gegen deine Befehle — unsre Herzensfreude, unser liebstes Geschäft auf Erden seyn. Unser Vater, laß uns empfinden, wie Du ganz unser Vater bist; daß wir lernen, ganz deine gehorsamen Kinder zu werden! Kindliches Vertrauen auf deine Vaterhülfe, kindlichen Gehorsam gegen deine Vaterbefehle, kindliche Freude an deiner Vaterliebe schenk uns, deinen Kindern, in Christo Jesu, deinem Eingebornen! Amen.

„Heiliger Joseph, dein Beispiel sey uns ein mächtiger Antrieb, in Einfalt des Herzens den Willen Gottes redlich und treu zu erfüllen!

Deine Fürbitte bei dem, der einst dein Pflegesohn auf Erden war, und jetzt alle Gewalt im Himmel und auf Erden hat, stärke uns im Vertrauen auf seine allmächtige Güte. Er ist unser Herr. Auf Ihn ruht unser Vertrauen; von Ihm erwarten wir Hülfe; in Ihm vermögen wir Alles; von Ihm empfangen wir Alles. Er ist unser Leben, unsre Seligkeit.

Maria Magdalena.

*).

Die Sünderin findet [illegible]

O Du, der kam, selig zu machen, [illegible] Sündenvergeber, Jesus Christus, wie [illegible] Liebe werth! Wie ist Dir [illegible] theuer! Wie war Dir zu Herzen, göttlicher [illegible] Freund, da Du bei einem Pharisäer [illegible] die Sünderin weinend zu Dir [illegible] ihren Thränen benetzte, und mit [illegible] nete, und unaufhörlich küßte, und [illegible] Du sahst sowohl das reu- und liebe[illegible] darin, als die Gedanken des [illegible] Dir angelegen seyn, die Betrübte zu [illegible] Freunden zu belehren. Voll [illegible] Mund. Du erzähltest das [illegible] Schuldnern, deren einem fünfhundert, [illegible] fünfzig Zehner nachgelassen wurden. [illegible] Du die beschämte Sünderin gegen den [illegible] des Pharisäers in Schutz! O, wie [illegible] Du Dich zu ihr, und zeigtest dein [illegible] Werke ihrer Liebe, und strafest den [illegible] des Gastherrn, und ließest das Lehr- und [illegible] ren: „Deine Sünden sind dir nach[illegible] hat dich selig gemacht, geh hin [illegible] ihr viele Sünden nachgelassen, weil sie viel [illegible] weniger nachgelassen wird, der liebt [illegible] lich, wie Du, so lehrt keiner; [illegible]

---

*) Es wird hier die Frage, wie vielerlei [illegible] Schrift unter dem Namen [illegible] vork[illegible] Sünderin eine oder nicht eine Person mit der [illegible] dalena sey, ganz unentschieden gelassen, [illegible] heit zur Erbauung, die der [illegible] Zwecke des Buches benützt.

[illegible] Du, so liebt [illegible]; wie Du, so [illegible] [illegible] so verg[illegible]. In der [illegible] zeigt sich [illegible] Herz [illegible]. Wer mehr liebt, dem wird mehr nachgelassen; nur die Liebe kann unser Herz zur Sündenvergebung recht geschickt machen. [illegible] ist der liebt [illegible] [illegible] die Liebe. Was kann die [illegible] Liebe [illegible] unser Herz [illegible], daß [illegible] werden. [illegible] Liebe zu, [illegible] noch [illegible], [illegible] heiligt das Herz noch mehr. [illegible] Sündenvergeber, ich flehe zu Dir um [illegible] um Sündenvergebung. Gieb unsern Herzen Lie[illegible] [illegible] unsre Sünden nachgelassen werden. Ver[illegible] Sünden, daß unsre Liebe zunehme. [illegible] viel, daß uns der Sünden viele nachgel[illegible] [illegible] Laß uns mehr nach, daß unsre Liebe immer [illegible]. Reinige, heilige uns durch die Liebe, [illegible] durch Reinigung und Heiligung unsre Liebe [illegible] mehr, daß wir immer reiner und liebender, [illegible] einander und reiner, immer Dir ähnlicher, Dir [illegible] werden! Amen.

2.

Maria, die stille Hörerin Jesu.

Als Jesus in dem Hause der Martha einkehrte, gab sie sich alle erdenkliche Mühe, diesen Gast wohl zu bewirthen; Maria aber, ihre Schwester, saß zu den Füßen Jesu, und hörte seinen Reden zu. Da wurde die geschäftige Martha un[illegible], daß ihre Schwester ihr die ganze Bedienung allein über[illegible] und sprach zum Herrn: Sag' ihr doch, daß sie mir [illegible] Herr sagt ihr das nicht, sondern gab der unruhigen [illegible] unvergeßliche Lehre: Warum so unruhig, Martha? Nur Eines ist nothwendig. Maria hat für ihren Theil das Beste erwählet, das ihr auch nicht soll genommen werden.

Das ist auch mir gesagt. Warum bist du so unruhig, [illegible]le, so geschäftig? Ist dir wohl auch das Seelenheil [illegible] wichtigstes, nothwendigstes Geschäft? Bin ich so [illegible], und aufmerksam auf Gottes Wort, wie Maria? Oder vielmehr bin ich nicht so zerstreut, so ängstlich geschäftig, [illegible] Habe ich nicht oft [illegible] zu denken? [illegible] Lust, Gesellschaft, Handwerk [illegible] heit? [illegible] nicht mehr Martha, als Maria?

[illegible]

Maria an der Auferweckung [illegible]

[illegible] wieder nach Bethanien [illegible] aufz[illegible] ihren Bruder [illegible] Jesus sieht sie weinen, [illegible] hin. Da ward Er noch mehr [illegible] blickt aufwärts, und betet [illegible] daß Du Mich erhöret [illegible] erhörest. [illegible] willen [illegible] gesandt hast!" Jetzt ruft Er mit lauter [illegible] hervor! Der Verstorbene kommt [illegible] da sie ihren Bruder wieder [illegible] Jesus Christus den Todten [illegible] Seele, du wirst auch bittere [illegible] als du über den Tod [illegible] nur, gläubige Seele, du wirst [illegible] die Auferstehung Jesu [illegible] Bruders [illegible] Bruder starb, so gewiß wird auch [illegible] nen Bruder von den Todten auferweckte, so [illegible] selbst, und weit herrlicher von den Todten wieder [illegible] Glaube nur, du wirst die Herrlichkeit [illegible]

4.

Maria salbt die Füße Jesu.

Sechs Tage vor dem Osterfest [illegible] Bethanien. Man bereitete Ihm ein Abendmahl. [illegible] als Gast dabei, und Martha als Aufwärterin. Da [illegible] ria ein Pfund kostbares ungefälschtes Narden [illegible] und [illegible] mit Jesu die Füße, und trocknete sie [illegible] Haaren. Der Wohlgeruch der Salbe verbreitete [illegible] ganze [illegible] Der Beutelträger, oder vielmehr der [illegible] Judas [illegible] man hätte lieber diese Salbe um dreihundert Zehner [illegible] und das Geld den Armen austheilen sollen. [illegible] Mitleiden [illegible] Jüngers, die edle Freigebigkeit [illegible] sagte Er: habt ihr allezeit [illegible] Maria that ein gutes [illegible] salbte meinen Leib [illegible]

[illegible] versichere euch, wo immer dies [illegible] in der ganzen Welt das Evangelium [illegible] wird, da wird auch dies, was sie [illegible], zu ihrem Andenken erzählet werden.

Das Wort [illegible] ist schon oft erfüllet worden, und wir wollen es noch mehr in Erfüllung bringen. [illegible] recht oft an [illegible] Liebeswerk der Freundin Jesu [illegible]. Wir, [illegible] durch dieses Beispiel immer [illegible] Jesum ermuntern, und in der Liebe gegen Jesum [illegible]. [illegible] immer näher kommen [illegible]. Wir [illegible] wie Er die [illegible] Maria [illegible] belohnt. [illegible] werden und wir Ihm alle Tage ähnlicher [illegible]

5.

Maria bei dem Grabe Jesu.

Da Jesus am Kreuz hienge, stand Maria, diese treue Freundin, unter dem Kreuz; sie begleitete ihren Meister bis in den Tod. Nun ist der Leichnam schon im Grabe gelegt; sie besucht [illegible] Grab. Sonntags frühe, da es noch finster war, ist sie [illegible] bei dem Grabe. Sie sieht den Stein weggewälzt. [illegible] läuft sie schnell zu Petrus und Johannes, und sagt ihnen: Man habe den Herrn aus dem Grabe weggenommen — sie wisse nicht, wo man Ihn hingelegt. Petrus und Johannes eilen auch zum Grabe. Johannes läuft [illegible] hinein und glauben. — Maria steht noch weinend außerhalb des Grabes. Jetzt bückt sie sich thränend in die Gruft hinein, und sieht zwei Engel im glänzenden Gewande da sitzen, einen zum Haupt, und den andern zu den Füßen, wo der Leichnam des Herrn gelegen hatte. Die Geschichte wird immer rührender. Ich möchte der Mensch nicht seyn, der sie ohne Freudenthränen auch nur lesen könnte. Ich will die Worte der Engel, der Weinenden und des Erstandenen beisetzen, ohne eine Sylbe zu ändern.

Die Engel. Weib, warum weinst du?

Maria. Daß man meinen Herrn weggenommen, und ich weiß nicht, wo man Ihn hingelegt hat.

Da wandte sie sich um, und sah Jesum dastehen — und kannt Ihn nicht. Auch Jesus fragt sie.

Jesus. Weib, warum weinst du?

Maria. Herr, hast Du Ihn weggetragen, so sage mir, wo Du Ihn hingelegt hast, ich will Ihn an seinen Ort. (Maria hielt Jesum für den Gärtner.)

Jesus. Maria!

Maria. Mein Lehrer! (wie muß Jesus das Wort Maria ausgesprochen haben, daß sie Ihn daran erkannte!)

[illegible] zu meinem Gott und euerm Gott.

Maria [illegible] Jüngern, [illegible] erzählte [illegible]

[illegible] ... fragt den [illegible] ... läßt sich nicht [illegible] — Er [illegible] ausdrücklich [illegible] Maria, erkennt [illegible]

[illegible] zu meinem Vater und euerm Vater, zu meinem Gott und euerm Gott. Der Erstandene nennt seine Brüder [illegible] Vater [illegible] Gott [illegible]

Diese Liebe des Auferstandenen [illegible] uns Alle — wie [illegible]

Mein Vater [illegible]

[illegible] Gott [illegible]

Wer soll diesen Vater [illegible] lieben? dieser Gott [illegible] als seinen Vater [illegible] in diesem Vater [illegible] Leben, [illegible]

[illegible]

[illegible] ein Denkmal [illegible] den [illegible]

[illegible]

Der [illegible] Kreuz [illegible]

[illegible] seines Lebens [illegible] das Andenken [illegible]

[illegible] Jesu war bereits auf [illegible] von mehrern Feinden [illegible] die Hohenpriester triumphirten [illegible] eines [illegible] Viele, die [illegible] gesehen hatten, wurden [illegible] Leidens irre gemacht. [illegible] einen [illegible] oder [illegible] Verbrechen [illegible]

Die Weisen [illegible] in ihrer [illegible] ge[illegible] [illegible] sey mit Recht als Gotteslästerer zum Tode [illegible] worden. Sogar einer aus den Mitgekreuzigten [illegible] des leidenden Jesu: Wenn Du Christus bist [illegible] uns und Dich. Bei diesem allgemeinen [illegible] [illegible] Jesu, da die [illegible] und das Volk, die Schriftgelehrten und die Ungelehrten den gekreuzigten [illegible] da man an Jesu nicht mehr die [illegible] eines Wunderthäters, sondern [illegible] und die Schmerzen eines Sterbenden [illegible] Er selbst die Worte [illegible] Mein Gott! mein Gott! warum hast Du Mich verlassen! [illegible] andere Mitgekreuzigte, daß wir gemeiniglich den Demüthigen [illegible] an Jesu nicht nur den unschuldigen Mann, sondern [illegible] den Herrn eines höhern Reiches. Er ärgert [illegible] der schmählichen Todesstrafe, er nimmt keinen [illegible] dem Jubel der Priester und Aeltesten. Im [illegible] der Hohenpriester und Richter, die Jesum als [illegible] [illegible] Jesum das kreuzige ausgerufen [illegible]

[illegible]

[illegible] ,, [illegible] du lernst Gott nicht [illegible]

[illegible]

Er sieht Jesum neben sich am Kreuze [illegible] und den letzten Augenblick seines Lebens [illegible] [illegible] daß [illegible] [illegible] in sein Reich komme. [illegible] [illegible] „Herr [illegible] du in dein Reich kommst.“ [illegible] [illegible] Glauben? [illegible] Seine gläubige und [illegible] [illegible]

[illegible]

[illegible] oder seyn. Selig, selig bist du [illegible]

Lehre Jesu Christi. Selig, sagte Er, da Er noch auf Erden wandelte, selig, der sich an Mir nicht ärgert. Du hast dich an der Schmach des Kreuzes nicht geärgert. Der Gekreuzigte Jesus war Aergerniß den Juden und Heiden: aber dir war er kein Aergerniß — dir war er Heil und ewiges Leben. Du erblicktest in dem Gekreuzigten deinen Richter in der Ewigkeit, und fandest in Ihm deinen Seligmacher! —

Gebet.

1.

Gekreuzigter! nicht nur zur Zeit deines Wandels auf Erden, nicht nur am Tage deiner Kreuzigung, nicht nur bey der ersten Verkündigung deines Evangeliums, warst Du den falschen Weisen Aergerniß! Du bist es noch heut zu Tage sehr Vielen — auch unter denen, die sich Christen nennen. Ach! sie begreifen nicht, daß Du durch dein Leiden und Sterben am Kreuze, in deine Herrlichkeit eingehen mußtest. Sie begreifen nicht, daß auch für uns, deine Erlösten, der Weg des Kreuzes ein sicherer, gerader, ebener, gebahnter Weg sey. Sie begreifen nicht, daß Du uns darum dein Kreuz vorausgetragen, damit wir willig in deine Fußstapfen eintreten sollen. Dein Kreuz wird uns noch oft zum Aergerniß. Und wenn wir auch glauben, daß Du, der Gekreuzigte, dennoch der Sohn Gottes bist: so glauben wir doch selten lebhaft genug, daß Du auch in den Trübsalen, die Du über uns kommen lässest, nach deiner unermeßlichen Liebe mit uns handelst. Wir glauben es wenigstens nicht fest genug in den Umständen, die für uns die betrübtesten sind, daß Du die Deinen züchtigest, und die mit den schwersten Widerwärtigkeiten heimsuchest, die Dir die Liebsten sind. Ach! diese Wahrheit: wen Du züchtigest, den liebst Du — dieß Evangelium des Kreuzes laß uns recht deutlich einsehen, und durch und durch verstehen. Gekreuzigter! dein Kreuz sey uns kein Aergerniß mehr — dein Wort sey unser Leben, und dein Sterben am Kreuze unser Heil! Amen.

9.

Jesu! Du hiengst zwischen zwei Mördern. Einer spottete deines Leidens; der andere bekannte seine Schuld. Einer starb, wie die Spötter sterben, ohne [illegible]; der andere hörte auch von Dir das süße Trostwort: Heute noch wirst du bei Mir im [illegible] diese seyn. Er glaubte an deine [illegible] — [illegible] Glaube half ihm. Er betete mit gläubiger Seele — und Du erhörtest sein Gebet. Er lebte als Sünder — und starb als Büßer. Er hoffte auf deine Gnade — und Du nahmst Dich seiner an. Wie groß ist [illegible] Güte! Nicht um seiner Tugenden willen — [illegible] war ein Missethäter — sondern um deiner [illegible] keit willen fand er Gnade bei Dir. Wer soll [illegible] Gnade nicht vertrauen? Wahrhaft, unerm[illegible] Liebe, und ohne Zahl sind deine Erbarmungen. [illegible] nicht gekommen, zu verderben, sondern selig [illegible] was verloren war. Das zeigst Du noch in den [illegible] Augenblicken deines Lebens. Aber auf der andern [illegible] Herr! wie unerforschlich sind deine Gerichte! [illegible] tet, und findet Gnade; der andere spottet, und [illegible] der Sünde. Sie waren beide Mörder — zum [illegible] Tode verurtheilet; sie wurden beide mit Dir zur [illegible] gung hinausgeführt; sie giengen beide neben Dir; [illegible] sahen beide deine hohe Ruhe, deine sanfte Geduld; [illegible] hörten beide deine letzten Worte. Bis daher [illegible] einander ganz gleich. Aber nun — einer verspottet [illegible] der andere bewundert Dich; einer lästert Dich, [illegible] dere bittet Dich. Und am Ende, Herr! unerforschl[illegible] ist einer bei Dir in deinem Reiche; den andern [illegible] Du nicht. Wer soll da nicht hoffen? Aber [illegible] soll da nicht zittern? Einer aus zweien findet [illegible] bei Dir nach einem sündhaften Leben, in den [illegible] Augenblicken seines Lebens: wer soll da nicht hoffen? [illegible] dieser Eine, der Gnade findet — ist aus zweien [illegible] Einziger: wer soll da nicht zittern? Herr! deine [illegible] ist unerschöpflich: laß mich den Grund meiner Hoffnung nicht verlieren. Aber dein Rathschluß ist [illegible]

[illegible] meine Hoffnung nie in Vermessenheit ausarten. Gütig[illegible]! [illegible]ster! schenke mir den Geist der Liebe, daß [illegible] Hoffnung nie verlasse; lege mir aber auch die [illegible] Furcht in mein Herz, daß ich nie böse zu wer[illegible]anfange, weil Du gut bist. Die Unermeßlichkeit deiner Liebe ermuntere mich, und die Unerforschlichkeit deiner [illegible] erschrecke mich, daß ich in Furcht und Hoffnung [illegible] Seligkeit in Dir suche und finde!

[illegible] Gedächtnißtage aller Heiligen.

I.

Die Heiligen waren einst, was wir jetzt sind.

1) Die Heiligen waren freie, schwache Geschöpfe, wie wir; waren Menschen, wie wir; waren aus Fleisch [illegible] gemacht, wie wir. Die Heiligen mußten mit [illegible] der Welt kämpfen, wie wir — und weit mehr, als wir. Noe stritt wider die bösen Beispiele einer ganz verdorbenen Welt; Joseph, der Aegyptische, wider [illegible] mächtige Anreizen zur Sünde; Stephanus, und alle [illegible] mit ihm wider den Geist der blinden und [illegible]igen Verfolgung. Die Heiligen mußten mit den [illegible]suchungen des Fleisches kämpfen, wie wir. Sie waren in den nämlichen Gelegenheiten, wie wir; sie trugen den einheimischen Feind der Tugend so gut mit sich [illegible], wie wir; sie empfanden in sich das Gesetz der [illegible], wie wir. Die Heiligen mußten mit den Versuchungen der Hölle kämpfen, wie wir. Eva, die Mutter des Menschengeschlechtes, und selbst Jesus Christus, der Erretter des Menschengeschlechtes, sind den Versuchungen des alten Lügners nicht entgangen.

2) Die Heiligen hatten Drangsale auszustehen, wie wir. Armuth, Schmerz, Spott ward ihnen zu Theil, wie uns — und weit mehr. Die Mutter des Herrn unter dem Kreuze — ward sie nicht von dem Schwerte des Schmerzens durchstochen? Jesus Christus am Kreuze —

mußte Er nicht den Kelch des allerbittersten Lei[illegible] trinken? Die Boten des Herrn — wurden sie nicht, [illegible] das Auskehricht und der Abschaum der [illegible]?

3) Die Heiligen hatten so harte Pr[illegible] zustehen, wie wir, und weit schwerere. [illegible] nicht schwer geprüft, als ihm befohlen [illegible] Sohn zu schlachten? Ward Job nicht s[illegible] als er Alles, was er hatte, nur sein Leben [illegible]

4) Die Heiligen waren Sün[illegible]r, wie wir. H[illegible] nicht Petrus seinen Herrn dreimal verleugnet? Hat ni[illegible] Paulus die Kirche Gottes racheschnaubend verf[illegible]? D[illegible] Büßerin vor den Füßen des Herrn — war sie nicht ei[illegible] große, verschriene Sünderin? Hat David gar allez[illegible] nach dem Herzen Gottes gehandelt?

5) Die Heiligen waren in ihren Drangsalen [illegible] G[illegible]bet und zur Geduld angewiesen, wie wir. Sie hatt[illegible] keine andern Mittel selig zu werden, als wir. Sie hab[illegible] alle durch den Glauben überwunden, von Abel [illegible] b[illegible] auf den Gerechten, der seinen Kampf vielleicht [illegible] diesem Augenblicke vollendet. Sie haben [illegible] Pflichten erfüllet, als die uns obliegen. Sie haben na[illegible] keiner andern Tugend gestrebet, als nach der [illegible] trachten sollen. Sie waren von so versch[illegible] schlechte, Alter, Amte, Stand, Beruf, wie wir. Sie [illegible]ten in den nämlichen Umständen, wie wir. [illegible] nach dem Fleische süß oder bitter ist, war es auch ihnen[illegible] Was uns nach dem Geiste angenehm oder traurig i[illegible] war es auch ihnen. Auch für sie war der Weg [illegible] sters mit Rosen bestreuet, wie für uns. Auch zu ihrer Zeit war der Weg des Verderbens der breite Weg, [illegible] der Weg des Heils der schmale, enge, unbetre[illegible] Dornen besäete Weg. — Kurz, sie waren [illegible] wie wir.

II.

Was die Heiligen jetzt sind, das können auch wir werden.

1) Jetzt sind die Heiligen von all[illegible] befreit. Die Zähre ist abgetrocknet an ihren [illegible]

keine Last des Tages, keine Kühle der Nacht mehr; kein Schmerz, keine Wunde, kein Sterben mehr; kein Hunger, kein Durst, kein Seufzen mehr; kein Neid, kein Zorn, keine Feindschaft mehr; keine Armuth, kein Spott, kein Mangel mehr; keine Reue wegen der Vergangenheit, keine Angst, keine Furcht mehr; keine Sünde und keine Versuchung zur Sünde — kein Uebel mehr um sie herum, keines an ihnen, keines bei ihnen. Können wir nicht auch von allem Uebel erlöset werden, wenn wir nur wollen?

2) Die Heiligen sind jetzt bei Jesu Christo. Dieses Seyn bei Jesu Christo ist die Quelle der reinsten, der ewigen Freude. Sie sind bei dem, der schon längst der einzige Wunsch ihres Herzens war. Können wir nicht auch bei Jesu Christo seyn, wenn wir nur wollen?

3) Die Heiligen sind jetzt in der Gesellschaft, im Umgang, in der Verbindung mit den besten Menschen. Die böse Nachbarschaft auf Erden verwandelt in die edelste Bruderschaft im Himmel. Können wir nicht auch da seyn, wo es so ganz gut ist, zu seyn, wenn wir nur wollen?

4) Die Heiligen freuen sich ihrer Seligkeit, die sie sich erstritten; freuen sich der Krone, die sie sich erkämpft haben; freuen sich der Freude, die ewig währt. Können wir uns nicht auch zu dieser Freude geschickt machen, wenn wir nur wollen?

III.

Was die Heiligen jetzt sind, das sollen auch wir werden.

Wir sollen heilig werden, wie sie waren — wir sollen selig werden, wie sie sind. Dazu sind wir erschaffen, dazu sind wir durch die Taufe eingeweihet, dazu sind wir verpflichtet, dazu haben wir Gelegenheit, dazu haben wir Kraft, dazu haben wir Beispiel, Gnade, Licht; darüber werden wir einst gerichtet werden; dafür werden wir einst belohnt, oder, wenn wir es nicht sind, schrecklich gezüchtiget werden. Wir sollen jetzt heilig werden, damit wir einst selig werden können. Jeder soll in seinen Umständen das werden, was er [illegible] sollen seine Umstände heilig machen [illegible] Reichen Reichthum, den Dürftigen die Dürftig[illegible] deten die Verleumdung, den Vers[illegible] den Knecht das Dienen, den Herrn das [illegible] Arbeitenden die Arbeit, den Betenden [illegible] Weinenden das Weinen, den Tröstenden das [illegible] Sünder die Sünde (durch Buße [illegible] Pflichten, die aus der Sünde entstehen, u[illegible] die Gerechtigkeit u. s. w.

IV.

Wenn wir nicht werden, was die Heiligen [illegible] so können wir nicht werden, was sie [illegible]

Wer mit Christo regieren will, muß [illegible] Dieser Ausspruch ist unveränderlich wahr. [illegible] werden darum ewig mit Christo regieren, we[illegible] gelitten haben. Die Heiligen giengen keine[illegible] in den Himmel, als den ihnen Jesus Chri[illegible] hat. Wir haben auch keinen andern Weg in [illegible] als den uns Jesus Christus gezeigt hat. Er [illegible] das Leben, die Wahrheit für Alle. Er ist [illegible] Alle. Wer durch Ihn nicht eingeht, geht [illegible]

Wenn wir also einen heißen Durst nach der [illegible] Seligkeit in uns empfinden: so werden wir [illegible] Durst nach der Heiligkeit in uns spüren. Wir [illegible]sen den Entschluß fassen, zu beten, wie sie gebetet; [illegible] leiden, wie sie gelitten; zu lieben, wie [illegible]bet; zu leben, wie sie gelebt; zu sterben, [illegible] ge[illegible]ben; zu werden, was sie waren, Kinder Gottes, J[illegible] Jesu Christi — oder vielmehr, damit wir [illegible] Nämliche hinauskommen, zu beten, zu leiden, [illegible] sterben, wie Jesus Christus betete, litt, liebte, [illegible]

Nach dem Kirchengebete.

Allmächtiger! Ewiger! es ist Dir wohlgefällig [illegible] Kirche auf Erden das Andenken an alle Heiligen [illegible] einst auf Erden gekämpft haben, feierlich begehen [illegible]

Laß die Fülle deiner Erbarmungen auf uns herunter thauen, da sich so viele tausend Fürbitter für deine Kinder auf Erden vereinigen.

Laß uns erfahren, daß Du Vater bist; daß Du deiner Kinder nicht vergissest; daß die Wünsche deiner Auserwählten bei Dir gelten.

Erleuchte uns, erwärme uns, stärke uns heute, wie noch nie, daß die Anzahl deiner treuen Kinder auf Erden größer, und die Wohnungen der Seligen im Himmel immer mehr und mehr bevölkert werden! Amen.

Am Tage aller Seelen.

Dieser Tag ist dazu bestimmt, daß wir uns an unsre Brüder und Schwestern in Jesu Christo erinnern, die in dem Herrn entschlafen, und noch nicht bei dem Herrn sind; die zwar als Kinder Gottes dieses irdische Leben verlassen haben: aber noch nicht so rein, so unbefleckt, so makellos sind, daß sie gleich das ewige Leben mit Christo anfangen könnten. Sie sind also in dem Zustande der Reinigung. Sie sind nicht mehr, wie wir, im Lande des Kampfes. Sie sind aber auch nicht, wie die vollendeten Gerechten, in dem Lande der Seligkeit. Sie gehören auch nicht zur Anzahl der Ruchlosen, denen es besser wäre, daß sie nicht geboren wären. Sie sind Kinder des besten Vaters, die nur noch nicht vor das Angesicht des Vaters gelassen werden, bis sie die Tage ihrer Reinigung vollendet haben. Sie starben in der Hoffnung der Seligkeit: aber die Hoffnung ist noch nicht erfüllet. Sie starben als Gerechte: aber ihre Gerechtigkeit war unvollendet.

Die katholische Kirche lehrt von diesem Zustande der Abgestorbenen (oder, wie man es sonst nennt, vom Fegfeuer, vom dritten Orte, vom Reinigungsorte) zwei Stücke:

1) Daß Alle, die sich in diesem Leben noch nicht von aller Makel der Sünde vollkommen ausgereiniget haben, nach diesem Leben einige Zeit von dem Angesichte Gottes, von dem seligen Umgange mit Jesu Christo ausgeschlossen werden.

2) Daß wir Lebende diese unsre im Herrn entschlafenen und vom Angesichte Gottes ausgeschlossenen Brüder und Schwestern in Christo, durch Fürbitte, der weisen Vaterliebe Gottes empfehlen dürfen, und ihnen durch Fürbitte verhülflich seyn können.

Zum Beten.

1.

Vater aller deiner Kinder, [illegible] und unter der Erde! Ich preise deine [illegible] deine Weisheit an. Denn es ist [illegible] es, daß Du deine Kinder [illegible] reinigen lassest, bis sie rein und [illegible] sind. [illegible] Beflecktes kann erscheinen vor deinen Augen. [illegible] die reines Herzens sind, können Dich anschauen. [illegible] laß mir hier in diesem Erdenleben diese Wahrheit [illegible] Sinn kommen: „Was nicht rein ist, kommt nicht zu Gott; wer sich nicht reiniget in diesem Leben, kann auch im andern nicht zu Christo Jesu kommen, bis er rein ist." Vater! sende mir Licht und Kraft herab, daß ich sehe, wie mit Sünden befleckt mein Herz ist [illegible] alle Flecken zu [illegible] Unreinen! reinige Du mich noch in diesem Leben, [illegible] ich nach diesem Leben gleich bei Dir seyn, [illegible] Angesicht deines Vaters sehen kann!

2.

[illegible] Vater! aller deiner Kinder Vater! [illegible] ich meiner Brüder und Schwestern vergessen, [illegible] hen an deine Vaterhuld entschlafen sind, und [illegible] die Frucht ihres Glaubens genießen. [illegible] weiß, was Du thust, das ist das Weiseste. [illegible] Bitten verschmähst Du nicht. Ich darf bitten für [illegible] Brüder, so lange sie auf dieser Erde [illegible] und Du hörest mich. Darf ich [illegible] Du jetzt mein Flehen nimmer? bist Du nicht mehr [illegible] ter? sind sie nicht mehr deine Kinder? [illegible] mehr Erkaufte mit dem Blute deines Sohnes? [illegible] keinen Durst mehr nach Seligkeit? — Sie sind [illegible] bei Dir — und doch nicht bei Dir. Ach, Vater! [illegible] deinen Vaternamen bitte ich Dich — deiner [illegible] gen ist kein Ende — laß die Zeit ihrer [illegible] seyn, erfülle das Schmachten ihrer Seele!

[illegible] Du, Heiland, der [illegible] [illegible], [illegible] wie [illegible] unser Heiland und auch unser Bruder! ich [illegible] deinen Miterlösten, reinige [illegible] [illegible] rein ist. Sie sehnen sich nach Dir, [illegible] — wir haben Dich noch nicht gesehen; [illegible] — wir haben Dich noch nicht gesehen. Daß sie aus deinem Munde das Wort [illegible] hören:

Kommt zu Mir; freuet euch mit Mir;
erntet mit Jubel, was ihr mit Thränen gesäet! —

Herr des Himmels und der Erde! laß die Zahl der Seligen immer größer, und die Zahl der Leidenden immer kleiner werden!

Am Festtage der heiligen Diözesanpatronen, welche Bischöfe waren.

Vater aller Menschen! wir preisen deine Vaterliebe. Deine Gnade ist es, daß wir Dich und deinen Sohn Jesum Christum erkennen. Deine Weisheit ist es, daß Du uns Menschen durch Menschen das Licht deines Evangeliums angezündet hast. Deine unerforschliche Liebe ist es, daß Du deinen Eingebornen für uns dahingegeben hast. Deine Barmherzigkeit ist es, daß Du uns, oder vielmehr unsern Voreltern an deinem treuen Knechte N. (Willibald, Corbinian, Ulrich, Wolfgang ꝛc.) einen weisen, liebenden, treuen Hirten gegeben hast. Du hast ihn geschickt, daß er Dir deine Schafe zuführte, deine Heerde mit deinem Worte weidete, und ins ewige Leben leitete. Die Lehre deines Sohnes, das Beispiel deines Sohnes, die Kraft und Herrlichkeit deines Sohnes, die Gnade deines Sohnes, unsers Herrn Jesu Christi, hat er dieser Kirche, deren Glieder wir jetzt sind, verkündet. In deinem Namen, zu deiner Ehre, nach deinem Willen, als ein Jünger, als ein Nachfolger der Apostel Jesu Christi, predigte er für unsre Seligkeit dein Wort, lebte nach deinem Worte, litt und starb für dein Wort. Dank Dir für alles Gute, das Du durch ihn unsern Vorältern und auch diese auch uns erwiesen, und es noch ist, und auf uns herabgeflossen ist, und noch auf Kindeskinder fortfließen wird. — Segne, stärke uns, daß wir unsers Berufes immer würdiger werden; daß wir dein Evangelium durch einen untadelhaften Wandel immer Ehre machen; daß wir durch den Glauben an deinen Sohn Jesum Christum, und durch die Liebe, welche das Band der Vollkommenheit ist, stets vollkommener werden — so vollkommen, wie Du, unser Vater im Himmel! vollkommen bist; und daß wir dorthin kommen, wo der erste und oberste Hirt unsrer Seelen ist, der Anfang und das Ende, der Erste und Letzte, Jesus Christus, unser Herr! Amen.

Andachtsübung zu dem Heiligen, dessen Name uns in der Taufe beigelegt worden, oder der uns immer vorzüglich wichtig ist.

O du heiliger N. (Petrus, Paulus, Johannes ꝛc.) dessen Name mir theuer ist! wie ist mir zu Herzen, wenn ich denke, was du einst warest, und ich jetzt noch bin. Einst trugst du die Last des Tages, wie ich: nun ist sie ausgetragen bei dir — auf immer. Einst kämpftest du mit Fleisch und Sünde, wie ich: nun ist es ausgekämpft bei dir — auf immer. Einst hattest du mit Sorgen, Leiden, Bangigkeiten zu thun, wie ich: nun ist es überstanden bei dir — auf immer. Eingebrochen ist die Hütte, in der dein unsterblicher Geist wohnte; heimgegangen ist dieser dein Geist zum Vater des Lebens. Einst verlangtest du, bei deinem Herrn zu seyn: nun ist es erfüllet dein Verlangen — du bist bei dem Herrn. Einst dachtest du: wenn ich nur wäre, wo Jesus Christus ist — jetzt bist du da, wo Er ist; während ich noch walle im Leibe, und noch seufze im Gedränge von Arbeiten, Sorgen, Versuchungen, bösen Beispielen, Verführungen, Leiden, Sünden. — Doch nicht ewig werde ich seufzen in diesem Gedränge von Leiden, Sorgen, Bangigkeiten — nicht ewig werde ich wallen ferne von dem, der sich für mich hingegeben hat in den Tod, damit ich ewig leben kann bei Ihm. Kommen, kommen wird der Augenblick, wo sich dieß mein Auge schließen, wo der Geist, der in mir lebt, die Bande dieses Körpers zerreißen — und heimkehren wird zu dem, der ihn geschaffen hat. Ja, auf diesen Augenblick will ich mich stets gefaßt halten; auf diesen Augenblick will ich mich immer mehr vorbereiten. Dazu ermuntert mich dein Beispiel; dazu stärket mich die allvermögende Gnade deines und meines Herrn, der kommen wird — gewiß kommen wird, zu sondern alles Gute vom Bösen, und das Gute zu versammeln im Hause seines Vaters. Ja, Ich komme bald, spricht der Herr. Ja! Amen! Komm, Herr Jesu! die Gnade unsers Herrn Jesu Christi sey mit uns Allen!

Register.

Erste Abtheilung.

Besondere Andachtsübungen für die Festtage des Herrn.

Zweite Abtheilung.

Besondere Andachtübungen für die Fest- und Gedächtnißtage der Heiligen.

Lightning Source UK Ltd.
Milton Keynes UK
UKHW021123290119
336360UK00005B/394/P

9 781149 272541